张 军 编著

秦始皇传 彪炳千秋

内蒙古出版集团有限责任公司
内蒙古文化出版社

图书在版编目(CIP)数据

彪炳千秋：秦始皇传 / 张军编著—呼伦贝尔：内蒙古
文化出版社，2010.4
ISBN 978-7-80675-794-9

Ⅰ.彪…Ⅱ.张…Ⅲ.秦始皇（前259~前210）—传记
Ⅳ.K827=33

中国版本图书馆 CIP 数据核字（2010）第 055826 号

彪炳千秋：秦始皇传
BIAOBINGQIANQIU：QINSHIHUANGZHUAN

张军　编著

责任编辑　马国林
装帧设计　书心瞬意

出版发行　内蒙古文化出版社
地　　址　呼伦贝尔市海拉尔区河东新春街4－3号
直销热线　0470－8241422　　邮编　021008

排版制作　北京鸿儒文轩文化传播有限公司
印刷装订　三河市华东印刷有限公司
开　　本　710mm×1000mm　1/16
字　　数　230千
印　　张　23
版　　次　2010年5月第1版
印　　次　2022年4月第2次印刷
印　　数　8001—13000 册
书　　号　ISBN 978-7-80675-794-9
定　　价　65.00元

序

　　公元前3世纪的一个寒冷的正月，伴随着一声婴儿的啼哭，中国历史的天空上泛起了一丝新的光芒。只是这光芒暂未被察觉，而就是这一丝光芒开创了中国历史的先河。后人对他褒贬不一，但有一点却未曾动摇，那就是他缔造了中国历史上第一个统一的帝国。这个人就是秦王嬴政，一个当之无愧的始皇帝。虽然他所企及的千秋万世秦家王朝只传两世就灰飞烟灭了，但他所创立的统一帝国的宏愿和构想却得以实现和延续。

　　始皇所创立的大秦帝国如昙花一现般只存活了十五年，而就是这短短的十五年，却如惊鸿一瞥，让历史为之倾倒与陶醉，让众生为之尊崇和慨叹。大秦帝国这短瞬的凝眸，却带来了中国历史上的沧桑巨变。它在政治、经济、文化、军事、社会生活等各方面颠覆了前人所经历的各种形态，对后世产生了深远的影响。

　　我们打开历史的大门，去掀看那段尘封的往事，就会骇然地发现：一段段可歌可泣的故事，并非我们想象的那样简单；一桩桩事件的背后，又掩藏了多少鲜为人知的恩怨纠葛。嬴政那不堪回首的童年记忆，给他带来了怎样的痛楚与辛酸；身处群雄并列的年代，嬴政又怎样地力挽狂澜，一统江山。那些未曾走过的路途，始皇又是怎样摸着石头过河……始皇帝的一生，按照儒家或是寻常百姓的说法是充满了暴戾的，金戈铁马，杀人无数；火灭竹林，断裂文化；坑葬儒生，惨绝儒思；修固长城，百姓泣泪；笃信奸佞，贻害儿女……而真正的始皇到底是怎样的一个人呢？他所做出的种种暴行是由天生的暴戾所决定还是另有隐情？他的功过又是怎样被后世评说？现代的人们在茶余饭后是否能将始皇帝的命运参透？

掩卷沉思：夕阳下的始皇，回首来路，是否独留长城？

· 目 录 ·

在左右无人的宫殿里，始皇定会追问自己的母亲，自己的亲生父亲是谁；在幽深寒冷的夜里，始皇也定会疑虑自己是从哪里来的。受人蔑视的童年和成长历程，让嬴政的内心格外地敏感、多疑；在被欺负的岁月里，嬴政学会了保护脆弱的自己；在复杂的宫廷斗争里，嬴政渐渐懂得了权谋。始皇性情暴戾、多疑的种子或许就是在这时被埋下的。

【第一篇】始皇之始

横扫六合是嬴政称帝的先决条件，也是他最大的政绩，对中国历史的进程有着深远影响。可以说没有嬴政统一六国，就没有后来的中央集权以及影响千秋万代的封建制度骨架的建立。嬴政这个推动历史进程的人物，以他的铁血政策建立起了统一的封建王朝，也奠定了后世封建王朝更迭的基业。

【第二篇】四海归一

秦始皇

·目 录·

自古能君离不开贤将。嬴政的成功不是他自己一个人的功劳，同时他的身边聚集了一大批运筹帷幄、决胜千里的文臣武将。文臣的谋略、武将的浴血帮助嬴政建立了赫赫功勋。当然如果没有嬴政的知人善用，再好的文臣武将也没有用武之地——那不仅是王朝的悲哀，也是臣子的悲哀，更是帝王的悲哀。

【第三篇】君臣交道

始皇帝一生做了不少残忍的事，因为他根深蒂固的法家思想使他不择手段地加强自己的统治地位。他的种种暴行引来了秦国人民的一致怨恨，人们开始寻找机会撼动他铜墙铁壁般的江山。

【第四篇】枭雄列暴

秦始皇

·目录·

　　始皇帝在统一六国后，进行了一系列的改革措施。他改名号，立郡县，统一文字、货币、度量衡，为后世封建制国家制作了一个很好的范本。这是始皇帝最伟大的功绩，也正是这些功绩让始皇帝在中国历史上熠熠生辉。

【第五篇】天下一统

始皇帝是个贪世恋荣的人，为了彰显自己的功绩和永享荣华，他修建了长城，让孟姜女悲歌；他建骊山陵、筑阿房宫，让百姓泣血；他痴迷求仙路，终在路上断送了性命……始皇帝至死都不明白：能记住他的不是人民，是历史；能给他荣耀的不是建筑，是功德。

【第六篇】恋世贪荣

秦始皇

·目录·

始皇帝的家是个谜。从他出生到他死去,他的家就是由错乱复杂的谜团构成的。我们不知道他的亲生父亲是谁,不知道他的正妻是谁,也不知道他的妻妾都去了何方,更不知道他的儿女怎样……始皇帝来时带给我们疑问,死后依然留给我们一个模糊的背影。

【第七篇】帝王家事

千古一帝死于沙丘，生前身后皆为谜，始皇爷绝对称得上中国历史上的异类。这样一个人，一代君王，用他波澜壮阔的一生书写了中华文明的传奇，他的千秋功过，他的是是非非任由后世人评说。始皇魂已成烟，嬴政笑看风云。

【第八篇】始皇之死

秦始皇

始皇之始

第一篇

在左右无人的宫殿里，始皇定会追问自己的母亲，自己的亲生父亲是谁；在幽深寒冷的夜里，始皇也定会疑虑自己是从哪里来的。受人蔑视的童年和成长历程，让赢政的内心格外地敏感、多疑；在被欺负的岁月里，赢政学会了保护脆弱的自己；在复杂的宫廷斗争里，赢政渐渐懂得了权谋。始皇性情暴戾、多疑的种子或许就是在这时被埋下的。

嬴政迷根

正牌父亲

追溯始皇的父亲，要先从他的正牌也就是正史上的父亲说起。他的正史父亲是异人。因为各国都继承了互相交换儿子做人质的传统，异人，这个在他祖父秦昭襄王眼里无足轻重的孙子，便被派往赵国做了人质。

在赵国，异人并未受到好吃好喝好招待，他所过的生活并不比赵国寻常百姓好。为什么呢？因为他虽是秦昭襄王的孙子，太子安国君的儿子，但他在秦国的地位并不高。人说，母以子贵。人，又何尝不是子以母贵呢？不然也不会有"三十年前，看父敬子；三十年后，看子敬父"的说法了。这个世俗的传统是横贯千古、势头不减的。异人的母亲夏姬在生下异人之后，就难得再见他父亲安国君一面了。在那个妻妾成群的年代，夏姬如果没有一些非常手段是无法抓住安国君那颗放浪的心的。夏姬是个简单平凡的女人，没有争斗的心计，所以也无法引起安国君的注意与垂爱。这个长期得不到他父亲关爱的母亲，根本无法在他父亲的耳边提起他这个远在他乡做人质的儿子。这个子孙满堂的父亲也就将这个儿子忽略不计了，渐渐地秦国人也就不在意这个所谓的王家之子了。既然，你自己家的人都不在意你这个儿子了，那么，在赵国吃白饭的你又怎能指望赵国人给你上宾的待遇呢？更何况你的家人还老来寻衅滋事企图霸占我们的国家，你还想有舒舒服服的日子过么？这样的心理其实并不难理解：我们扪心自问是不是在见到豪门公子时，都会有些敬畏心理呢？如果我们得知这个公子是不受家里的掌门人待见的甚至是可有可无的，那么，我们的敬畏心理是不是会有所消减呢？答案是不言自明的。这样的异人可以说是生不逢时的，仅凭他自己是无法摆脱他棋子般任人摆布的命运的。然而，造化弄人，看似没有任何希望的异人，在山穷水尽之际却得命运垂青，生命发生了转机。这个转机就是吕不韦。

吕不韦，这个与嬴政一生的欢乐与悲哀都联系紧密的人物，凭借着卓越的商业、政治头脑，通过商业化运作将异人成功地由不受任何关注的质子，炒作成为安国君所信任的"新星"。我们不得不佩服起吕不韦的才华。

吕不韦是个商人，是个大商人。他对怎样赚钱极为精通，他知道要做大买卖就要冒大风险，没有风险的买卖是不会赚大钱的。对于异人，他只是把他当做可投资的项目。他知道：投资这个项目风险极大，如果他选对了，那么他的投资一本万利；如果选错了，那

么他就会倾家荡产，性命堪忧。然而，正如马克思《资本论》所说："资本如果有百分之五十的利润，它就会铤而走险；有百分之百的利润它就可以践踏人间的一切法律；如果有百分之三百的利润，它就可能犯下一切罪行，甚至被绞死的危险。"巨大的诱惑使得吕不韦甘愿冒着被杀头的危险来投资这支不被看好的异人股。吕不韦曾经问过自己的父亲，耕田、经商、从政哪一个最有利可图。父亲说，耕田有利可图，但太微薄了；从商可以赚到丰厚的利润；至于从政，那就会有无限的利益滚滚而来了。吕不韦不是傻子，他当然知道他所要投注的资本可能会打水漂，但巨大的利益驱动，加之对自己政治灵敏度的自信使得他愿意铤而走险，将赌注投在异人身上。于是，就吕不韦而言，一场逐利战争开始了。然而，恐怕连吕不韦也不曾想到，这场战争一开始，他就停不下来了，直到生命的最后时光，他仍旧抱着欲望不放。

而对于异人而言，他怎会对一个贸然来访、素不相识的男子如此信任？是他天真、善良还是他宽厚、仁爱？当然都不是。异人生在国君之家，这就决定了他一生离不开政治权谋。他几乎没有选择地要做一个政治人物，而这位政治人物此刻正处于进退维谷的艰难境地，当然需要有人帮扶。不管这些人有没有想象中的能力，出于什么目的，他都需要聚拢一批人在自己的身边，这是有些政治抱负的人都会竭尽全力去做的事情。于是异人放开了怀抱去迎接这个野心勃勃的大商人。放开怀抱并不等于没有防范和检验。异人在初见吕不韦之时，就存有疑问，你说你要帮助我，我凭什么信你呢？换句话说，你帮助我你要什么好处呢？人质生活让异人知道了人世的现实。吕不韦当然也不隐瞒，因为他明白隐瞒并不比坦白来得好。我要帮你，就是我要帮我自己；你有了地位，我就有了靠山。异人对于这样的解释也是相当满意的，于是高高兴兴地与吕不韦商量起

了对策。

　　按照吕不韦的分析，异人的父亲也就是太子安国君，应该在不久就会即位，因为他的爷爷已经是生命垂危的老人。一旦安国君即位，他便要立太子，但这么多儿子他肯定一时之间难以决定立哪一个为太子好。于是，机遇便应运而生。这对于异人和他盼红了双眼的兄弟们来说是最好的"天时"。那么要怎样来抓住这个时机呢？首先就要取得安国君的信任。但异人不在父亲身边，别说是信不信任，就是让父亲多想想都是难事，这就需要他人的活动了。他人的称赞，尤其是枕边暖风是最为有力的。这时候，华阳夫人出现在了两个人的面前，那桃花红面只需频频一笑就可以抵挡千军万马。她既无子嗣，又深得安国君欢心，是很好的合作者。女人，在关键时刻总能四两拨千斤。有多少历史因女人而改写？妲己、西施、陈圆圆……女人以她的柔媚告诉世人，历史不光是男人的。如果华阳夫人肯鼎力相助，那么，异人的政治命运也就会起死回生了。除了华阳夫人，群臣的力量也不可小觑，没有群臣你做的是谁的领袖？所以，结交权贵，让权贵为你说话也是必不可少的。请华阳夫人相助，得权贵帮你说话这些棘手的问题，都统统交给我吕不韦好了。异人当然高兴有这么一个得力的助手，为他鞍前马后、上下打点了。但是，总归过意不去，要有所表示才行。现在还是个质子，什么也没有，就画个饼来充饥吧！只要我能夺得政权，那咱们就平分天下。不知道吕不韦听到这句话后是什么感想，总之，他现在要大干一场。

　　经过吕不韦的斡旋，华阳夫人收异人为嫡嗣，名为子楚。她开始在安国君的枕边吹起异人的香风，达官贵人也开始歌颂起这个被人遗忘的质子。请注意：就在这个时候，吕不韦做出了一个连异人本人都不敢想象的举动。而这个举动也成了困扰始皇一生乃至困扰后世史学家的大难题。这个举动就是当异人看中吕不韦的爱妾赵姬时，吕不韦竟然忍痛割爱，将赵姬送给异人。而据传说赵姬跟随异人时已有身孕，这个孩子就是嬴政，孩子的父亲就是吕不韦。但，就现代医学的观点来说，根据赵姬与异人相见的时间到嬴政出生的时间来推断，如果胎儿发育正常，嬴政绝不可能是吕不韦的孩子。退一步说，就算胎儿发育不正常，嬴政是吕不韦的孩子，那么，嬴政就属于是过期妊娠，而过期妊娠生下的孩子是不会健康的，但嬴政却精气十足，孔武有力。根据科学推断可以肯定嬴政是异人的孩子，这种说法也遭到了质疑，因为谁又能保证在赵姬跟随异人之后，吕不韦不会与赵姬有任何交往呢？对于嬴政的身世史书语焉不详。最有发言权的就是赵姬，但赵姬却始终缄默不语，使得这宗迷案始终无法破译。

赵姬生下嬴政时，异人还在赵国做人质，嬴政就是小质子。在嬴政三岁以前，异人还在嬴政身边，多少尽了一点父爱。但小小的年纪是没有办法记忆这短暂的幸福的，小嬴政并不记得曾经享受过家庭的一点温情。公元前257年，秦国攻打赵国。嬴政的父亲与他的吕伯伯收买了看门的守卫，逃出了赵国都城邯郸，留下了年幼的嬴政跟母亲一起躲避赵国人的追杀和报复。可想而知，嬴政的童年是怎样的一种情景。在最危难的时候被亲人抛弃，在他幼小的心灵里烙下了怎样的痕迹？在经受颠沛流离的生活之时，小嬴政又是怎样冷眼旁观这世间的世态炎凉？他的童年是冰冷、独孤的，在一个没有温情的环境里长大的孩子，又怎么懂得去宽厚、仁慈呢？童年的不幸为始皇帝的冷酷、暴戾埋下了种子。据说，嬴政童年唯一的玩伴就是燕国在赵国的质子姬丹，两个人曾经是很好的朋友。嬴政当政后，姬丹来到秦国做质子。因为始皇帝的傲慢无礼、嚣张暴戾而反目成仇，最终导演了荆轲刺秦的历史大戏。

在公元前251年，嬴政的爷爷去世了，安国君终于当上了国君，自然立华阳夫人为后，子楚便水到渠成地当上了太子。幸好赵国还记得在自己的国家异人有一个娇羞的妻子，一个乖巧的儿子，派人将娘俩送回了秦国。

安国君即位时年纪已经一大把，所以当上国君没几天就依依不舍地撒手人寰了。子楚，也就是嬴政的正牌父亲又一次得上天垂爱，登上了王位。好了，开始品尝胜利果实了。子楚还是有些良心的，尊干娘华阳夫人为太后，又尊自己的亲娘为夏太后。两个母亲都享有荣耀。当然不会跟吕不韦平分天下，但也不会亏待，要用到他的地方还很多呢，就封个丞相先过过瘾吧！嗯，子楚是做帝王的料子，吕不韦的项目投资也开始有了回报。

然而，子楚命薄，只做了三年的国君便魂归西天，可惜一腔抱负没来得及施展。这就是我们始皇爷的正牌父亲了，终其一生，不过是怨深福薄。然而，也正是子楚的福薄，才使得我们的始皇早早地登上了历史舞台。

仲父吕不韦

战国末年，卫国濮阳吕氏一门中，出现了一个了不起的人物。这个人就是吕不韦。卫国本就不大，吕不韦出生的时候，卫国已经开始衰败下来。为了谋求进一步的发展，满足一窥天下的愿望，吕不韦，这个商家之子，毅然决然地来到赵国的繁华之地邯郸。初入邯郸，吕不韦便被这样的繁华之地所震慑住了。繁盛的集市、巍峨的宫殿、如云的美女……吕不韦看傻了眼。他开始流连于声色场所，歌舞升平。然而，吕不韦就是吕不韦，在享受了大邦之地的杯盘碟盏之后，忽然觉得生活了无生趣。于是，他开始寻找人生的突破口。

吕不韦是商人的后代，自己也从事着商业买卖。他血液里流淌着商人的血，头脑里充斥着商人的细胞。他猎鹰般的眼睛，让他找到了新的猎物，这就是政治。人们自始至终都无法脱离政治而存在，再不愿涉及政治的人也要被它左右。一项政令、一个政客、一次政治事件随时都可能改变你的人生道路。一个政坛就是一个巨大的资源。吕不韦虽在弹丸之地生长却有着不一般的远见卓识，他明白政治可能带给他取之不尽、用之不完的好处。在悠远的古代，商人从政难比登天，士、农、工、商，商人是最低下的阶层。没人会想到用一个商人做官。但在绝顶聪明的吕不韦眼里，这些都不是问题。他需要的只是一个台阶，一个中间人，将他与政治接轨。很不幸也很幸运，吕不韦选择了异人。异人这个秦国的质子，在最微贱之时得到吕不韦的辅佐与支持，自然对吕不韦百般倚重。

找到异人做台阶，吕不韦是花了很多心思的。他用自己敏锐的政治目光透视出秦国的强大，将来必有一天会收服六国。要在赵国谋个差事不是件难事，倘使秦国灭掉赵国，我吕不韦不是白费力气了么？还不如找个长线投资，虽然风险大，但收益率高啊！吕不韦琢磨着怎样找一个值得投资的长线项目，而且这个投资项目不会花费过量的成本。吕不韦是懂得成本控制重要性的，在一个受宠的秦国公子身上花费的本钱，肯定比在一个不受宠的公子身上花的本钱小。这样，利润空间要大很多。于是，经多方打探、验证，吕不韦相中了异人，这个在秦国最为卑微的公子。吕不韦有信心将他打造成自己最为有利的品牌，他不无得意地赞赏起自己的眼光：奇货可居。

公元前262年，吕不韦与异人见面了。这一见，不仅改变了彼此的命运，也改变了"王家"历史的轨迹。经过一席探讨，异人知道了华阳夫人的重要性，开始授权吕不韦为他做任何安排。吕不韦为异人置办了楚服，教会了他楚人的礼仪和风俗。这些只是初期的准备，最重要的是打通通往华阳夫人的关口。华阳夫人当然不会随随便便就接受他人的礼拜，更别说是个地位卑微、别有居心的落魄公子了。走正门是既艰难又笨拙的做法，要走只能另辟蹊径。这个吕不韦是很在行的。

打通关节，不光要有良玉华服，更重要的是要有做说客的头脑和口才，而这一点吕不韦又是很独到的。他如果不做丞相也会是一个出色的外交官。作为一个说客，最重要的是找到双方利益的结合点，用利益点来打动对方，让对方与自己合作，这也是商界人士相互合作的基础所在。吕不韦不愧为商界的奇才，政界的英才。他找到了华阳夫人的致命利益点，这就是她需要寻求一个依靠，在安国君百年之后能依旧使她安享荣华的依靠。而异人愿意为她提供这个依靠。很好，一供一需，天作之合。但华阳夫人现在未必能认识到这一点，或者认识到了这一点也找不到合适的人来做自己的依靠。这就需要吕不韦将这一利害关系或者说重要的供应信息传递给华阳夫人。直来直去当然不行，于是找到了华阳夫人的弟弟阳泉君对他说："您的姐姐因为受到大王的宠爱而得到荣华富贵，你们也因此连带着得到了诸多的好处。但是，秦王现在老了，如果一旦有什么不测，您姐姐没有儿子，就成不了太后。那么她还有什么尊贵可言呢？那么，谁还会来维护你的利益呢？"阳泉君当然也知道利害，只是苦无良策。正好吕不韦为他们出谋：异人认华阳夫人为干妈，只要华阳夫人帮助异人成为太子，那么，母凭子贵，华阳夫人就会永享富贵，你这位干舅舅自然不会受怠慢。好了，阳泉君心悦诚服。吕不韦一招搞定。

接下来就是华阳夫人的姐姐了：你妹妹终将年老色衰，将会失去大王的宠爱，如果没有一个可以依靠的儿子，又怎么能找到一个长久的靠山呢？异人是不受关注的公子，他母亲又不受大王待见，你若能在危难中相助，他能不感恩戴德么？华阳的姐姐听了这番见地，如获真理。当下就游说华阳夫人，别人的话可以不信，但娘家人的话是不能不信的，娘家人才是血肉相连的亲人，吕不韦再次找对了人。华阳夫人为这鞭辟入里的分析所折服，愿意收异人为嫡嗣，竭尽全力地为异人成为太子铺路。

吕不韦还收买达官贵人为异人说好话。一时间，朝堂上下对异人交口称赞，异人的成功大部分得益于吕不韦。

异人在被立为嫡嗣之后，与吕不韦的关系更加密切了，经常在一起吃吃喝喝，席间必少不了歌舞助兴。吕不韦是安排娱乐的行家里手，为了表示对异人的尊重让自己爱姬献舞。赵姬刚一出场就艳惊四座，音乐响起，莲步轻移，顾盼间沸腾了异人的热血。吕不韦没有想到，一场莺歌燕舞却失去了自己的挚爱。异人那如醋的眼神透漏了一个他人难以察觉的信息，吕不韦不由得打了个冷战。这个万人迷的爱姬刚刚还说自己有了他的骨肉。吕不韦思来想去决定忍痛割爱，将赵姬赠与异人。既然已经下了血本，没有收获怎可鸣金收兵？硬着头皮也要再投下去，政治有什么温情可讲呢。于是，赵姬归了异人，一年后，生下嬴政，嬴政就是吕不韦的孩子。按照史记的记载，嬴政的确不是异人之子，但这一观点按医学理论站不住脚，所以引起了诸多争议。加之，后人对古汉语某些字词的解释莫衷一是，难以形成一致的看法。始皇帝的父亲是谁就成为一个解了千年也没有解开的疑团。

按照吕不韦的说法，嬴政该是他的孩子。但是，这种说法又

不可信。吕不韦可以通过炒作这一难以破译的信息来使自己的利益最大化，有着夺妻之恨的吕不韦干嘛不去这么做呢？异人已经不在，嬴政已经当权，说出嬴政是我孩子的话对谁来说都没有实质性的危害，只会让我吕不韦得到更多的好处。况且，我吕不韦也确实与赵姬有夫妻之实，她被你异人夺走时，说不定就真的怀孕了呢？反正有人怀疑孩子不是正常生产。此时的吕不韦看到的只是权与利，他无法想象他的言论会给嬴政心理造成怎样的创伤。一个连自己出处都不知道的人，他的心理怎会健康？嬴政的身世成为他一辈子的痛。

　　吕不韦确实以嬴政父亲自居，也甘心辅佐这位心目中的儿子创建一番基业。在以后的岁月里，吕老前辈不遗余力地辅佐嬴政成就霸业。大秦帝国的建立，与吕不韦的付出是分不开的。但是，吕不韦除了政治功勋，还有什么呢？

生 母 乱 情

对男人死心

赵姬，这个千百年来为后世所唾骂的女人，最重大的历史作用就是生下了嬴政这个改变历史进程的儿子。她享受了世间优秀男子的爱慕，得到了锦衣玉食的宫廷生活。然而，她真的幸福么？她加注在自己儿子身上的痛楚，是时间能够磨灭的么？

关于嬴政生母的身世，史书上并未明确记载。有的人说她自幼家境贫寒，迫于生计做了歌舞伎。也有人说她是赵国大将的女儿，舞技超群，但后来家道中落，沦落风尘。不管怎么说，有两点是可以肯定的。一是，赵姬足够的漂亮，一笑倾人城，再笑倾人国；二是，赵姬有着极佳的舞技，跳起舞来有种摄人心魄的力量。够了，有了这两点，对于身处乱世的弱女子来说就足够立足了。

吕不韦，这个风流倜傥的富家公子，只需多花一点心思，便可以轻易地俘虏赵姬的芳心。况且，赵姬并不是富贵家的女儿，没有大小姐的矜持与傲慢，她的命运向来不是她自己说得算。吕不韦在莺莺燕燕的群芳之中觅得了赵姬，是吕不韦的福气，却未见得是赵姬的运气。好不容易嫁给吕不韦做妾，以为寻得了今生的依靠，再不会孤苦漂泊，谁知到头来却被丈夫出卖，转投异人。一个被自己丈夫作为换取政治利益的工具，赵姬难道就真的一点都不难过么？还是她爱到深处，宁愿为吕不韦放下所有人格尊严与身家性命，陪吕不韦玩这一招险棋？或许，舞伎赵姬早已看透了混迹于声色场所里的那些男人的穷凶极恶，早早对他们死了心，她要的只是生存。

那一场盛宴，是不是吕不韦的精心安排已经不再重要，重要的是吕不韦也就是一个男人，又一次地抛弃了她。不管是棋子也好，附属品也罢，终归是被人像货物一样易主了。好吧，就跟了异人吧！男人大概都是一样的。赵姬心念成灰。

异人待赵姬不错，赵姬也无所谓，反正她怀孕了，孩子是比丈夫可靠的。赵姬决定把精力放在自己的孩子身上，生下嬴政，赵姬还是相对幸福的。彼时有丈夫的关爱，孩子膝下承欢，总归感情有所寄托。虽然在赵国的日子过得并不好过，但赵姬的生活还算平静的。

这短暂的平静必然不会维系很久，不能忘了她的丈夫是异人，一个有着政治抱负的政客，他时时不在谋求政治发展，只要有机会，她的丈夫和她的前夫就会不惜代价的追逐。好了，机会来了。公元前257年秦军攻打赵国，赵国人想要杀掉这个秦国的质子，吕不韦帮助异人逃出了赵国，只留下了三岁的嬴政与赵姬相依为命。赵姬带着嬴政东躲西藏，受尽了人世苦难。在最关键的时候，她的男人想到的只是他自己。赵姬会是怎样的苦楚呢？

转眼六年过去，在赵姬已经近于绝望之际，子楚当上了太子。消息传到了赵国，赵国再不敢追杀赵姬，反而找到了赵姬和嬴政，赵高对她们百般礼遇，最后将赵姬与嬴政送回秦国。人情冷暖、世态炎凉历历在目，恨涉君王之家，此时的赵姬想的就是自己的儿子，如果不是赵国送她回丈夫身边，那么是不是异人早已经将她们母子抛于脑后了呢？世间男子太薄情，赵姬我只是他们的玩物罢了。以后，自然不会对这些男子认真，赵姬的心中出现了冰冷的阴暗。

太后续缘

子楚当上太子没多久，赵姬的公公便去世了。很戏剧的，赵姬当上了皇后。此时的赵姬是显贵的、奢华的、有人关爱的。然而，好景不长，这样有人疼爱的日子太过短暂。子楚只做了三年的国君就撇下赵姬和年少的嬴政，奔赴黄泉了。从此，赵姬又只剩下儿子与自己了，而此时的嬴政刚满十三岁。十三岁的嬴政当上了秦王，没有太多的时间留在母亲身边。风华卓越的赵姬独守空房，往事又再次地浮现在眼前。男人，既然是你们不金贵我，我何苦要金贵你们？赵太后的心里开始有不安分的躁动。

好吧，是你吕不韦负我在先，那么，我要你加倍地补偿给我，我要你帮我儿子稳固他的江山。女人心，海底针，真真正正地难以

捉摸。赵姬开始频繁地与吕不韦私通。实际上，赵姬一方面是出于生理需要，一方面确实她能认识到吕不韦的能力和重要性。她需要吕不韦为她儿子的江山社稷出谋划策。不要以为赵姬真的不懂政治，就算再迟钝的女人，在经历一场场重大的变故之后，也会变得聪明起来，更何况她是从男人堆里爬出来的。如果赵姬对吕不韦说嬴政是他的儿子，那么，吕不韦定会全力协助嬴政建立帝业，不会有取而代之的危险。若这个话只对吕不韦说，而其他人并不知情，那么，任凭吕不韦怎么说别人都是不会相信的。这或许就是赵姬高明的地方。要做得真实一些，还要表现出自己对吕不韦余情未了。又或许赵姬本就未与吕不韦间断过联系，说嬴政是吕不韦的儿子，吕不韦更加深信不疑。子楚的死和嬴政的年幼，恰好给他们提供了便利的条件。

对于吕不韦来说，赵姬是他以前的爱妾，在关系最为甜蜜之时，被生生地剥离，这对于他来说是很大的不甘和亏欠。残存的温存在这个男人心里已留下烙印，尽管为了权位，他可以出卖赵姬。但是，他现在拥有一人之下万人之上的地位，不需要再出卖谁来获取自己的利益。那些美好的日子，或许吕不韦也是有一些留恋的。而更重要的原因是赵姬是现在的皇后，嬴政还小，如要同太后作对，那么，自己刚刚稳固的地位就可能遭到威胁，得罪太后是划不来的，既然大家都有需求和目的，又都能互相满足，那又有什么不能合作的呢？

嫪毐专宠

吕不韦与赵太后保持着非同一般关系，日子虽然过得快活，但终究是见不得光的。这样偷偷摸摸的日子，吕不韦是不想再过下去了。嬴政一天天长大，他们的事情一旦败露后果将不堪设想。况且赵太后一天天地年老色衰，吕不韦也厌倦了。于是，他开始需求脱身的办法。这不是一件好办的事情，弄不好赵太后就会怀疑。但是，吕不韦是只老狐狸，他不但了解政治，也了解女人，他更知道太后这样年纪的女人需要什么。于是，他想出了一个金蝉脱壳的好招数，这就是找个替代品，这个替代品一定要能满足太后的需要，这个替代品就是嫪毐。这是一招险棋，如果处理不好便会激怒太后，惹来杀身之祸。然而，有什么能难倒吕相国呢?！他有着过人的智慧和商业操作本领。他不需要亲自出面举荐，只要做一个活广告，就能引来无数注意力。一个别开生面的广告就在吕不韦的策划下新鲜出炉了。这条广告一经投放，立即引起了轰动效应，消息马上传到了赵太后耳中。赵太后震撼之余，对嫪毐产生了浓厚的兴趣。那么这是一条怎样的广告呢？

广告的内容放在现在的中国电视台是禁播的，即让嫪毐用其私器进行强大的性功能表演。这条广告的轰动效应正如吕不韦所料想的那样，立即引起了赵太后的注意，赵太后有意愿将嫪毐据为己有。这个时候的赵姬，或许也感到了吕不韦的力不从心，或许也是寻求新鲜、刺激的心理，加上她骨子里对男人的失望和不以为意，竟也不深究期间的原因。反正儿子即将长大成人，有了一定的见地和根基，她不用再操心了。

要得到嫪毐，并不是一件简单的事，当然要吕不韦想办法。怎样进入王宫就是个大问题。王宫禁卫森严，即使达官贵人也不能随便出入，更何况是平民百姓。吕不韦想到了要嫪毐冒充宦官进入宫中的做法。他与赵姬买通了主管宫刑的官员，将嫪毐送到赵姬身边，供赵太后享乐。前半生被男人玩弄的赵姬，现在也开始玩弄起男人，这是不是世道的嘲讽？嫪毐是有胡须的，因为没有净身，他的胡须会不断地长出来，每过几天嫪毐都要忍受短暂的痛苦，将自己的胡须清理干净。

就这样嫪毐开始侍奉赵太后，赵太后对嫪毐也是相当地满意的，后来，竟然怀了嫪毐的孩子，唯恐让人知道，谎称占卜不吉搬到了雍地居住，嫪毐终日相伴。嫪毐借助赵姬的宠爱，得到了不曾想到的奢华无比的生活：良田、家仆、深宅……不仅如此，赵太后还允许嫪毐参与朝政，领得封地。嫪毐成为横行一时的大人物，地位可与吕不韦匹敌。

初 登 王 位

公元前 247 年阴历五月，子楚在一片叹息声中故去，留下了偌大的王朝和刚刚十三岁的嬴政。这个还没有能力处理国家政事的小国君，怀着新奇与忐忑登上了秦国的王位。还是孩子的嬴政，完全不懂这一场登基大典，该如何进行与完成。这时候，他的仲父吕伯伯不遗余力地陪伴在嬴政的左右，为他指点环节、提示程序。小嬴政既有受人恩典的感激又有被人当木偶一样摆布的不甘。

完成了威严的登基仪式，小嬴政就要每天坐在御座上，听吕不韦安排朝中大事。年纪尚轻的嬴政，还不懂得如何操作一个国家，他只知道眼前这个吕伯伯可以帮他安排一切事物，他要做的就是在宫殿上倾听和学习。这个吕伯伯还时不时地让他下个诏令封他为这个侯、那个父的。有时候，吕伯伯也让他封其他人为这个侯、那个将的。嬴政不明白封这个、封那个的用意，但他明白一点，这个人很厉害，是他父亲所倚重的人；他母后要他在成人之前都听从这个人的意见和安排。

自公元前 246 年到公元前 237 年之间，是吕不韦把持朝政的时期。所谓的太后摄政，实际上是太后安排自己的亲信和宠臣处理政务。吕不韦是赵姬的情人，华阳夫人的宠臣，已故子楚的师傅和恩人，自然是最值得倚重的。况且凭吕不韦的资历和才能是可以担此大任的。吕不韦当权是一点也不奇怪的事情。

嬴政登位之初，重头戏还是发动对东方各国的兼并战争，主要对象是韩、魏、燕等国，只是迟迟没有对楚国发动战争。

公元前 241 年，楚、赵、魏、燕、韩五个国家又一次联合起来抵制秦国扩张。他们推举楚王为"联合国的秘书长"对秦军予以反击。吕不韦面对这种境况，决定采用重点打击、分化六国连纵的方法，使得六国联军瓦解。秦国于是也开始憎恨楚国这个"联合国的秘书长"。

吕不韦明白要削弱或灭掉楚国，一定要除掉楚国的智囊春申君，于是百般刁难楚国，楚国国王不免会迁怒于提出计策的春申君。春申君为了平息楚王的怒火，四处网罗美女供楚王享乐。说来奇怪，春申君送入楚宫的女子甚多，加上原有的楚国妃子，楚国后宫充盈，但楚王却一直没有子嗣，春申君一筹莫展。

有一天，春申君的宾客李园求见春申君，事后将自己的妹妹献给了春申君。不久，李园的妹妹怀孕。一天李园妹妹趁着春申君为楚王无子而烦恼的机会，提出了"保证能长久宠于国君"的良策，这就是将怀了身孕的自己送到楚王身边。有人传说，李园是吕不韦派去蜀国的奸细，出这个点子的就是吕不韦。就像传说中吕不韦当初让自己的爱妾赵姬怀孕嫁给异人一样，故伎重演。证据是李园及

其妹妹都是赵国人。而吕不韦的基业在赵国建立，他的食客也多数是赵国人。吕不韦献计是不是事实已经成为永久的迷，无从考证了。但是，李园的妹妹确实在与楚王结合后生下了男丁。楚王自然高兴，封李园妹妹为皇后，封小王子为太子。此后，李园鸡犬升天，受宠程度超过了春申君。楚王死后，李园成功除掉了春申君，直接控制了楚国的政权。史书上说吕不韦借李园之手除掉了秦国的眼中钉，这是嬴政初登王位时，吕不韦为嬴政削弱楚国所做的一件大事。就瓦解六国连纵来说吕不韦确实做出了不小的贡献，但，就李园一事来说，未必可信。李园若掌握了政权除掉春申君，必定会大权独揽，为了维护自己的利益，他也不会向秦国俯首。如果他是吕不韦派去的奸细，那么很有可能背叛吕不韦，成为自己亲生外甥的护卫者。那么，虽然吕不韦达到了除掉春申君的目的，却失掉一个宾客，树立了一个强劲的敌人（如果李园是一般的宾客，吕不韦可能就不会收买或派李园去做卧底了，既然他选中了李园，必是李园有着机变的能力）。这是不是有些得不偿失？也有一种可能是吕不韦认为李园没有春申君那么有价值和号召力，对付后起的李园比对付春申君容易，所以才使出了这样的计策。李园是否是吕不韦派去楚国的间谍又是一件历史的迷案。

另一方面，嫪毐因得到嬴政的生母赵姬的宠幸，实力不断扩大。公元前239年也就是秦王政八年时，嫪毐被封为长信侯，得到河南山阳之地，他本人却在京城供职。他还养了大批的门客，为他出谋划策。朝野上下无人不惧嫪毐，就连吕不韦也要有所退避，嫪毐集团成为与吕不韦集团并驾的、阻挡秦王通往独权之路的障碍。

初登王位的嬴政，坐在金銮殿上，满朝文武顶礼膜拜。但是，这跪拜之间，又有多少是出于真心的尊重呢？他现在只是个摆设，没有权力可用。不懂事时尚可忍受，随着年龄的增长，他开始厌倦起这种没有发言权、受人牵制的生活。他只是忍耐，他需要时间和时机。童年时期那些难捱的日子，培养出了嬴政很好的忍耐力。他不是一个普通的王子，他对权力有着强烈的向往。他在这忍耐中学会了权谋，学会政务，学会了猜忌，也学会了冷酷。嬴政这个被千古谩骂的暴君，又何尝不是忍受了残酷的折磨呢？

秦始皇

【第一篇】始皇之始

嬴 政 摄 政

快意除嫪毐

秦王政九年，也就是他二十二岁这一年，嬴政举行了成人礼。这个成人礼对于嬴政来说有着特殊的意义，它意味着他可以参与朝政的决定了，他的母后要把政权交给他来掌管了。嬴政兴奋而激动，这些年来所忍受的痛苦与不幸，终于熬到了头，他要大干一场。事实上，嬴政对自己亲政早有准备，一个野心勃勃企图统一六国的君王，怎会在年少时没有理想和抱负呢？何况正处于血气方刚的年纪。他心里很清楚地知道吕不韦和嫪毐在朝中的地位与势力，他希望铲除他们，只是自己还没有名正言顺地掌握政权，力量不够壮大，又没有合适的削弱两方权力的借口而已。嬴政是个聪明人，他需要培植自己的力量，拥有自己的重臣之后，才可以在时机成熟之时，找到合适的借口将他们除掉。再找到了和培养出吕不韦、嫪毐等人的接班人后，嬴政义无反顾地开始了自己的维权斗争。

对于自己生母与嫪毐的不正常关系，嬴政早有耳闻，只是睁一只眼闭一只眼，毕竟没有惹出什么大祸，就算生了两个同母异父的兄弟，也没有危及到自己的王权、地位，再说暂时还没有足够的证据和力量来除掉嫪毐。

嬴政登基后形势斗转。以前那些不敢告发嫪毐的人，见到嬴政登位便上书告发嫪毐是假宦官，与赵太后私通，并产有两个孽子。嫪毐还同赵太后达成协议：如果嬴政去世，那么嫪毐的两个儿子就有权利继承王位。好了，纸里保不住火。火终于烧到了明面上，不能不扑了。嬴政心里也在忖度，该如何处置自己的生母和嫪毐。这是件棘手的事，就算赵太后与嫪毐的奸情有两个孩子为证，两人也绝不会承认，赵姬宫中之人必定已被收买或胁迫，不敢开口。其他人言论可信度不高，这事也难以取证。即使取得证据，处置起来也破费脑筋，在秦汉时期，后宫偷情并没有明令的处罚条例，甚至可以说是公开的秘密。加上偷情的是自己的生母，要处置起来就更是难上加难。倘使嫪毐把责任都推到赵太后身上，嬴政就更加没有办法了。更何况嫪毐还有很强的政治势力。如果没有一个更为妥当的说法是难以定罪的。

正好，想什么来什么。嬴政不是要铲除嫪毐的理由么？那就给你一个，这就是嫪毐的谋权篡位说。嫪毐为什么这么多年都忍了，偏偏在这个时候篡位呢？这还得从嫪毐的一次醉酒说起，一次，嫪毐在宫中与嬴政近臣游戏时，喝得错乱了神经，与一位大臣吵起架来。嫪毐为了显示自己的威风，得意洋洋地说："我是秦王的假爸，

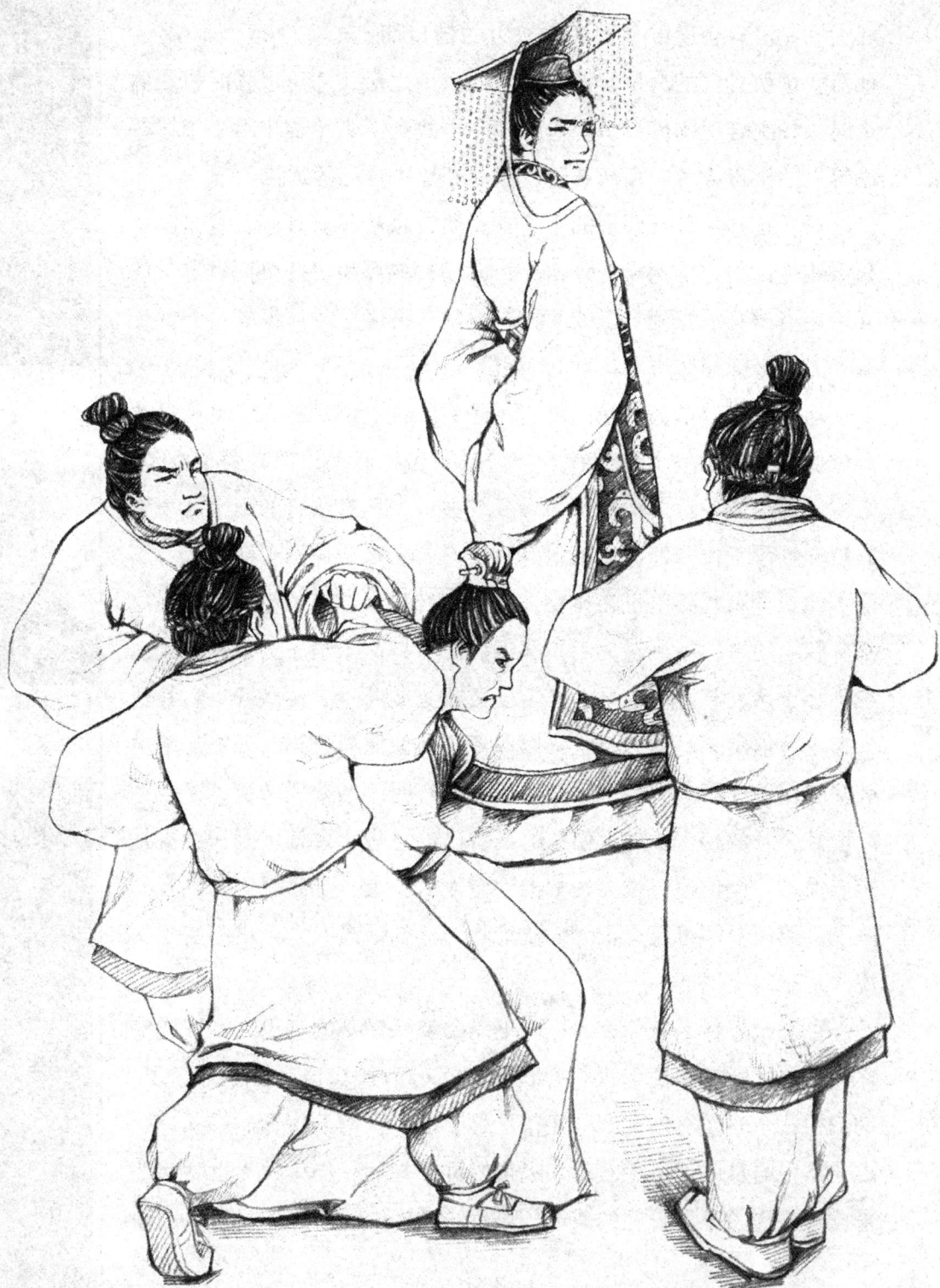

你们谁敢得罪我？"这一句闯下了弥天大祸，醒酒后的嫪毐知道自己酒后失言，必遭致杀身之祸。倘使死不认他与太后的关系，他还有一息生还的机会，但自己明明就已经认了。做贼心虚，一不做，二不休，还没等嬴政想出合适的处置方法，他便想先发制人地发动了叛乱。嬴政正好在发愁以什么罪来惩治嫪毐时，嫪毐却送上了最好的理由。叛乱无论在哪一朝可都是最大逆不道的举动，可以名正言顺地出兵讨伐。好了，嫪毐撞到了枪口上，自作孽不可活。

那么嫪毐是怎么调动军队的呢？当然离不开太后了。他假借秦王玉玺和赵太后的玉玺，将军队调到秦王的宫门前，准备攻打嬴政。嬴政探知了消息，命令吕不韦率领军队攻打嫪毐。解铃还需系铃人，吕不韦你既然把嫪毐送进来，那么，也就要你把他送出去了。当然，这一送希望就是西天。双方军队在咸阳展开激战，杀死了大部分叛兵。秦王下令：凡平定有功者均可赐予爵位，甚至连宦官也不例外。嫪毐战败逃亡，嬴政下令：无论谁活捉了嫪毐都可以赏钱一百万；杀死嫪毐，得赏钱五十万。重赏之下必有勇夫，大家齐行动，一起围追嫪毐。不愧是学了吕不韦的活教材，赏罚的功夫学得很到位。

很快，嫪毐被抓到了。嫪毐被判处车裂之刑，也就是五马分尸，可见秦王对嫪毐的怨恨程度。嬴政的暴戾性格初现端倪。其他的叛乱分子也被处以极刑，嬴政出色地镇压了这次叛乱，朝堂上下开始对这个刚刚亲政的国君刮目相看。在此要提到的是，嬴政对待嫪毐与赵太后的两个儿子的做法，可以说是惨绝人寰的。他命人将这两个同母异父的兄弟装在袋子里活活地摔死了，还抄了嫪毐的全家，全部发配到荒蛮的蜀地。他把自己的生母也软禁起来。嬴政的残暴、冷酷的个性已经将秦国人震慑了。

嬴政想要除掉嫪毐，仅仅是因为他淫乱后宫么？当然不是，这里边有更深层的政治原因。别忘了嬴政是秦王，他要维护王位，取得政治上的独立。如果嫪毐没有染指政治，那么，即使他淫乱后宫，嬴政也可能留住嫪毐一命。毕竟生母还在，假爸对生母有用，对自己无害。怪就怪嫪毐不但染指了政治，还生下了两个来争夺王位的小子。你嫪毐还大言不惭地说要在我百年之后继承大位，使江山易主。笑话，这样嬴政我还能放过你么？你若染指政治，只安安分分地做个享受型的侯爷也就罢了，竟然发展自己的势力，野心勃勃地想要取代吕不韦进而架空我，我嬴政又岂能坐视不理，欺负人也不会欺负到这种地步吧?! 好吧，既然你不仁，我也不会对你留情意。除掉你我在朝中的势力就会大大增加，也借此消消吕老头子的气焰，让他有所收敛。

嬴政这么想和做并不是没有道理的臆断，在捉拿嫪毐之乱的参与者时，人们发现其中有卫尉、内史、左弋、中大夫等高官参与，这说明当时嫪毐已经具备了一定的政治势力。嬴政的政治眼光是敏锐的，他选择在登基之后，大权在握之时，对嫪毐发动讨伐，是最好的时机。新官上任，要做出些成绩才能让人服你，才能杀一儆百，给他人一个震慑。可见，嬴政也不缺乏政治头脑。他在等到嫪毐发动叛乱后，举兵灭杀，又派吕不韦剿灭嫪毐，足见嬴政的政治手腕。嬴政能成为始皇帝并不是没有道理的。

对于太后的乱情，嬴政定会有所耳闻的。只是这么多年来，母子相依为命，多少还有些感情在。自己又没有掌握实权，只能睁一只眼闭一只眼算了。何况自己的身世不清不楚，如果吕不韦真是自己的生父，也就勉强接受了吧！但是，生母太过分了。走了一个，又来了一个。来了也就算了，还应允他们两个儿子继承大位，这还了得？母后呀，你把我放在了什么位置呢？你在答应嫪毐将他儿子扶上大位之时，你可还顾念我们母子之情？留存在嬴政心中的那几

缕温情在此时是不是也经受着严酷的摧残呢？嬴政所生活的世界充满了争斗、心计、冷漠、迷乱，他又怎能去相信这个世界？在处置完嫪毐之后，嬴政将自己的生母软禁在雍地，让她在曾经与嫪毐及其孩子生活的地方睹物思人，这算不算是一种惩罚呢？

一个人在受过残酷的伤害之后，会怀疑这个世界，这一点并不奇怪。他对这个世界所持有的冷漠态度也可以理解。但是，当他用冷酷到令人发指的手段来报复这个世界时，我们就有理由相信这个人的心理是否健康了。

后来，秦王接受了茅焦软禁赵太后阻碍统一大业的建议，将赵太后接回宫中。是不是在秦王爱恨交织的感情世界里，对这位母亲还有些许依恋呢？答案只有嬴政自己最清楚了。

驱逐吕不韦

嫪毐集团被铲除了，接下来该对付吕不韦了。嫪毐本就是吕不韦的门客，又是他将嫪毐送进赵太后宫中的，他一手策划和实施了这场闹剧，嫪毐的兴亡是怎么都与吕不韦脱不了干系的。本想寻求脱身之计，却被这一脱身之计所累，无怪乎曹雪芹说"机关算尽太聪明，反误了卿卿性命"啊。但是要铲除吕不韦的势力，却不像铲除嫪毐那么容易了。吕不韦是先朝元老，拥有庞大的集团势力；另外他辅佐嬴政这么多年一直没有叛乱的迹象，最多就是把持朝政，揽权贪功。加上那一层连嬴政自己都无法肯定的迷离关系，嬴政想要除掉吕不韦也不能做得过分绝情与残暴。否则不但落人口实，更重要的是可能会引起朝廷震荡。对付吕不韦不能用除掉嫪毐的方法。

在问责吕不韦的过程中，嬴政没有赶尽杀绝，而是拖到了第二年十月才免去了吕不韦的职位，让他回家赋闲。请注意了，这第二年十月是嬴政接母亲赵太后回宫的时期。嬴政还是不放心他的生母的，这位生母搞不好再与吕不韦勾结做出什么意想不到的事来，后果就不堪设想了。嬴政并不是个自信的人。对付吕不韦嬴政没有做得斩尽杀绝，只是写了一封简短的信：你哪来的功劳，我秦国要封你那么多良田？你与我有什么血缘关系，我要叫你仲父？请你和你的家属迁到蜀地去吧。就是这样一封信要了吕不韦的命。吕不韦见信后，先是震惊，而后服毒自杀。

有人说，这是嬴政故意安排，逼死吕不韦，只是不想做得明显，引起不必要的麻烦。因为嬴政一直担心吕不韦接受六国的邀请对付秦国，他忌惮吕不韦协助六国对秦国下手。这是一种可能，但是，有另一种可能是我们可以从人性的角度去解读的，那就是嬴政确实害怕吕不韦为六国所用，也确实怕吕不韦带着自己的人才储备库另寻高枝，但是，嬴政并没有想杀死吕不韦的想法，为什么呢？如果吕不韦确实要谋反，那么，在嬴政未登基之前，他就有机会下手。但是，他没有这样做。是他顾及嬴政是自己的儿子，还是他真的没有称王的野心，我们不好判断，但可以肯定地说，吕不韦一直没有取嬴政而代之的行动或意思。这一点嬴政明了于心。否则在诛杀嫪毐之时，吕不韦不会披挂上阵；在被自己赶出朝廷之时，也不会没有丝毫反抗。嬴政相信，吕不韦至少不会对付自己。最有可能的就是吕不韦会接受六国邀请，为六国出谋划策，让六国强大起来，这样是嬴政所不能容忍的。他写那封信的目的是下逐客令，把吕不韦赶到蛮荒之地，让他不得见六国使臣，无法为六国出力。而把吕不韦送到蜀地，嬴政也必定有办法控制吕不韦，没必要杀他。

再从另外一方面讲，如果说在灭嫪毐之时，吕不韦有着强大的政治势力，嬴政不敢轻举妄动，那么，在吕不韦赋闲回河南封地的几个月里，嬴政早已削弱了吕不韦党羽的力量，不必担心吕不韦形成大的气候，自然不必背负着不仁不义的骂名，诛杀自己可能的父亲。

至于那封绝情的信件，我们可以从中得到这样的信息：秦始皇否认吕不韦的功绩，同样地否认自己是吕不韦的儿子。这一点不难理解，吕不韦的功绩嬴政最清楚，嬴政这么做就是想告诉吕不韦：你别指望再回秦朝了，还是离开为好。而嬴政极力否认自己是吕不韦儿子的传闻，一方面透漏出嬴政对自己的身世耿耿于怀，另一方面也表示出他要与吕不韦断绝所有关系——你不必再有慕秦的想法，我要你迁往蜀地，是放你一条生路。通过信件我们可以推断：嬴政并不想杀吕不韦，只是要胁迫他离开是非之地，不得为六国出力。杀人的方法有很多种，对于性格暴戾而又大权在握的嬴政来说，杀死吕不韦并非难事，何必写这么一封决裂的信逼迫吕不韦死呢？这不是此地无银么？嬴政写这封信时，是不是往事也历历在目呢？吕不韦将自己的生母送给异人，据说生母还怀着自己，接着帮子楚得到王位，又辅佐自己建立基业。他做错的是不该将生母送给异人么？那么，又怎会有后来的自己？他做错的是与太后私通，又将嫪毐引入宫中。但嫪毐之事也是他始料未及的。这个可能是自己亲生父亲的人，就该惨死在自己的刀刃下么？嬴政是恨吕不韦的，谁又能保证这恨里没有一点点爱意或敬意呢？

吕不韦死了，是在看到嬴政的绝情信之后死去的。他不能存活于世，只是因为他恐惧嬴政的报复或是维护自己的尊严么？是的，吕不韦看到了嬴政的残暴，害怕即使是亲生父亲，嬴政也不会放过。是的，吕不韦不愿在嬴政明令追杀之下赴死，这样死的没有尊严。然而，来自吕不韦内心深处最大的痛楚并非如此吧！他若躲进深山或躲到六国中实力较强的国家，或许可以保全自己的性命，不为嬴政所残害，但是，他没有这么做。他此刻的心情大概也是十分复杂、绝望的。自己呕心沥血所辅佐的人，竟然给了他这样的一个结局！他以儿子相待的嬴政最后告诉他，他不认这个生父，也不认他为秦国所付出的一切心力。就这么一封信，将他所有的一切化为灰烬。这样的打击恐怕比直接杀了他还具有杀伤力吧！吕不韦此刻的心情是不是也绝望、沮丧到了极点呢？生有何欢，死又何惧？纵有万贯家财，又有什么用呢？这位枭雄回首来路，是不是也痛心疾首呢？

　　吕不韦死了，又留下了一个难以解释的谜团。而后人，又怎么去评说这位末路英雄呢？

四海归一

第二篇

　　横扫六合是嬴政称帝的先决条件，也是他最大的政绩，对中国历史的进程有着深远影响。可以说没有嬴政统一六国，就没有后来的中央集权以及影响千秋万代的封建制度骨架的建立。嬴政这个推动历史进程的人物，以他的铁血政策建立起了统一的封建王朝，也奠定了后世封建王朝更迭的基业。

承 袭 基 业

商鞅变法

　　始皇能够统一六国和前代秦国统治者的努力是密不可分的。先秦所建立的基业为始皇横扫六合打下了坚实的基础。当然，这个基础包括政治的、经济的和军事的等等。

　　秦国的强大不能不提商鞅变法。商鞅变法大大增强了秦国的国力，对嬴政夺得天下和治国有着深远的影响。商鞅是什么人呢？他的变法又是怎样对后世起作用的呢？

　　商鞅是卫国人，战国时期法家学派的主要代表人物。商鞅年轻的时候很喜欢学习刑法之类的学问。后来在魏国国相公叔痤门下做中庶子，公叔痤把他推荐给魏惠王，谁知魏惠王不用商鞅。商鞅听说秦孝公正在广招人才，便赶到秦国去游说孝公变法。当时秦国一些重臣不同意变法，说什么"智者不变法而治"。孝公也是个进步人士，觉得老派人物落伍了，便积极地支持商鞅变法。变法是要用到权力的，不然，空口白牙谁听你的呀！那就给个官吧，孝公给商鞅封了个官。这个官可不小，左庶长。左庶长不是王公大臣领取的，但是是爵位。有了这样的职位，商鞅才能指挥人。

商鞅怕自己刚到秦国，人们难以信服，就想了一个办法：在国都的南门立了一根三丈长的柱子，跟人说谁把这根木头搬到北门就奖给谁十金。开始时没人相信，没人动。重赏之下必有勇夫，赏金涨到五十时，一个人跑去搬木头，结果商鞅给了那人五十金。这样，人们开始信任商鞅变法。商鞅是个不徇私情的人，他惩治了自己的老师公子虔、公孙贾；他也不畏权贵，对秦国犯法的王公大臣也不手软，这在秦国引起了很大轰动。后来人们开始奉公守法，法律畅通起来。通过商鞅变法，秦国的百姓富足起来，将士们也勇猛作战，秦国国库的银两、粮食储备一天天增多。孝公这个乐呀，可得到了一个大能臣了。两年以后，孝公将都城迁到了咸阳。公元前342年，周天子和诸侯派人向秦祝贺，可见秦的强大。到了第二年，秦乘魏在马陵之战失败之机讨伐魏国，商鞅用诈谋虏取魏公子昂，打败了魏国。魏国只好割地求和。孝公高兴坏了，封了十五座城邑给商鞅，称号为"商君"。

商鞅变法引起了秦国旧有贵族的不满和怨恨。孝公死后，秦贵族向商鞅伸出了魔爪。秦惠王上任以后，公子虔等人对商鞅展开了报复行动。商鞅想要逃到魏国去，结果魏国因为当年被商鞅骗失了公子昂而导致割地求和，拒绝接受商鞅，商鞅搬起石头砸自己的脚。而作茧自缚的事接着发生了。秦惠王下令逮捕商鞅时，商鞅逃

— 35 —

亡到边关，想要留宿客栈，结果因为无法出示证件，店家害怕"连坐"不敢留宿，想要逃出去，结果被抓。抓住了就按他制定的秦律办理，结果全家被杀，一代能臣就落了这样个悲哀的下场。

商鞅变法重农抑商，培养贤才，抨击儒家学说，主张严明法纪，实行法治教育，奖励耕战。虽然，商鞅被秦惠王杀了，但是商鞅所制定的法律并没有因此废除。商鞅变法使秦国国力继续增长。那么，商鞅的哪些变法带来了秦国国力的增长呢？

下面我们就来看看，商鞅变法最大的成效在于经济。商鞅废除了战国时期沿用的"井田制"取而代之"开阡陌封疆"。"封疆"就是奴隶主贵族受封井田的界限。"开阡陌封疆"就是把标志土地国有的阡陌封疆去掉，废除奴隶制土地国有制，实行土地私有制。法律规定：人们可以开垦荒地。这个好，农民有了极大的积极性来垦荒，直接推动农业的发展。还有更好的，这就是允许土地自由买卖，有钱的买地，没钱的开荒，土地管理统一化。这样直接瓦解了奴隶制生产关系，大幅度地促进了封建经济的发展。秦国在打破原有生产关系的基础上，极大地解放了生产力。秦国经济飞速发展，成长为六国中实力最强的国家。

其次，是奖励耕战，生产粮食和布匹多的人，可免除本人劳役和赋税；招募无地农民到秦国开荒。为鼓励小农经济，还规定凡一户有两个儿子，到成人年龄必须分家，独立谋生，否则要出双倍赋税。禁止父子兄弟同室居住，推行小家庭政策。这些政策有利于增殖人口、征发徭役和户口税，发展封建经济。一系列的措施直接促进农业的发展，人口的增加。这就为始皇后来南北征战打下了坚实的物质基础，同时提供了充实的兵源。

再次，就是统一度量衡。度量衡的统一在方便政府办事效率，保证国家税收的同时，也为后期始皇统一度量衡提供了蓝本。

以上主要是经济方面的，经济上改革带来了秦国经济的腾飞，为始皇统一六国提供了最有力的保证。

在政治方面，商鞅废除了世卿世禄制，建立封建专制制度，推向郡县制。这些措施直接影响到始皇对统一六国后所采用的组织形式，为始皇建立中央集权的封建国家做了最好的形式上的铺垫。

商鞅奖励军功，实行二十等爵制。爵位依军功授予，宗室非有军功不得列入公族簿籍。有功劳的贵族子弟，可享受荣华富贵；无功劳的，虽家富，不得铺张，这同样严重侵犯了秦国旧贵族的利益，原有旧贵族可以直接承袭军衔，而商鞅这一变法，不上战场就当不上将军，没有军功就甭想晋级，杀不死敌人你就没有俸禄领。结果，这可给普通士兵下了一剂猛药。因为有这样的奖惩措施，士兵们杀敌杀红了眼，个个骁勇善战。只是这个法令有一个致命的缺陷，那就是大家为争军功自己人也拼个你死我活。比如说，大家都看中了敌军统帅的脑袋，结果几个人一起杀了敌军统帅，接着就是谁来领功的问题了。这功谁都不愿意让别人领去，于是就自相残杀起来，最后剩下的人去领军功。法令还禁止私斗，当然，这里的私斗指的不是民间打架斗殴，而是指奴隶主为争夺土地而展开的斗争。通过这样的法令限制了奴隶主势力的膨胀和扩张，加强了中央集权。

经过军事改革，大秦帝国军队战斗力得到了很大提高。随着秦国国力的增强，在对外战争过程中，秦国屡战屡胜。值得一提的是，公元前355年，秦孝公与魏惠王在杜平相会了，这次相会意义非凡，它结束了秦国长期以来不与中原诸侯会盟的被动局面，秦国迈出了对外交往的关键性一步，秦国在诸侯国中的地位得到了提升。秦国运用它彪悍的武力夺取了农业文明较发达的巴蜀之地以及畜牧业发达的西北地区。军事上的扩张，领土的开拓为秦的统一做好了准备。

商鞅在政治上的改革还有一个在今天看来没有什么大的影响，而在当时却影响很大的方案，这就是改革户籍制度，实行连坐法。这一方面方便了城乡的基层行政单位的运用，另一方面也震慑了平民百姓，让他们不敢轻易动杂念、互相监督。我们看看它法律的内容：居民以五家为"伍"、十家为"什"，将什、伍作为基层行政单位。按照编制，登记并编入户籍，责令互相监督。一家有罪，九家必须连举告发，若不告发，则十家同罪连坐。不告奸者腰斩，告发"奸人"的与斩敌同赏，匿奸者与降敌同罚。同时还规定：旅店不能收留没有官府凭证者住宿，否则店主也要连坐。从这些法律内容我们可以看出，在初期，它有一定的规范和震慑作用，但这样的法律太过严酷了。一人犯法四邻遭殃。商鞅难道就没有想到，这种连坐会导致互相牵扯、牵连无辜的恶果吗？他想不到不要紧，他自己制定的法律就让他自己来尝尝吧！就是因为"旅店不能收留没有官府凭证者住宿，否则店主也要连坐"的法令，断送了自己的性命。随着连坐法的深入实行，这种法律越来越显示出它的弊端。

商鞅对始皇帮助最大的政治改革就是推行郡县制。商鞅在全国设置县这个行政单位，把封建领主对自己地盘的政治特权统归了中央。这样一套政府职能单位的设置直接配合了"废井田、开阡陌"政策，用政治的手段保证了土地私有化，巩固了中央集权的封建统治，削弱了豪门贵族在地方的权力。随着秦国领土的扩大，秦在新占领的地方设了郡，渐渐地郡的范围越来越大。因为郡有边防的军权，郡内形势比较稳定，秦统治者看到这个现象，认为郡也是个不错的行政管理工具，便在郡下设了县。郡县制开始在秦国盛行，它为后来始皇统一六国后在全国推行这个制度提供了基本的模板和

秦始皇

【第二篇】四海归一

经验。

商鞅改革的效力不仅影响了当时，也对秦后世的统治产生了深远影响。始皇能够一统天下，除了他本身的雄才大略之外，商鞅变法给秦国带来的国力的增强也是功不可没的。前人栽树，后人乘凉，始皇的成功也是得到了先辈的荫庇的。

远交近攻与强干弱枝

远交近攻是秦国丞相范雎提出的。远交近攻将秦统一六国的神话变成现实。它为秦统治者提供了灭掉六国的方案，也让始皇在统一六国的过程中有了一个明确的战争策略。可以说，范雎的远交近攻策略为始皇统一江山开了路。那么，范雎到底是什么人呢？他的远交近攻又是怎么一回事呢？

范雎是战国时的魏国人，小时候家境贫寒，后来进入中大夫须贾门下当门客。之后出使齐国被须贾诬陷，经历多重磨难后来到秦国，得到了秦昭王的赏识。公元前266年，范雎出任秦国国相，辅佐秦昭王治理国家。他承袭了秦国的治国传统和志向，将统一六国作为奋斗的目标，他是秦国历史上继往开来的名相。

范雎对秦昭王说："我们秦国地理位置险要，天下没有能赶得上的。我们有百万雄师，千辆战车，兵器装备也是无人能敌得过的。虽然我们凭借着骁勇善战的将士和良好的武器装备能像猛狗抓小兔一样将他们收服，但是如果没有兼并他们的好方法，我国称霸的事业就不能成功。这难道不是我们做臣子的失误么？"听了范雎的话，昭王一下子来了精神，心里暗叹知音到了。秦昭王走下座位，来到范雎面前，对他说："先生请详细说说看！"范雎受了莫大的鼓舞，接着说："我听说之前的提法是绕过韩、魏去攻打齐国，我认为这不是好的战略。如果我们出兵少，定会打不过齐国；如果我们出兵多，必定拖累自己。大王您不如采取'结交地理位置远的国家，而攻打我们的临近国'的策略，这样，大王您得到的土地，无论多少都是您的了。大王您放弃近的、容易打的国家，而去攻打远的、难打的国家，不是很荒唐的做法么？"秦昭王一听，可不就是这个道理。他兴高采烈地说："我就听先生您的建议了！"于是便封了个大官给范雎，就是客卿，可以直接参与国家大事的讨论，主管军事。

就是通过这次谈话，秦国确定了"远交近攻"的战略思想。这一思想的确立，不仅对秦国逐一兼并六国乃至最后的统一奠定了战略基础，还为后世的战争、外交提供了最有价值的、实用的方案。范雎还提出了远交近攻的具体实施步骤：第一，就近重创韩、魏两国，以此来解除心腹之患，壮大秦国势力；第二，向北图谋燕国，向南谋求楚国，扶持弱小的国家来抵制强大的国家，争取中间地带的支持，抑制各国的发展；第三，联合韩、魏、赵、楚来威逼最远且最强大的齐国，让齐国不敢和秦国竞争；第四，在形成绝对的优势之后，消灭韩、魏等国，最后灭齐。实际上始皇后来灭六国的步骤就是按照这样的方法操作的。远交近攻为始皇一统江山提供了最为实用的战略方案。

公元前268年，秦昭王按照范雎的建议，派五大夫王绾率领军队讨伐魏国，攻占了怀地。两年以后，又派兵攻下了邢丘。就在这种形势之下，范雎又提出了攻打韩国的计策。他先是向昭王分析攻韩的重要意义。他说："我们秦国和韩国相互接壤，就像织在布里的线纵横相连，韩国对于秦国来说就像树里的虫子一样，是我们的

心腹大患，不除不行。天下太平还好，如果天下稍有风吹草动，没有再比韩国更大的威胁了。所以，大王您要先收服韩国。"秦昭王也觉得韩国是个极大的威胁，不除恐有后患，于是便问范雎该怎么样做才能收服韩国。范雎胸有成竹地说："如果大王您派兵占领了韩国的政治、经济、军事的交通要道荥阳，就可以阻断韩国对巩、成皋地区的统治，韩国上党的军队没法支援这一地区的战事。这样一来，韩国截成了三节，韩国能不对秦国俯首称臣么？"秦昭王拍案叫绝。

公元前265年，秦国派出了军队，先后占领了少曲、高平、陉城、南阳、野王等地。韩国被斩断了，整个上党地区被完全孤立起来。秦国在这一系列战争中获得了韩国大量的人力、物力作为它战争损失的补偿。得了这些战争补偿的秦国，实力没有因为战争而削减，反而得到了有利的扩充，这次战争加速了秦国对赵、楚两国的进攻的步伐。

正是远交近攻的策略，使得秦国一步一步兼并了六国，最终在嬴政手里，完成了统一大业。远交近攻对统一六国具有非凡的意义。没有远交近攻嬴政还不知道要在统一六国的路上摸爬滚打多少载呢？！

秦国在军事上节节胜利，范雎也越来越得昭王的倚重，开始让他在内政上大展拳脚。于是范雎提出了"强干弱枝"的治国方略，意思就是加强中央集权。范雎对秦昭王说："我在山东居住时，听说齐国只有孟尝君，没人知道有齐王（就是说孟尝君的权力与威望超过了齐王）；而秦国有太后和穰侯魏冉，没听说过秦王。所以说，能治理国家的、趋利避害的、能执掌生杀大权的人才能称之为王。现在什么事都是太后做主，穰侯外出进行国事访问也不奏报，地方上做事也不奏报国君，国家就像没有君王一样。国家权力怎能不倾斜，国王的号令怎会有人听从呢？我听说能治国的人，是那些在内政上能发挥威力，在外交上人们能够重视的人。现在，穰侯依仗着太后的权势，削弱了您在外界的地位，他一用兵诸侯都害怕得不得了，他不用兵诸侯们都感恩戴德，他在君王的左右广设间谍，这样恐怕在大王故去之后，拥有秦国的就不再是大王的子孙了（意思就是秦国将被篡夺，江山易主）。"这一说，可把秦昭王给提醒了。这是昭王没有想到的，他虽然对宗亲贵戚的势力膨胀看在眼里，急在心头，但是没有想到后果是如此地严重。听范雎这么一说，他就下定决心要除掉外戚、宗亲的势力。就在这一年，昭王罢免了魏冉的相位，打发到他自己的封地去了。后来他又将太后的权力也夺了回来，不许太后参与政务，接着封范雎为国相。这样，以秦昭王为首的中央政权得到了集中。

范雎推行的"固干削枝"方针，强化了秦国的中央集权制度，促进了封建割据走向封建大一统，这对秦国中央集权制度的完善和嬴政最终完成统一大业有着不容忽视的作用，它是顺应历史发展的一次重大社会变革。

通过范雎的远交近攻策略使得秦统一六国的构想落到了实处；通过强干弱枝方针使得秦国中央集权进一步加强。这些都为始皇开疆扩土、统一六国以及秦帝国的建设奠定了良好的基础，始皇的功勋和先辈的积累是分不开的。

谋 划 统 一

策略初定

    秦国先王们所创立的基业，为嬴政统一六国做了很好的铺垫。嬴政之所以有这样的雄心壮志，一方面来自自己称霸的野心，另一方面是因为他拥有前人建立的雄厚的物质基础。有心又有力，怎能不发威？

    事实上，嬴政自打即位之日起，就没有间断过对自己一统天下的梦想的追逐。他要统一六国，让六国在自己的脚下臣服。他要享有世间至高无上的权力，得到千秋万代的敬仰。但，梦想是靠做来实现的。要怎样去横扫六国，让六国臣服于自己呢？这是统一六国的头等大事。要怎么统筹全局、进行战略部署是嬴政首先要确定的问题。

实际上，嬴政一直在考虑这个问题，也不断地和他手下的大臣商讨此事，但一直也没有一个核心策略和较为完备的方案。最终策略的制定是谋臣李斯、韩国公子韩非、重臣姚贾政见角逐的结果。

李斯从哪里来的呢？李斯原是吕不韦的宾客。在嬴政除掉吕不韦之前，嬴政找到的接班人就是李斯。可见这位李斯定是深得嬴政赏识的，政治才干也是可以与吕不韦相匹敌的。李斯的意见在嬴政心中的重量是可想而知的。对于韩非，稍微熟悉历史的人都会有所了解，他是战国末年著名的思想家，他的法家思想为嬴政所推崇，嬴政为他出色的才华所折服，所以韩非的意见在嬴政心里也是相当重要的。再说姚贾，他在嬴政遭遇一次四国连纵抗秦时，挺身而出，请求嬴政给他钱，将四国摆平。嬴政还挺大方，真的给了姚贾钱，姚贾拿着这些钱，贿赂四国王公、重臣，结果四国联盟很快瓦解了。姚贾也得到了嬴政的赏识。这三个人在决定平定六国的论战中各自发挥着不可替代的作用。

韩非是韩国的公子，因为不是长公子，不可能被立为太子，又不受韩国国君的重用，所以潜心向学，写了《孤愤》《五蠹》《说难》等著名的作品。也正是这些作品，让嬴政认识了韩非，想得到韩非这个人才。对于六国的平定策略，朝中提倡先灭韩的呼声较高。嬴政在他十四年的时候，攻打韩国，韩国迫不得已，启用韩非，派韩非作为使臣出访秦国。有传闻，嬴政是为了得到韩非这个人才，才起兵攻韩的。这一说法有些牵强，要一个人才就要发动一场战争，秦王不至于这么不理智。再者，从后来韩非被李斯毒死而嬴政并不追问的遭遇来看，嬴政并没有多么痛惜失去韩非这个奇才。所以说，韩非还没有重要到要发动一场战争来争夺的地步。

韩非来到秦国，嬴政并没有立刻收为己用，他知道韩非是韩国的使臣，这个时候是不会为自己一方谋利益的。他需要进一步观察韩非的才干是不是有他写的文章那么漂亮，他也需要观察，以韩非的个性能不能被收服，即使收服他会否安心佐秦。嬴政向来是个多猜忌和多思虑的人，他不会因为爱惜一个人才就放弃自己的利益。事实上，这段观察确实让嬴政对韩非有了看法。韩非不是个善言辞的人，甚至有些口吃，这让他在与群臣的论辩过程占了劣势，很多有利的驳辩他无法很好地表达。另外，也是嬴政最担心的，韩非始终是站在韩国的立场上的，这一点是嬴政可以理解但不可以容忍的。可以理解是因为韩非是韩国的使臣，他定会为韩国利益而谋；不可以忍受是嬴政我礼贤下士，这样欣赏你的才华，左右试探，前后相劝都不能打动你，我这不是剃头挑子一头热嘛？这时候的嬴政当然对韩非有些防范心理的。这也是后来为什么韩非的意见没有被采纳的一个重要原因。

韩非作为韩国的使臣，为保卫韩国殚精竭虑。但韩非并不傻，他知道作为一个说客，是不能光站在自己的角度说问题的，所以他以站在秦国立场上的姿态，提出了自己的见解。他上书嬴政说："大王，你不该先攻打韩国的，韩国是很弱小的国家，在六国之中没有什么发言权，多年来为你们秦国马首是瞻。你们叫韩国往西，韩国不敢往东。你们到哪里，只有韩国跟从的份儿，没有韩国参与的份儿。所以荣耀都归了秦国，韩国却要承受积怨。韩国实际上已经是秦国的一个附属国，灭不灭没什么两样。如果发动战争，两国兵力都会有所削减，韩国虽是弹丸之地，四处受敌，但它能从列强之中存活下来，说明还是有些实力的，你不会轻易就攻打下来，必然要耗费一定的军力、物力。倘使韩国得以保存，韩国的兵力也是任由大王使用的。这样算下来，大王你要灭韩是多么得不偿失啊！

要攻打六国，也要先攻打赵国才是。在韩、赵、魏几个国家中，赵国是最强大的，他们一直在扩充军队，广招英才，他们的矛头也直指秦国，赵国才是秦国最大的敌人，如果不趁早铲除，将来会后患无穷。如果大王灭了相当于自己属国的韩国，那么天下人还怎么敢和秦国交好呢?"接着，韩非进一步阐述了攻打赵国的步骤：先派使臣贿赂楚国，宣扬赵国对楚国的劣迹，使得赵国无法和楚国联盟；同时给魏国送去人质，稳定魏国，接着率领韩军攻打赵国，即使赵齐联盟也不足为患；在灭赵、齐之后，发一封信给韩国就可以将韩国收服了。看来韩非已经知道秦国对六国志在必得，韩国灭亡是迟早的事，但是他想以一己之力最大限度地保存韩国的利益。

赢政对这封奏疏里对几国局势的透彻分析也是颇为赞同的，但他并没有马上下结论，他需要与臣子商议。从中我们也可以看出，赢政始终是不放心韩非的。他对韩非有着固执的疑虑，那就是韩非是韩国公子，很难让其为自己效命。尽管这道奏疏字字都是站在秦国的立场考虑问题，而且都切中时弊，但还是不可武断。可见，赢政从政并不刚愎自用。

赢政将韩非的奏疏拿到朝堂之上与众臣商议，李斯第一个站出来反对，姚贾紧随其后。李斯反对的理由不多，但足可以改变秦王的初衷。李斯对赢政说："大王，韩国就像我们秦国的一块心病，在最靠近我们的位置上。如果秦国有什么突发事件，韩国非但不会帮助，还可能会落井下石，韩国是靠不住的，只有据为己有才是最保险的做法，就算近两年韩国不会对我们构成威胁，但我们若对付赵、齐两国，必定要拿出我们秦国全部的力量，而这个时候，就是韩国对付我们的最好时机。我们国内空虚，后院起火就来不及救援，当年穆公惨败崤山的悲剧就会重现，所以一定要先灭韩国。"赢政一听李斯的分析，确实点到了自己未曾想到的隐患，政策开始

向李斯的建议倾斜。这个时候，姚贾恰到好处地出现了。姚贾的观点一下子点中了秦王嬴政的要害，这就是韩非是韩国人，他的奏疏是为了保存韩国，实际上对秦国的帮助并不大，甚至还可能混淆政听；况且我们可以用重金破坏六国的实力和连纵。嬴政听了这个就更加深了自己对韩非的疑虑。

嬴政最终没有采纳韩非的建议，而是采用李斯的主张，先灭韩国。韩非的游说失败了。

韩非之死

韩非之死最主要归咎于两个人，就是李斯和姚贾。为什么李斯和姚贾要置韩非于死地呢？首先，李斯与韩非的政见不合，尤其是对灭六国的谋略上存在严重的分歧。李斯主张立即灭掉六国，先对韩国下手；而韩非极力主张先灭赵，再灭其他五国。两个持相反意见的政客，如果没有些胸怀，定会在朝堂之上拼个你死我活。因为一方一旦得胜，另一方必将失利。李斯为国家大业考虑的成分多，但不能说没有一丁点私欲。李斯也知道秦王最担心的并不是韩非不臣服于秦国，为嬴政所用，而是一旦韩非回国，韩国接纳韩非的建议，采取措施抗秦，或韩非为其他六国所用，对付秦国，那么，秦朝统一六国的进程将缓慢下来。这是嬴政和李斯都不愿意看到的事情。所以，如果韩非不愿为秦国谋利，最好也不要放虎归山。于是，在李斯逼韩非服毒自尽之后，嬴政也没有过多追问。韩非，一个生不逢时的人，成为历史的叹喟。

韩非之死，姚贾是帮凶。那么，姚贾又与韩非有什么过节儿或

冤仇呢？政见不合只是一个方面，更重要的方面是韩非想铲除姚贾，却没有得逞。为什么韩非想要铲除姚贾呢？上面也曾提到过，姚贾曾经用重金贿赂各国重臣，导致各国忠臣不同程度地被诛杀，并且破坏了合纵。对于想要连纵的各国来说，姚贾是罪魁祸首，不除掉他会有后患。韩非出使秦国，主要目的是保卫韩国，但是能除掉破坏六国联合的眼中钉，又何尝不是一件快事呢？所以，在听说姚贾返回秦国，嬴政封赏姚贾之后，韩非便上书给嬴政，告姚贾三条罪状：一是，贪污；二是，利用自己职位之便结交诸侯；三是，在现在看来是很可笑的——是出身卑微。说姚贾贪污，是很不容易查出来的。在四国搞外交期间，花费秦国很多钱，这些钱并没有完全用在贿赂四国重臣上，而是装进了自己的口袋，这是在骗取国家财力，算作贪污。而说姚贾私交诸侯，这一点是不可避免的，如果不与诸侯交往，他又怎么能左右诸侯的决定？让人最难以理解的是，韩非把姚贾的身世卑微也拿出来说事儿，他说姚贾父亲是守城门的，没有好的教养；品质也不好，在魏国犯过罪，逃了，后来又为赵国所驱逐。如果信任这种人，不是自取灭亡么？韩非的几条告罪并不高明，没有一条是可以站得住脚的。虽然各个都是死罪，但是没有一条不是嬴政所能够理解的，从这一点来看，韩非政治斗争经验并不充足。

既然韩非已经提出来了，嬴政也得像模像样地给予回应才行，不然就说明姚贾的做法都是嬴政默许的了。于是，嬴政将姚贾叫来质问：姚贾你是不是用国家的钱去结交诸侯了？他当然不能问，你是不是贪污了我的钱，谁会承认呢！况且还不是一件容易查出来的事。谁收了贿赂还要告诉别人收了多少啊，于是就只能问这一句。姚贾当然不卑不亢：这是免不了的事情啊，大王！我去四国的目的不就是破坏四国连纵么？不就是削弱他们各国的政治、军事力量么？如果不与他们交往，他们又怎么会信我的话呢？嬴政假装愤怒也不追问，给大家一个交代才是最重要的。那么，你是不是出身贫寒，还犯过罪？姚贾也坦然承认，我是出身寒微，但并不能代表我不能建功立业啊？姜太公、管仲、百里奚哪一个是出身豪门的，不都辅佐君王成就了一番大业么？我是被赵国驱逐过，姜尚不也被齐国赶走过么？高士就一定会成就大业么？商汤找卞随商量灭夏时，不是一气之下投河自杀了么？高士是高尚，但他们愿意为大王服务吗？用人怎么可以以出身来作为衡量标准（想不到姚贾还是颇懂用人之术的人）？如果大王你听信谣言，诛杀忠臣，我也没什么话好说，只是你若信谗言杀了忠臣，那么你手下便不会再有忠臣为你卖命了。嬴政本就没想为难他，再一听这番道理讲得明白透彻，又没有隐瞒，也就放了姚贾。姚贾有惊无险，不愧是出色的外交人员，应变能力极强，嬴政是选对人了。

被释放的姚贾必定要找告自己状的人，这一找就找到了韩非头上。我在国外忙活了半天，好不容易回来享享福，你不但说我没有功绩，还告了我三大死罪，我与你有何冤仇，你要置我于死地？怀恨在心的姚贾一直寻找时机报复韩非。功夫不负有心人，李斯上书嬴政除掉韩非，说韩非不会真心辅助秦国，因为他不但是韩国人，还是韩国的公子，对自己的祖国有很深的感情，如果不能用他就把他杀掉以绝后患。姚贾看时机已到，便赞同李斯的提议。嬴政左右为难，不可否认，嬴政是爱才的，但在自己国家利益面前，他不得不将自己的喜好妥协于国家利益。嬴政没有处决韩非，却把韩非关进了大狱。是不是嬴政还想做最后的努力，给韩非一个机会，我们不得而知。但从李斯拿毒药给韩非，逼迫韩非自杀后，嬴政并没有追究此事上来看，说明他已经默许了此事。他知道李斯比韩非重要，国家、王权比才华重要。

韩非死了，平定六国的大计没有了纷争。嬴政采纳了李斯的建议，立即拉开大战的帷幕，先攻打韩国再攻赵国，并采用金钱与军事并用的手段来控制、消灭六国。

　　统一六国的策略已经敲定，剩下的就是实行。一场空前的统一战争开始了，中国历史上第一个封建王朝即将粉墨登场。

韩国首灭

申不害变法

　　在嬴政的统一大业里，第一个锁定的目标就是韩国。这仗打得叫一个顺利，公元前231年发起，第二年就结束了。秦国几乎没怎么折腾就把韩国给灭了。韩国作为秦国的一个郡被纳入秦国版图。像韩非所说，韩国虽是弹丸之地，也不是轻而易举就能攻破的，那怎么会在顷刻之间就灭亡了呢？这还要从韩国的国力说起，韩国国力不强是它快速灭亡的主要原因。

　　战国时期各国为了图存，都进行了相应的改革。韩国也不例外，韩昭侯启用申不害变法。申不害又是什么人呢？申不害是韩国著名的思想家。韩昭侯在位的十五年是韩国最为强盛的时期，国家政治、军事力量得到了加强，使得其他诸侯国不敢轻易欺负韩国。申不害又有哪些政绩让韩昭侯这样信任他呢？

申不害原是郑国人，做过郑国的小官儿，后来韩国灭了郑国，申不害也就成了韩国人。机缘巧合，在公元前 359 年魏国攻打韩国，面对魏国兵临城下，韩国上下束手无策时，就是这个小官儿申不害来到了韩昭侯面前，对韩昭侯说："您还是去拜见魏王吧！我们不是不要国家尊严，而是要解除国家危难。我们现在最好的办法就是向魏国示弱，现在我们敌不过魏国，如果硬来可能会遭致亡国。您用执圭的方式拜见魏王，定会使魏王高兴，魏王是个骄傲的人，高兴起来就会狂妄自大，这样就会引起其他诸侯对韩国的同情。如果我们向一人低头而能赢得天下人的支持有什么不可以呢？所谓大丈夫能屈能伸，就是如此吧！"好个申不害，或许韩昭侯正为去拜见魏王而怕遭众人讥笑呢，他说这话正是时候。韩昭侯拜见了魏王，使韩国免除了一场战争的摧残。韩昭侯开始重用申不害。

韩昭侯十年，魏国发动对赵国的进攻。魏兵围住了赵国的都城邯郸，赵国向韩国求助。韩昭侯拿不定主意，便找来申不害出主意。申不害是个聪明人，他担心自己的提议有违韩昭侯的意思，便对韩昭侯说："这可是关系重大的事情，不能轻易做决定，您让我考虑考虑再回答您吧？"接着，他暗示韩昭侯手下的机变之臣，只要自己有为国家出力的心就可以了，提出建议不管是否被采纳都是一种为国家着想的表现。机变之臣受到鼓舞，便在韩昭王面前提出了自己的见解，申不害在一旁不动声色地窥探韩昭侯的意愿。在获悉韩昭侯的心思之后，申不害大胆地向韩昭侯提议："您可以联合齐国，围困魏国，这样魏国必定回兵保卫自己的国家，于是就可以解了赵国的围。我们国家也就是假意攻打魏国就可以了，没有大的

损失。"韩昭侯很高兴有这样志同道合的大臣辅佐，结果，围魏救赵成功，韩昭侯对申不害更加信任了。

公元前 351 年，韩昭侯启用申不害为韩国丞相，进行变法革新。虽然申不害主持的变法使韩国增强了政治、军事实力，但并没有达到国富民强的目的。实际上无法从根本上增强韩国的国力，也就没能改变韩国灭亡的命运。申不害懂得政治权术，却不懂得政治根基。他的变法不能说没有成效，只是成效甚微。他与秦国的商鞅变法不同，申不害变法注重行政效率的提高，讲究"修术行道"，"内修政教"的"术"治方略；而商鞅变法注重经济、法律制度体系的建立和执行。申不害帮助韩昭侯整顿吏治，收回了侠氏、公厘和段氏三大强族的特权，摧毁了他们的城堡，将他们的财产充公，这样充盈了韩国的国库。从某一种程度上来说，确实带来韩国短暂的国库充盈，但是，它没有从根本上使韩国富足起来。它不像商鞅变法那样，使秦国的农业有了长足的发展，从根本上促进秦国的富裕。

申不害强调政令的顺畅，而没有建立完备的法律体系。一次，韩昭侯派使者到下面视察，使者归来后说，没有什么大的问题。韩昭侯就问使者路上有什么见闻。使者说，见到路边有牛吃禾苗。韩昭侯对这位使者交代，不要将此事说出去。接着便下令不准牲畜闯入农田。政令是下了，可是到了下边没有人认真执行，因为法制不健全。后来在上报的材料中，韩昭侯发现国都南门没有牲畜吃禾苗的事，便问手下是不是遗漏了。手下去查，结果还有牲畜在吃禾苗。官员们都感到韩昭侯不好糊弄，便格外注意起自己职责的履行来。申不害的变法对于政令的畅通有很大的效率，但因为没有完备的法律体系的制约，在他死后不久，变法的脚步就停止下来。所有政令也都失去了应有的效力，变法也没能达到富国的目的。

夹缝难存

韩国的首先灭亡，不仅跟韩国的申不害变法不利、韩国国力不强有关，还与它所处的生存环境有关。韩国的生存环境很有意思，像一个盆地，当然不是指韩国的地貌，而是指它四周都是高高在上的强国、大国。南有楚，北有赵，西有秦，东有魏、齐。这五国都是国力强盛、三野无人的国家，只有韩国在中间的小洼地里残喘生存着，没有向外扩张的可能。

在这五国之中，秦国最为强大，而且与自己邻国，落后就要挨打，强大的秦国怎会不欺负弱小的韩国呢？自范雎提出"远交近攻"策略后，秦国就开始一口口地蚕食韩国的土地。吕不韦出任秦国丞相后，又攻下了战略要地宜阳、成皋、荥阳与先前占领的西周土地合为三川郡，成为秦国向东方延伸的根据地。而这个地方正是在韩国的疆域之内，对韩国形成致命的威胁。韩国国土的日益萎缩与强秦有力的战略位置使韩国在战争之初就难有反击力量，所以，没有支撑多久韩国就被强秦吃掉了。

韩国是弱国，没有足够的实力来和秦国抗衡，那么为什么不请人帮忙呢？但韩国没有找到有力的靠山，它总是摇摆于合纵与事秦之间，不能自持。倘使它能结交一个有力的盟国，以盟国之力抗秦或许还可以支撑些时日，至少不会是最先被灭的那个。而韩国没有把抗秦当做一项重要国策来对待，它摇摆于大国纷争之间，结果弄得姥姥不疼、舅舅不爱。我们可以从韩国吃败仗的历史中看出些端倪。

公元前 317 年，秦军攻打韩军，韩军大败。韩国非常着急，相国公仲对韩王说："咱们的盟国楚国是靠不住的，秦国对楚国是虎视眈眈。大王不如派人拿城池与秦国求和，并参加到攻打楚国的战争中去，这样我们韩国还可以保全。"韩王也只有无奈地同意了。可还没有行动，这个消息不小心让楚国知道了，楚王也急了，找来大臣商议此事。大臣陈轸谏言说："大王不必担心，我们可以假称要帮助韩国抗击秦国来瓦解秦韩联盟。韩国并不想真的与秦国合作。我们只要做出十足的样子要帮助韩国就好了。"楚王听了很高兴，于是派使臣带着重礼来到韩国，说明楚国一定会出兵帮助韩国抗秦，韩国当然也不全信，但是探知楚国军队确实已经整装待发了，于是答应不再与秦国攻打楚国。公仲对韩王的做法表示异议。公仲对韩王说："大王，秦国侵犯韩国是因为秦国有实力，而顶着虚名来救韩国的是楚国。如果我们靠着不实的说法来抵抗有实力的秦国，吃亏的将是我们。楚国和韩国不是兄弟也不是好朋友，我们怎么能信任楚国呢？我们已经把愿意与秦国一起对付楚的消息正式通知了秦国，现在反悔等于欺骗了秦国，秦国必会迁怒于我们，到时候大王您后悔都来不及了！"韩王听不进公仲的忠告，固执地认为，楚国忌惮韩秦联军，必定会帮助韩国对付秦国，结果毅然与秦国断交。秦国一听这还了得，这不是让我难堪吗？一气之下大举进攻韩国。

韩军大败，韩国被迫与秦国联盟，一起攻打楚国。韩国外交上的左右摇摆，使得韩国成为一个难以自持的国家。这固然与韩国的国力有关，但人为的因素也不可忽略。假使韩国能够够坚定自己的立场，始终抗秦或始终于秦为伍，那么韩国不一定就是第一个为秦国所灭的国家。

公元前 231 年，秦国故意挑衅韩国，希望发动秦韩战争。秦国向韩国勒索土地，韩王为了获得苟安，将南阳之地献给了嬴政。嬴政在这一年九月派内史腾为南阳太守，接受献地。韩国以为割了这块地就能暂保安宁，他们没有想到秦国野心，怎能就此善罢甘休？或许也想到了，只是秦国太强了，强得让人不敢反抗。事实上，秦占领南阳只是想以此为基地，直取韩国。公元前230年，内史腾率领秦军突然南下渡过黄河攻入韩国。很快韩国国都郑地沦陷，韩王被俘虏。接着秦国占领了韩国全境，韩国灭亡。秦国在这个地方设立了颍川郡。

韩国灭亡了。韩昭侯勉力支撑的韩国，最后还是在强秦的利爪下退出了历史舞台。

赵国覆亡

武灵王之失

赵国的兴起与赵武灵王胡服骑射、辟地千里有着密不可分的关系。通过胡服骑射的改革措施，赵国迅速崛起为东方强国，实力甚至可以与秦国相抗衡。赵国成为嬴政完成统一大业的最大障碍之一。但是，就是在赵武灵王励精图治之际，他却犯了一个致命的错误，这个错误直接导致了祸起萧墙的沙丘之变。沙丘之变在要了赵武灵王老命的同时也把一个不中用的君王推上了赵国的历史舞台，赵国崛起的步伐就此停滞了。而沙丘之变造成的内耗便宜了谁呢？当然是秦国。赵国国力削弱，自然让对手容易对付了。

那么，沙丘之变又是怎么回事呢？这还要从赵武灵王的一个春秋大梦讲起。说来好笑，赵武灵王在一次游玩时，竟做了一个奇怪的梦，梦中一个绝世美人抚琴歌唱，唱得赵武灵王心旌摇动。武灵王一问，这女子姓嬴，未来得及详谈便醒了。一觉醒来犹不能忘，反反复复地念叨着这个美梦。说者无心，听者有意。对一些别有居心的人来说，君王的每一句话都是一种暗示，一个机会。赵武灵王的美梦成为他手下臣子吴广攀爬高位的机遇。吴广将自己的女儿孟姚送到赵武灵王正妻手上，买通武灵王正妻说女儿姓嬴，这样就契合了赵武灵王的春梦。赵武灵王甚是高兴，对孟姚宠爱有加，长期居住在孟姚的吴宫之中。孟姚后来生子名为赵何。孟姚在赵武灵王二十五年去世，当时的赵何才十岁左右。赵武灵王为了感怀孟姚，将原来的太子赵章给废了，重新立赵何为太子。这一决定大大超出群臣和太子赵章的意外。赵章在外领兵多年，功勋卓著没有大的过失，能力也比不懂事的赵何强很多，这不是自己的父亲偏心么？赵章耿耿于怀。赵武灵王是个聪明人也自然知道这一点，为了能稳住赵何的地位，他在壮年之际就将王位让给了赵何，自己退居二线辅佐赵何执政。武灵王万万没有想到自己将爱姬之子扶上王位，会为自己带来杀身之祸。

在赵何登基后的第三年，赵国灭掉了中山国。武灵王封前太子赵章为安阳君，委派田不礼为相辅助赵章处理政务。赵章当然不服年幼弟弟的管制，企图夺位。田不礼为赵章出谋划策。一场宫廷政变正在酝酿，赵武灵王的死期也一天天地逼近了。

赵国重臣李兑对赵章的野心看得一清二楚。他跑去拜见相邦肥义，陈述了自己的担忧和赵章企图夺位的迹象，要肥义趁早离开是非之地。肥义是忠义之士，不愿辜负先父所托为自保而放弃忠诚。肥义知道赵章可能叛乱，便召见将军信期，嘱咐他如果有人要见君

王，先要让他见，如果没事情发生再让君王进来。信期当然领命了。

赵何四年的时候，大臣们都来到都城朝会。赵章也来到了都城朝拜。赵武灵王见到年长的赵章跪拜在赵何面前，心里很是过意不去，于是想要把赵国一分为二分给兄弟俩。就算十个手指有长短，可是手心手背都是肉啊！赵武灵王当了这么多年王，却还是没有排除感情用事，不懂顾全国家大局，确是国君之中罕见的。朝会过后，父子三人一同赶往沙丘游览，三人分殿而居，赵章认为这是很好的时机，便派人假传他父亲的命令，召赵何到父亲殿里来。信期马上告诉了肥义，肥义担心有诈，于是只身前往，结果真的被杀。将军高信知道此事，保护起赵何，与赵章和田不礼打了起来。肥义是忠士，成就了赵惠文王赵何，但是没有成就赵国的继续崛起；成就了一世英名，却没想到自己的国君是不堪重任的。这也不重要了，他看不到后续事件的发展，他无愧于心了。赵何年纪尚小，赵国当时的大权掌握在公子成和李兑手里。公子成和李兑在围追赵章时将赵武灵王也一并困在了沙丘宫殿之中。两个人一合计，就算我们现在撤兵了，也逃脱不了围困武灵王的罪名，这样是要灭族的，与其让他灭我们的族，还不如趁乱灭了武灵王。这下可好，两人继续包围沙丘宫，并下令："最后出来的人灭族。"这令一下，所有的人都跑了，谁愿意最后一个出来被灭族呢？武灵王也想逃出来，可是没有逃出来，最后因为没有食物被活活饿死了。赵武灵王死后，赵惠文王任命公子成为相国，李兑为司寇。沙丘之变算是处理完了。但是沙丘之变遗留下来的问题却没有就此结束，沙丘之变困死了赵武灵王，同样也困死了赵国崛起的力量。赵国再也没有出现一个可以和赵武灵王相匹敌的领导者。赵国不仅损失了赵章这个猛将和武灵王这个出色的领导者，同时也失去了能与秦国抗衡的力量。

赵武灵王扶赵何登帝位之失有二：一是，要了自己的命，而使赵国崛起的脚步停了下来；二是，被他扶上位的赵何缺少君王之才，为秦国灭赵提供了有利条件。

长平折力

赵惠文王是个懦弱的人，没有什么大的政绩。但他很会用人，廉颇、蔺相如、赵奢都是他手下的名臣。得了这些人的辅佐，赵何的日子还算太平，赵国的国势也比较稳定。但秦国的国力一天天增长，赵国国力停滞不前，这使得赵秦两国的平衡难以维持。公元前266年，赵惠文王庸碌的人生走到了尽头，他的儿子赵孝成王即位。

赵孝成王四年，秦国攻陷了韩国领地野王，这样一来，韩国的都城与上党郡就被隔开了。韩国一分为二，韩国自知无力再管辖上党郡，便拿上党郡向秦国求和，秦国当然高高兴兴地接受了。这下上党郡的当家的可不愿意了，上党郡的郡守冯亭希望保住此地，于是，找到了赵国说要将上党郡交给赵国。冯亭当然有自己的算盘，他认为把上党郡交给赵国，赵国接受了，便会激怒秦国，秦国就会派兵讨伐，到时韩赵联手定会打败秦国，这样就可以保住韩国。如意算盘打得噼啪响，却没想到赵国也不是秦国的对手。冯亭找到赵王希望将上党十七城交给赵国，赵孝成王采纳了平原君的建议，接受了上党郡。结果真的引起了秦国的不满，秦王立即派军队攻打上党，上党百姓纷纷逃往赵国。赵国派廉颇驻守长平援助上党百姓，秦赵大军在长平开战。初战失利，廉颇改变策略，只守不攻。赵孝成王认为廉颇胆小很是生气，多次敦促廉颇出战。廉颇不应，赵孝

成王十分不悦。实际上廉颇是想拖垮秦国：长平离赵国很近，赵国兵马粮草很容易补给；而秦国路途遥远，补给很苦难，这样耗下去秦国会吃不消，迟早收兵。但是不幸的是，廉老将军的策略被赵孝成王这个无才之辈破坏了，因为老将军被撤了职，将才得不到发挥了。

本来赵孝成王就因为廉颇不出击秦军而气恼，又有人风传秦国最怕赵奢的儿子赵括成为将军抵制秦军，这下赵孝成王可找到接替廉颇的人选了，于是将主帅换成了赵括。赵括自幼熟读兵书，与人谈论起兵家之事来头头是道，有时甚至连他的父亲赵奢都要认输。赵孝成王以为找到了良将，可以取代廉颇成为赵国的栋梁。谁知这一换帅，让赵军惨败长平。这一败败得赵国一蹶不振，再也难与秦国抗衡。

赵括是怎么败给秦国的呢？原因是赵括只会纸上谈兵，没有实战经验。赵括一上任便改变了廉颇的策略，主动进攻秦国。赵括这么做一方面是因为新官上任，急于表现自己；另一方面也是赵孝成王一直不满意廉颇不出击秦国的做法，赵括要迎合赵孝成王的想法。而最根本的原因是，他确实没有实战经验，一味地死套兵法，不懂得战场上的机变方法。

赵括到了长平前线，一改廉颇往日的作风，换将的换将，换岗的换岗，一时间里，军心不稳，秩序混乱。范雎得知赵国将主帅换成赵括之后，哈哈大笑，终于中计了。原来是范雎使出了离间计，陷害廉颇企图谋反，赵王才换掉了廉颇，任赵括为统帅。范雎同昭王商量，暗中派遣武安君白起为上将军，急速赶往长平，并传令下去："有敢泄露武安君为将者斩！"

这白起是了不得的人物，他是战国时期久经沙场的名将，智勇双全、能征善战。论帅才，赵括和白起简直没法比，根本就不在一个档次上；论兵力，赵军更难和秦军抗衡。范雎掩饰白起为将军的事实，只是为麻痹赵军，使赵军松懈下来，以达到出奇制胜的目的。

原来廉颇的战略是不出击，任秦国怎么叫阵、怎么折腾就是不跟你玩，秦国怕的也就是这一点。现在好，赵括新官上任，火力威猛，来了个主动出击。他一主动出击，秦国就高兴了，这正中了秦国的下怀。秦国我没时间和你耗，我要的就是打，你动我就有办法。赵军攻打秦军时，秦军一边固守军垒，一边兵分两路对赵军攻击。一路军队突袭赵军断赵军的后路，一路军队打入赵军营垒，这样就切断了赵军前后的联系，堵死了赵军的补给通道。赵军陷入困境，等待援兵。秦国急招壮丁奔赴长平，阻碍赵国救兵，断绝赵国粮草。赵军苦撑四十六天为秦军所破，赵括也被秦军杀死，四十几万大军投降秦国。然而投降了的赵军也没有得到苟安，被白起活埋了。长平惨败，赵国不但损兵折将，而且耗费巨大，国力空虚。赵国为秦所灭无可避免。

长平之战，在秦国历史上具有划时代的意义。在秦惠文王时期，秦与关中六国的战争一直处于战略的相持阶段。长平之战使秦国进入了战略反攻的阶段。此后，赵、魏、韩、楚、燕五国曾组织了一次合纵抗秦的行动，但是也没有能阻止秦国统一的步伐。

嬴政灭赵

长平之战后，秦国发动了对赵国的进攻。秦军围攻赵国都城邯郸，在经历了信陵君窃符救赵、毛遂胁楚王抗秦之后，赵国暂时被保存了下来。公元前235年，赵王迁即位了。这个时候，嬴政已经执政四个年头了。在这四个年头里，嬴政先后除掉了嫪毐和吕不韦集团，独揽了秦国的大权。处理完吕不韦的事情之后，他终于腾出时间和精力来对付赵国了。公元前234年，嬴政派兵进攻赵国，赵王迁只好迎战，结果主将被斩，赵国损失十万大军。秦军又一次对赵军进行了灭绝人性的大屠杀。这一仗距长平之战只有二十七年，赵国好不容易培养起来的新生力量，在秦军的骁悍下夭折了。此时嬴政的心中会是怎样的激情澎湃呢？一个内心阴冷的人，事业上的收获会不会给他带来些许温暖呢？然而，世事又岂能都顺利呢？

公元前233年，秦将樊於期率军越过太行山从北路攻打赵国的大后方。樊於期攻占了赤丽、宜安，接着向邯郸进攻，形势十分危急。赵王迁急忙召回了守卫雁门的李牧，任命他为大将军，率领部下反击秦军。李牧赶紧率领边防军的主力与在邯郸作战的赵军会合，在宜安附近与秦军对峙。李牧觉得秦军连续获胜，士气高昂，如果赵军急急忙忙地参加战争，定是难以取胜的，还不如死守不攻，避免决战，拖得秦军疲惫不堪，再找机会反攻。所以，李牧死活不出战。

樊於期觉得，以前廉颇用这一招抗拒王绾，现在李牧又用这一招来对付他。秦军战线过长，不利于打持久战，得想办法把敌人引出来。于是，樊於期率领着军队主力攻打肥下，诱使赵国军队支援，等赵军出了堡垒之后，再将他们歼灭。李牧看出了樊於期的计谋，就是不出兵。手下的赵葱可坐不住了，建议李牧支援肥下。李牧说："秦军攻打肥下，如果我们去救就会受制于人。这是兵家的大忌讳啊！"秦军主力开赴肥下后，营中留守的都是些老弱病小，战斗力很差，再加上连日来赵军只守不攻，秦军习以为常，精神松懈。李牧趁着这个机会直袭秦军，将留守的秦军全部给俘获了，还

得到了不少兵马粮草。李牧心里想着樊於期会回来救助，便派了一部分兵力正面阻击秦军，把主力配置在两翼。当赵军与回撤的秦军遭遇时，两翼的赵军突然出现，对秦军实行钳功。经过殊死战斗，李牧歼灭了十万多秦军。樊於期率领着小部队杀出重围。因为害怕始皇的惩罚，樊於期逃往燕国。嬴政气坏了，采用重赏捉拿逃跑的樊於期。李牧的这次大获全胜，赵国得到了喘息之机。

因为击退秦军有功，所以赵王迁封李牧为武安君。赵王说："秦国有个名将叫白起，他的封号是武安君，李牧就是我的白起啊！"

公元前232年，嬴政又一次派出秦军攻打赵国，这次掌勺的是大将军王翦。王翦改变了策略，兵分两路进攻赵国。一部分兵力由邺地北上，准备渡过漳水向邯郸行进，袭击赵国的都城邯郸；另一部分由自己亲自带领从上党攻出井陉，目的是让赵国腹背受敌。因为李牧率领军队全力抗击，邯郸南面又有漳水和赵长城为依托，秦军一时间难以突破。李牧采取南守北攻、集中优势各个击破的战略进行部署。他让司马尚在邯郸以南据守长城一线，自己亲自带队北进，反击秦军。两支军队都不是吃素的，王翦是秦国难得的将才，李牧也不逊色于王翦。棋逢对手，必定展开一场激战。李牧占到地利、人和，挫败了秦军的进攻。李牧班师邯郸，与司马尚会和共同攻打南路的秦军。南路秦军知道北路失败，士气顿挫，刚与李牧军队相遇，便撤军了，李牧军队再次胜利。虽然李牧为赵国取得了胜利，但是经由先前的失败和此次战役的惨重损失，赵军军力衰微，没有能力再去反攻，只能让秦军完好撤离。赵军退守邯郸，赵国暂时得以保全。

在调整了三年后，秦国再一次进攻赵国。而这一次又是李牧大破秦军。公元前229年，嬴政派王翦进攻赵国，王翦与李牧僵持一年多战争仍没有进展。嬴政知道李牧善战不好对付，如果不除掉李牧，灭掉赵国的战争就要拖长很久，夜长梦多，必须马上除掉李牧。要除掉李牧自然不是暗杀能得逞的，若是暗杀能得手恐怕李牧早就死了，最好的办法就是赵王自己动手。好了，又是反间计。这老套的计谋却被各路诸侯屡试不爽。权位越高的人是不是越忌惮失去自己的权位呢？否则反间计怎会有如此大的魅力和成效？不错，赵王也中了秦国的反间计。王翦收买了赵王的宠臣郭开，让郭开散布流言蜚语，说李牧和司马尚要谋反。这还了得！赵王本就怕李牧功高盖主，再一传出这样的话，他立马就逮捕了李牧并处死了他，还削了司马尚的职。多少忠良能将都死在这一反间计之下！又有多少王君因为这一反间之计而丢掉了江山！

李牧死后三个月，王翦攻占了赵国，俘虏了赵王迁，赵国就这样灭亡了。赵国这个最有实力和秦国抗衡的国家就这样划归了秦国的版图。赵国的灭亡留给了后人深刻的历史教训：用人失当、听信谗言、自绝疆域是国家失利的主要原因。

在用人上，从赵孝成王开始就只任人唯亲，而少任人唯贤。当年长平之战，关系到国家生死存亡的时刻，赵孝文王找谁为自己出的主意呢？平阳君和平原君。这两个都是什么人？一个是赵何的舅舅，一个是赵何的弟弟。王亲国戚，廉颇、蔺相如都得靠边站。而这两个决策人并没有透析局势，将战争的利害关系搞清楚，于是一场没有充分准备的战争就这样惨败收场了。赵王迁更是离谱，竟然在最需要主将之时，听信郭开的谗言，杀害了李牧。他不亡国谁亡？

很多时候，你会发现赵国很有意思，总是喜欢拿出自己的土地去送人情，好像它的土地很多，取之不尽用之不竭似的。被人攻打下的土地已经够多了，还轻易地把它送人，岂不荒唐？赵孝成王曾

经拿着自己的土地送给吕不韦，希翼吕不韦能为赵国求和。你拿着土地求和也就罢了，你还拿着土地去送人，这就有点说不过去了。信陵君窃符救赵拿什么报答他不好，非要拿自己的土地来报答？为了让齐国的田单来攻打燕国，赵国还是拿出自己的土地来做交换。莫非赵国只有土地么？赵国的亡就亡在君主。君主的昏聩使得良臣不得用，疆土日日消减，秦灭赵也只是时间问题了。

　　嬴政能灭掉赵，与祖辈们的国家建设和浴血奋战是分不开的。嬴政以前的君王采取种种措施增强秦国国力，这为嬴政后来灭赵奠定了坚实的物质基础。否则，如此多的战争定会将秦国国库耗空。先王对赵国发动的战争，在削弱赵国力量的同时，也让秦国的士兵付出了惨重的代价。踏着先辈们汗与血的沉积，嬴政这个具有雄心壮志的强悍君王一步步向自己的帝业迈进。嬴政是不是也曾经在心里感念过秦国的先辈？是不是也告诉过自己不能让自己的祖辈蒙羞呢？还是他只是图自己的一个江山，留万世一个英名？千古一帝的内心世界到底是个什么样子呢？当赵国向他俯首称臣的那一刻，他内心充满的是成功的喜悦还是对这位赵国末代君王的怜悯抑或鄙视，或者报了当年赵国受辱之仇的快感？史书不陈嬴政心迹，我们除了知道秦王性格的暴戾、刚毅之外，再也无法寻求他为王为人的另一面。这是怎样一个谜一样的帝王啊！

魏国溺逝

大魏之哀

　　战国时的魏国是个广产人才的地方，这是魏国的幸运，也是魏国的不幸。说是魏国的幸运是因为魏国有这样一个巨大的人力资源储备库，如果魏国哪个君主肯蹲下来仔细瞧一瞧，那么他就会找到用之不尽的智力资源；不幸的是魏国除了开国之君之外没有哪个君主肯对自己国家的宝贵资源多欣赏一眼。而比这更不幸的是本在魏国的能臣良将都源源不断地赶往其他国家，为他国的江山社稷添砖加瓦。谁说 21 世纪最重要的是人才，人才在哪一个朝代都重要。经济学认为，真正的价值在生产中产生，而生产过程中人是可变成本，也是价值的直接创造者，一旦解决了人的问题，那么所有的问题都不再是难题。魏国，这个拥才大国却成为最为重要的人才输出国，不能不说是魏国的一大遗憾。那么，究竟都有谁从魏国出走成为他国的栋梁了呢？

我们先看看魏国之初的良将是如何离开的。提起这个，最为出名的大概要属为魏国立下汗马功劳的吴起了。吴起是什么人？吴起原是卫国人，一心想扬名立万。起初因为没有多大的名气，只能到一个较小的国家求职，他选中了鲁国。初到鲁国求职，鲁国国君不信任他，因为他妻子是齐国人，容易帮亲不帮政。于是，吴起跑到家把自己的妻子给杀了，这才得到了鲁国国君的认可，官拜将军。吴起治军严明，与士兵同甘共苦，得到了士兵们的拥戴。更重要的是吴起善用兵法，曾成功击败齐国大军，为鲁国扬威。鲁国国君开始重用吴起，这引起了鲁国群臣的不满，他们认为吴起是个薄情寡义之人，不能给予重用。有些人煞有其事地对鲁国国君讲："吴起小时候家里很富有，因为一心想要当官，将全部家财都用在了搞关系上，所以，弄得家里贫困潦倒。人们讥笑他，他就杀了那些讥笑他的人。后来他跟曾参学习，学习期间他母亲去世，他连回去看看他母亲一眼都没有。曾参看不起这样的人，与他断绝了关系。这样的人，又怎么能担当大任呢？"因为之前吴起曾杀妻求将，鲁国国君对这些话深信不疑，于是怀疑起吴起的为人，将吴起辞退了。

吴起听说魏文侯是个贤明的国君，便跑去魏国求职。魏文侯不了解他，就问旁边的重臣李克。李克说："吴起这个人贪财好色，但是用起兵来却是一等一的高手，就算是春秋时期的司马穰苴在世也未必能打得过他。"魏文侯一听，这就行，我要的就是能打的。贪点财、好点色也没什么大不了的，最多弄个高薪养廉不就成了！况且吴起好名，给他高高的名声他定会为我卖命，魏文侯还是颇具

胆量的。

魏文侯果然没用错人，吴起做了魏国将军后，屡战屡胜，"辟土四面，拓地千里"。特别是公元前389年的阴晋之战，吴起以五万魏兵战胜了五十万秦军，大大地震慑了其他诸侯国。

吴起带兵与将士同甘共苦，赏罚分明，因此赢得了官兵上下的拥护与爱戴。士兵们愿意为这样的长官生死效命。他和士兵们穿一样的衣服，也从来不开小灶。士兵生了毒疮他还亲自为他吸吮毒液。这样的将军甭说是战国时期，就是历史上都不好找。士兵们怎会不甘愿为他卖命呢？

吴起不仅是懂得带兵的奇才，也堪称是了不起的政治家。魏文侯死后，武侯即位了，当时吴起在魏国的地位已经很高，可以与君王同游。就在一次游玩过程中，武侯与吴起无意间谈论起了治国方略。武侯说，我们的江山真是壮美啊！地势险要，易守难攻，这可是我们魏国的瑰宝啊！吴起听了摇摇头说，地势险要并不能使国家长治久安，真正能使国家长治久安的是对民众实行德政。夏桀的山河险要，因为没有德行而被商汤驱逐；殷纣的领土同样牢固，却因为没有仁德而为武王所灭。国家的安定不在于山河险要而在于大王您是否实行德政。否则，就算是同坐一条船的人也会成为您的敌人的。说得好，一位在血雨腥风中带兵打仗的将军能说出这样的话实属不易。如果说吴起真是寡恩薄施的人，又怎么会说出这一番话呢？不知武侯后来在迫使吴起离开时，是不是想过这一番君臣之间深刻的谈话。也或许就是想到了才忌惮起吴起的才干，怕失了自己的江山。为王者如果没有宽大的胸襟是很难守住自己的人才和江山的。自古良才多人忌，得意之时莫忘形。所以说，有才的人即使春风得意也不要忘记小心谨慎。

后来魏国丞相去世，需要选取新的相国。当时吴起任西河的守将，很有威信，任相的呼声很高。谁知到后来，魏王却任用了田文为相。吴起不服气，就问田文："你的功劳有我大么？我统领三军，让将士们为国家卖命，使敌国不敢来侵犯。你有这样的本领么？"田文不慌不忙："当然没有。""那么，管理官员，充实国库，善待老百姓，你比我强么？"田文还是那句："当然没有。""那么，镇守西河，防止秦、赵、韩的来犯你比我厉害么？"田文依然是："当然没有。""那你凭什么就当了国相？"田文微微笑道："现在武侯年纪轻，全国人都在担忧他是不是能够胜任，王公大臣中没有可亲近的人，老百姓也都不信赖我们，在这个时候，将军认为谁出任国相合适呢？"吴起低下头沉思很久说："我是不如田文你合适的。"从此，田文再也没有提及此事。可以看出吴起并不像鲁国人所说的忌才残暴之人，吴起从魏国流失是魏国的一大损失。那么，吴起到底是怎么被排挤走的呢？

田文死后，魏武侯任用公叔痤任魏相。公叔痤十分惧怕吴起的才华威胁到自己的地位，就想把吴起赶走。为了这事，公叔吃不好、睡不好。他手下的仆人看在眼里，急在心上，便处处为他出主意。这天，仆人找到公叔对他说："国相不必过于担心，赶走吴起并不是难事，吴起是个自尊心强、好名望的人，只要我们想法让武侯对他产生怀疑就好办了。""那怎么让武侯对他产生怀疑呢？"公叔迫不及待地问。仆人便将计策讲了一遍，公叔高兴地按这位仆人的计策行事。

公叔逮到一个机会对魏武侯说："吴起是个贤才，但我们的国家有点小，恐怕留不住啊！"魏武侯一听也有道理，便询问公叔该如何是好。公叔便说："我们可以把魏国的公主下嫁给他来试探。如果他有长期留下的打算就会娶我们大魏的公主，如果他不娶可能就有叛离之心。"此时，魏武侯也不知脑袋进了什么水，竟然听信了公叔的话。用一段婚姻来判定一个人是否忠诚实在是荒唐，可笑的是在古代这样的事还真不少。好戏在后面，一场借婚逼走良将的大戏即将进入高潮。公叔找准了时机将吴起、公主邀请回家，想法激怒公主，公主果真气恼，对公叔大发雷霆。公叔佯装羞愧，偷眼看吴起，此时吴起已经变了脸，拿定主意不娶悍妇回家。于是当武侯提起这门亲事时，吴起委婉地谢绝了。好了，中计了。你吴起还能风光几时？魏武侯开始怀疑吴起。吴起感到了魏武侯的不信任，怕招来灾祸便离开了魏国赶往楚国。

吴起并不愿意离开魏国，这是他为之付出血与汗的地方。在路过自己的守地西河时，他潸然泪下。人，始终是有情感的，所以，人才有了人生。

来到楚国，吴起受到了重用。他帮助楚悼王施行变法，让楚国迅速强大起来。魏国却因为西河没有吴起的镇守，而被强秦吞并了。魏国流失的不止是吴起，随吴起一同离去的还有吴起的才智。一个吴起或许无法左右一个国家的命运，那么，十个百个的吴起的流失就足以改变一个国家的命运了。

众臣离主

续吴起之后，两个比吴起更厉害的角色在魏国的历史上再次消失了，这两个人就是商鞅和范雎。这两个人都跑到了秦国。这是上天对秦国的偏爱还是对大魏的惩罚呢？商鞅这个中国历史上大名鼎鼎的改革家，却被魏王小看，随随便便地丢弃在魏国历史车轮的一侧。没想到就是这样一个人，后来却帮助秦国富国强兵，屡次挫败魏国，最后搞得魏国国库空虚。魏国丢弃的一颗螺丝正在以一架坦克的力量向着毁灭大魏的目标开来。

商鞅，我们前面提过他是卫国人，名叫公孙鞅。他看到卫国国势衰微，没有什么大的发展，便想到当时还较为强大的魏国来谋求发展。魏国国相公叔痤很欣赏商鞅，碰到什么重大事项都与他商量。公叔痤知道商鞅的才干，便把他推荐给魏惠王。公叔痤临死前告诉魏惠王："公孙鞅虽然年轻，但他是旷世奇才，如果有一天能成为相国定会强我百倍。如果您不想用他就一定要把他杀掉，以免他为别的国家所用，到最后对付魏国。"后来，公叔痤又告诉商鞅："你赶紧走吧，我让大王杀掉你，因为你太有才华，我不愿意别国用你而给魏国带来灾难。我告诉你是因为我要先公后私，对得起我们的国家，再对得起自己的朋友。"商鞅心想：既然魏惠王没有听公叔痤的话，启用我，也就不会听他的话，把我杀掉。不出商鞅所料，魏惠王以为公叔痤病糊涂了，说不清楚话，什么又用又杀的，一个商鞅有那么大的力量么？结果没重用商鞅，也没把他杀掉。被闲置下来的商鞅见没有人搭理他，也就离开了魏国，到秦国去了。

在秦国，商鞅的才华得以施展，主持了著名的商鞅变法。通过变法，秦国迅速崛起。秦国发动了几次对魏国的战争，魏国只能割掉河西之地给秦国来保住一时的太平。魏国也被迫迁都大梁。魏惠王后悔没有听老相国的话，不过为时已晚，一切都成定局。人说，机不可失，时不再来。魏惠王失去了商鞅，酿成了自己的千古恨。商鞅离魏到秦，使秦国更加强大起来，而魏国面对这种强大却无力还击。也曾辉煌过的魏国衰败下来，魏国历史的帷幕渐渐下降。

比商鞅更倒霉的是范雎。范雎前面我们已经提过，他原在魏中

大夫须贾手下做事。一次他随同须贾出使齐国，受到齐王热情而周到的招待，惹得魏国人臣红眼。红了眼的魏国权臣诬陷范雎通齐卖魏，结果被打断了筋骨，如果不是他装死，小命早就不保了。范雎是个仇恨心理很强的人，这样的深仇大恨他怎么能不报呢？后来他在各国使者面前羞辱须贾，逼死魏齐。对魏国的仇恨使得他在秦国攻魏的决议上持坚决支持的态度。范雎在秦国最大的政绩是提出了"远交近攻"的灭六国方针。这个方针是秦国横扫六国可执行方案的确定，也是六国毁灭的开始。从魏国出逃的范雎再一次为秦国注入了统一天下的生命力，再一次将魏国的灭亡推进一步。

文臣暂且放下不说，我们来看看武将。如果说，长江后浪推前浪，前浪死在沙滩上，那么，吴起的离开或许算不上什么大不了的事。但继吴起之后，另一位有着卓越军事才能的军事家的离开就让我们感觉到：魏国始终是人才的输出国却没有一次能真正地留住人才。它有再多的人才也是为别人准备的，不善于用人是魏国走向灭亡的主要原因。这位被魏国再次丢弃的军事家就是孙膑。孙膑是孙武的后人，曾与庞涓一起学习，庞涓深知自己的才能远在孙膑之下。后来，庞涓出任魏国的大将军，有些战事难以应付，他便想起了同窗好友孙膑。庞涓本来是想让孙膑为魏国效力，但又怕危及自己的地位，便想办法给孙膑定了个罪名，把孙膑搞残废了，他以为这样孙膑就很难再有出头之日了。自古有多少人为了一己私利，置国家大业于不顾；又有多少人因嫉火而焚身。为人为事若没有容人的雅量，终不会有大成。

就在庞涓残害孙膑之时，齐国使者来到魏国。孙膑密见了齐使，一番畅谈，齐使如获至宝，偷偷地把孙膑运到了齐国。齐国将军田忌奉其为上宾。这位可怜的孙武的后人总算过上了几天好日子。孙膑不但兵法学得好，连数学上的概率论也做得得心应手。他

帮田忌赛马，田忌赢得了千金赌注，更加器重他，便把他推荐给齐威王。齐威王也很重视孙膑，让他做田忌的军师。

魏国曾攻打赵国，赵国向齐国求援，田忌听从孙膑的建议，率军向大梁挺近。在前方的魏军知道齐兵都打到自己家门口，自然跑回来自救了。于是，赵国的困境得到了解除，魏军也疲于奔命，吃了败仗。十三年后，魏国、赵国联合攻打韩国。韩国向齐国搬救兵，齐国再次派田忌出战，孙膑陪同。孙膑在魏国生活过，知道魏兵看不起齐军，于是采用让对方轻敌的策略，引诱庞涓中了埋伏。庞涓在马陵被万箭穿心于写有"庞涓死于此树下"的树旁。齐军大获全胜。魏国十万大军被歼灭，连魏国太子也被俘虏了。从此，魏国一蹶不振。

魏国也很奇怪：有人才看不出来，看出来了也不用，用了又要怀疑，怀疑了又要迫害，迫害了又迫害得不利落，到最后这些被冷落和迫害的人都为他国所用来削弱魏国。魏国不亡，岂有此理！

魏人善嫉是出了名的，魏国国君甚至见不得自己的亲人比自己强。信陵君是魏安釐王同父异母的弟弟。魏安釐王是个十分嫉贤妒能的人，一次他在与信陵君下棋时，士兵进来报告说赵王率大军到了魏国边境，魏安釐王吓得立即起身召大臣商议。而信陵君阻止他说不可太过慌张，赵王是来打猎的，并不是来侵犯的。过了没多久，探子果然来报说，赵王是来打猎的。魏安釐王惊讶地问信陵君是怎么知道这件事的。信陵君说自己的门客能够知道赵国的举动，请安釐王放心。安釐王从此忌惮信陵君的才华与谋略，不敢将国家大事交给信陵君。

后来，信陵君窃符救赵，不敢回到魏安釐王的身边，在赵国一待就是十年，直到秦国听说信陵君不敢回国，开始攻打魏国，信陵君惧怕无颜面对天下才回国帮助安釐王抗秦。魏国联合其他几国共讨秦国，秦国大败。

秦军的大败使得当时作为秦王的异人非常惊骇，他意识到不除掉信陵君很难攻下魏国，更别说是其他五国了。于是异人派人到魏国再次使起了反间计。反间计对于心胸狭隘、猜忌心强的人永远好使，异人说信陵君要南面称王，安釐王再次中计，罢免了信陵君"上将军"的职位，安排他做将。信陵君何等聪明的人，明白了自己又遭到了奸人的暗算，立刻称病不上朝，整天花天酒地，不理政务。魏安釐侯这下可放心了，没人再争他的位置了。而这短视的君王却不曾想到强秦正在虎视眈眈地向自己靠近，只是因为忌惮信陵君才有所收敛。如果信陵君在世之时，不能培养出后续的接班人，那么在信陵君百年之后，如狼似虎的秦国就再也没有丝毫顾及了。到时，秦国取魏就如探囊取物一般容易。

信陵君终于不情不愿地死了，魏安釐王也终于安安心心地去了。他们的死不仅意味着他们生命的终结，同样也带来了魏国历史的穷途末路。此后的魏国只是秦国的小跟班，再没有什么声势可言。

嬴政五年，秦国一听说信陵君死了，高兴得不得了。怎么也得有所表示不是？好吧，那就派一位将军去打你个落花流水。吕不韦也真会安排，派去的竟然是在信陵君那里吃了败仗的蒙骜。给你个面子，哪跌倒哪爬起来，这蒙骜还不玩了命地打啊！这一打，攻下了魏国十二座城池，建立了东郡，魏国无任何反抗之力。嬴政二十二年，嬴政认为时机成熟，不想再拖沓下去，于是命令大将王贲攻打魏国。王贲更是厉害，看到大梁地势低洼，便想起用汴河之水灌入城中。这样大梁经过三个月的浸泡，城墙全都坍塌了。在城外舒舒服服地等待城墙垮掉的秦军没费吹灰之力就攻下了魏国。魏国最终还是归属了秦国的版图。

魏国的灭亡是因为国力不强，国力不强的主要原因是魏国不仅不会用人，还为他国创造了人才。魏国人才的流失在历史上也是罕见的，没有哪一个国家可以将自己的人才库破坏到这种程度。如果这样的国家可以长存，那么大家都不用学习，也不用成为人才了。

燕 国 庸 失

君主庸乱

　　燕国国君大概是学古圣人之道学得最彻底的，宁愿将王位让与他人，也不愿丢掉贤圣让位的美名。燕国国君几乎都是没什么大的作为的，安于现状，不参加大的纷争，对其他国家也不构成大的威胁。就这么一个国家照理说是没有什么危险的，最多就是附和着别人做些什么。但是，既然秦国想统一六国，燕国又怎么能逃得脱呢？燕国的灭亡是必然的，但这必然又是谁造成的呢？仅仅是秦国的强大么？当然不全是，它的灭亡也有自身无法抹去的原因。

　　燕国君主的昏聩、无能是其他六国都无法比拟的。燕王哙就是

其中一位。燕王哙即位以后，子之做了燕国的国相。子之是个有着强烈政治企图的人，他在燕王哙身边一直寻找机会称王或"挟天子以令诸侯"把燕王变成个傀儡。为了达到这个目的，他运用了各种手段。

一次，齐使苏代来访。子之用重金收买苏代为自己说好话。当然不能明说，子之是个会借力的人，明说显得太拙劣了。苏代来见燕王哙，燕王问苏代："你们齐王是个什么样的人啊？"苏代回答道："我们齐王是不能称霸的人。"燕王便问苏代原因。苏代说，我们齐王不愿意相信手下的人，不重用自己的臣子。燕王听了就开始反思自己，觉得自己也不够信任子之，这样是成就不了自己的事业的。于是，他对子之开始放权。子之还派自己的亲信鹿毛寿蛊惑燕王说，您是贤明的君主，不如把国家禅让给相国子之，像尧舜那样得到个美好的名声。如果把燕让位给子之，子之定是不敢接受的。这样您既得了美好的声誉，又没有失去天下。奇怪的是，昏庸的燕王哙竟然听信了他们并不完美的言论，真的将王位禅让给了子之。简直是贻笑大方，六国不拍案称快才怪。

开始时，燕王只是让子之掌握实权，但子之竟然还不满足，企图排除异己。他决定先向太子开刀，于是派人对燕王说，大王您把国家交托给子之，但官员们都听太子吩咐，子之并没有真正的实权。燕王哙听后竟然将大小官员的官印全部交给了子之，任由子之调遣。子之坐北向南，行使燕王权力。天下的笑话都让燕王给出了，还有什么好笑的呢？你燕王又不是什么待亡之君，他子之又不是什么贤能王才，你让他做什么？这不是荒唐是什么？也有另外一种可能，那就是子之要挟燕王，这个没有史料可考，但是，不管怎样说，燕王哙让出政权是真。遭到削权的太子平联合手下将军攻打子之完全可以理解。燕国开始了太子与子之的内战。内战死了几万人，百姓人心惶惶，官员无心理政，士兵无心战事。齐国趁着燕国内乱攻打燕国，燕国城门大开。齐军进入燕都杀死了燕王哙和子之，不但如此，齐军还随意杀人，大肆掠夺燕国的财产，这使得燕国百姓忍无可忍，终于发动了大规模的暴乱。齐军被迫退出占领了两年的燕国。燕国人拥立太子平为燕王，燕国又回到了燕国人手里。但，回到燕国人手里的燕国就此太平了么？

燕王哙的昏聩使得燕国内乱爆发，期间消耗了大量的人力、物力，又使得齐国有隙可乘。燕国在经历了内战消耗和齐军的掠夺之后，本就不强的国力进一步雪上加霜。燕国处于岌岌可危的境地。燕国人将希望寄予太子平身上。那么，太子平是否能担此大任呢？

碌碌自毁

太子平在驱逐出齐军之后，继了燕国的君位，他就是燕昭王。燕昭王深感国家羸弱无法自救，于是希望广招贤才振兴燕国。燕昭王询问手下的大臣郭隗该怎么办。郭隗就跟燕昭王说，大王你就用我吧！燕昭王看着郭隗不说话，不知道郭隗葫芦里卖的什么药。自荐的倒是见过，就是没有见过这么直接的。郭隗笑笑对燕昭王说，我曾听说过这样一个故事：古代有个寻找千里马的国君，派人踏遍了千山万水也没有找到。后来有个打扫卫生的人听说了这件事，便花了身上所有的积蓄，买了一匹死了的千里马的马头，拿给这位君王。君王勃然大怒，质问清洁人员为什么给他一头死马的头，清洁人员不慌不忙地说，大王您别着急，我有好办法才来找您的。您如果收了我这匹死了的千里马头，天下人知道了就会想，君王您连千

彪炳千秋——秦始皇传

里马的头都这样珍惜，那么，拥有千里马的人就会亲自送自己的马匹来。果真，不出一年这位君王就得到了千里马。您看这一招就叫引蛇出洞。钓鱼是要用鱼饵的，如果大王您不嫌弃我，就把我当做鱼饵吧！燕昭王一听有道理，就给郭隗安排了一个重要的职位。这一招是否奏效了呢？

燕昭王求贤若渴的事被天下人广为流传。其中有个叫乐毅的魏国人听说了跑来见燕昭王，希望在燕国施展自己的报复。乐毅热爱军事，熟读兵法。经过一番谈话后，燕昭王封乐毅为亚卿。乐毅是优秀的人才，将燕军治理得井井有条。经过一段时间的休养生息，燕国开始出现欣欣向荣的景象。燕昭王认为时机已经成熟，就开始了他时时刻刻都挂记的复仇大计。齐国国力强盛，仅凭燕国之力是无法打败齐国的。这时，有个机会摆在了燕昭王面前。是什么机会呢？原来齐国在公元前287年，韩、赵、魏、齐、楚联合攻打秦国之时，抽空灭掉了宋国。这一下引起了包括秦国在内的其他五国的不安和不满。于是，各国寻求合作机会共同攻打齐国。

公元前284年，秦、韩、赵、魏、燕五国联手攻打齐国。燕昭王举全国的财力，来攻打齐国。五国拜乐毅为上将，带领五国联军一起向齐国进发。在济水五国联军大败齐军，齐军伤亡惨重，一直退回到自己的国都。燕昭王拍手称快，特地赶到济水犒赏将士。在济水战败齐国之时，其他几国已经停止了攻打齐国。燕昭王痛恨齐国已久，不愿意就此罢手，命令乐毅继续追赶齐军，一直追到齐国的国都临淄。一番激战，乐毅拿下了临淄。齐国所有的宝物被燕昭王掠夺一空，就像当初齐国洗劫燕国一样。燕昭王高高兴兴地带着战利品凯旋归朝，留下乐毅继续攻打齐国。经过五年的战争，乐毅攻下了齐国七十多个城池，全部设为燕国的郡。燕国终于扬眉吐气了，齐国国势一落千丈。扬眉吐气的燕国真的就此强大了么？当然

没有，燕昭王和他先前的祖辈一样短视，他没有意识到齐国在防止秦国吞并燕国道路上的战略意义。齐国原是战国七雄中一个可以和秦国叫板的国家，有齐国在，秦国不敢对韩、赵、魏大动干戈；而韩、赵、魏的存在恰恰保护了燕国不受秦国威逼。齐国的败落，一下子使韩、赵、魏没有了遮蔽，三家遭到强秦的毒手，逐渐地衰落下去，这样燕国就再也没有可依傍的屏风，秦国来袭，燕国没有力量与之抗衡，灭国就成了必然。

燕昭王复仇本身并没有错，但是他却没有看到齐国对自己的作用，对齐国发动了大规模的毁灭性战争。这样齐国没能保存下实力，无力再与秦国抗衡。实际上，齐国的削弱是对秦国最大的帮助，秦国可以不必费太大力气就能灭掉齐国，这样就进一步增强了秦国灭燕的力量。燕昭王也就罢了，做出这样没有战略性的举动可以理解为恨令智昏，但是，燕国的臣子竟也没有一人提出过异议，这就是燕国人才匮乏、平庸的表现。庸庸碌碌的燕国就这样在短暂的辉煌过后，走向了末路。

燕昭王时期燕国进入了短暂的辉煌时期。在占领齐国后，他又打起了赵国的主意。公元前251年燕王喜趁赵国长平之战损兵四十五万之际，攻打赵国。他万万没有想到：瘦死的骆驼比马大，赵国虽然长平战败，但还是能应付燕国这样的弱国的。燕王们总是没有君王该有的眼光和头脑，燕王喜同样也是不自量力，结果偷鸡不成蚀把米，乐毅大败，相国被杀。接着赵国又两次攻燕，直打得燕国气喘吁吁，无力应战。齐国在经过五国攻齐后，元气大伤，希望休养生息，所以采用了明哲保身的做法，对待各国的纷争不闻不问。这样在东方能与秦国抗衡的国家就只剩下了赵国。这下可好，你让赵国疲惫不堪，又被赵国打得落花流水、损兵折将。赵国失去了休整军队的时间，很容易被秦国打败，而自己又把自己折腾了个伤筋动骨，这样短视的王国怎会长久呢？

引爆导火索

前文已经提过，燕王喜的太子丹是嬴政童年的玩伴，两人在赵国做质子时关系还不错。但是，因为太子丹后来到了秦国做质子，嬴政非但没有好好款待他，还对他冷嘲热讽。这激起了本来就心理失衡的太子丹的愤恨。于是，他决心杀死嬴政。杀嬴政并非轻而易举的事，需要好好谋划才行。

公元前232年，太子丹带着满腔怨恨与复仇决心逃回燕国，太子丹有了施展拳脚的机会。公元前230年，韩国灭亡之时，秦将樊於期因得罪嬴政而逃亡燕国，请求好友太子丹相助。太子丹顾念好友落难，不能袖手旁观，便收留了樊於期。秦、燕的关系更加地紧张起来。太子丹的老师鞠武曾经劝过太子丹不要收留樊於期，这样会给燕国带来不幸，秦国有借口攻打燕国。又一个或许以后可以做君王的短视太子，他完全可以在保住朋友性命的情况下，把樊於期送出燕国，可是他没有这么做。他收留了樊於期却也要了樊於期的命。这是不远话，我们先看看鞠武进谏不成后做了些什么。他向太子丹举荐了一个人，这个人就是田光。田光为太子丹物色的人就是后来历史上大名鼎鼎的荆轲。

荆轲原是齐国人，后行走到燕国，在燕国做杀狗的职业。在燕国，他结交了隐士田光。田光很欣赏荆轲的胆识。在太子丹向他问计时，他推荐了荆轲。在荆轲拜见太子丹之前，田光对荆轲说，太子丹要我不要泄露此事，你见到太子丹就说我已经死了，说完就自

杀了。对于战国时代的人，你真不知道是说他死脑筋好还是说他们忠诚好。田光本就与太子丹没什么君臣之谊，难道非得死了才能保守秘密？或许他预料到燕太子会派人杀他，他才会选择光光荣荣地赴死。既然是这样，那你为什么不去辅佐燕太子呢，这样也死得其所？古代的燕国人就是怪异啊！荆轲看到田光的死，认识到，太子丹不是简单的人物，他要做的也不是简单的事情，事情成功的可能性和生还的可能性都不大。但，他还是去见了太子丹。

太子丹见到荆轲，对荆轲极为礼待——华屋美食、锦衣美女。凡是荆轲想要的太子丹都会满足。荆轲问太子丹要完成的任务，太子丹就讲，要请荆轲劫持嬴政，要他返还侵吞掉的各诸侯国的领土；如果劫持不成就将嬴政杀掉，这样可以导致秦国内乱，诸侯国乘机灭秦。先不说这样的刺杀策略是不是能成功，先来说说这个策略本身的问题。你要刺杀就刺杀，要劫持就劫持，干嘛非得有退一步的打算？你又不是绑匪拿不到钱就撕票。这一策略的提出说明太子丹对待秦国的态度并不坚定。他希望嬴政归还秦国吞并各国的土地，也就是说他并不想真正地灭秦；如果真正想灭秦应该就直接刺杀，还用得着什么挟持，连纵灭秦只是无奈下的举动。持这样的立场又怎能彻底地抗秦呢？太子丹和他的父亲一样没有头脑。荆轲是个侠义之士，开始时也顾及自己的能力不愿前往，但太子丹的诚恳打动了荆轲，他明白嬴政总有一天会拿下六国，而嬴政是个残暴之人，不会善待六国之人，不如就此除掉嬴政，赢得天下百姓的安宁。荆轲终于答应了太子丹的请求。但有一个问题是，如何能见到嬴政。如果不能靠近嬴政，就别想劫持或刺杀他。况且秦宫不会允许使者带武器觐见。太子丹说要献督亢之地给秦王，将匕首藏于督亢地图中。荆轲怀疑这样会使秦王怀疑，于是想到了樊於期，樊於期是秦国的叛将，嬴政对他恨之入骨，如果拿着樊於期的人头见嬴

政，嬴政一定会相信燕国的诚意，允许他为他指点督亢之地，借机劫持秦王。

最后，荆轲在没有通知太子丹的情况下得到了樊於期的人头，拿着樊於期的人头和督亢地图见嬴政去了。结果，在秦宫因为秦舞阳的面露怯色使得嬴政有所提防，在图穷匕首见之时，嬴政以灵敏的反应躲过了荆轲的刺杀。荆轲刺秦失败了，荆轲也就此成了英雄。

这一次刺杀彻底激怒了嬴政。秦国派大军直攻燕都，第二年就将燕王赶到了辽东，燕王喜为了讨好秦国，竟然杀了自己的儿子求和。但嬴政终究不肯放过燕国，在嬴政二十五年，燕国为秦将王翦所灭。

有人将燕国灭亡的罪过推到太子丹身上。实际上荆轲刺秦只是秦国灭燕的导火索，即使没有荆轲刺秦的事件，秦国也会对燕国下手，只是早晚的事。

楚国消亡

宗室之乱

　　楚国宗室大臣作乱，使得吴起在楚国的改革嘎然而止。吴起死后，新法大部分被废除。楚国前进的步伐就此停止了。那么，楚国的宗室臣子为什么作乱呢？当然是有人危及到了他们的利益，这个人就是吴起。吴起的变法中很多都涉及到削弱王亲贵戚的措施，这样怎会不激起宗室大臣的反感和仇恨？

　　那么，吴起的哪些法令让楚国的臣子不能接受了呢？首先是废除世袭制。在楚国，爵位和俸禄都是世袭的。这种对贵族、功臣的奖励严重影响了平民阶层的人才脱颖而出。贵族、功臣的子孙因为可以承袭父位而不思进取的人很多，这就成了在楚国为官的人，多数都是平庸之辈。这些平庸之辈占据了国家的重要位置，却没有能力建设好国家；而有着卓越才能的人，又无法越过这些贵族、大臣成为楚国的栋梁之才，人才入楚的积极性得不到发挥，导致楚国人才匮乏，无法强大起来。

吴起先拿贵族、功臣开刀，自然会得罪到这些养尊处优的人。他提出：职位世袭不过三代，过了第三代，如果这些人中还没有人为国家立过功劳就不能承袭先前的职位了。这样，那些贵族、功臣的子孙没有了保障，宗室们开始反对吴起变法。无奈楚王全力支持，只好忍气吞声。

不但如此，吴起还提出裁减冗员，把官吏中那些无能的、无用的、贪婪的官吏撤掉，希望可以减少国家不必要的开支。结果，被裁减的人员也多是王公贵戚、功臣子孙。这进一步激化了宗室、功臣与吴起的矛盾。

吴起还有一条更为触怒宗室、功臣的措施，那就是主张派贵族到楚国闲置的土地上去拓荒。这下可苦坏了宗室，他们对吴起的变法产生了诸多怨言。你吴起夺了我们的世袭爵位、俸禄也就罢了，还推着我们去开荒，这不是跟我们作对是什么？你不叫我们有好日子过，我们也不会叫你有好日子过。于是，在楚悼王死后，宗室大臣就杀死了吴起。当时，还在灵堂之上，楚悼王的尸骨未寒，大臣们就一起攻杀吴起。吴起知觉自己不能脱身，便趴在楚悼王的尸体上，希望他们顾及楚王尊严，暂时放过自己。结果宗室们理都不理拿出箭来射杀吴起，吴起被射死。因为吴起一直趴在楚王尸体上，楚王的尸体也被射上了箭。继位的太子，命令令尹将那些把箭射到楚王身体上的人，一并处死。吴起死后，吴起变法的大部分内容也被终止了。而此时，秦国的商鞅变法正在轰轰烈烈地进行。两国的

国力对比就在此时发生了变化。秦走向富强，楚原地踏步。

如果说吴起变法的终止是楚国的最大损失，那么楚国政治的腐败就是楚国生存和发展的巨大毒瘤。春申君是楚顷襄王的弟弟，原来陪同楚国太子在秦国做人质。后来，秦顷襄王病重，春申君帮助太子与秦国周旋，最后使太子得以回到楚国，出任国君。他就是历史上的楚考烈王。

楚考烈王一直没有子嗣，这下可愁坏了春申君。于是，就有了前文提到的李园送妹妹给春申君，春申君又将李园妹妹送给楚王，李园妹妹生子得王后之位一事。这一事件过后，李园得到重用，连春申君都不如他有权势。李园怕春申君将自己妹妹的事泄露出去，便培养了一批刽子手，伺机杀掉春申君。

楚考烈王死后，李园抢先入宫，在宫门埋伏下了刺客。春申君入宫时，李园派去的刺客杀死了春申君，并将春申君满门抄斩。李园妹妹的孩子被立为楚幽王，李园独揽了楚国的大权，政治更加的腐败黑暗。

春申君被称为"战国四公子"之一，他的死同样给楚国带来了重大损失。因为有春申君在，秦国还会有所顾及。如今春申君已经不在了，秦国不需要顾及春申君的交好和才干，秦军大举进攻楚国的日子也就不远了。

王翦灭楚

奇怪的是，楚幽王也没有活多久就成了历史。楚国接着又经历了哀王和负刍王，没有一个长命的，在楚王负刍四年时，嬴政派王翦、蒙武率六十万大军攻打楚国。王翦请求为他送行的嬴政说，大王您要送我良田、美宅。嬴政问他原因。他说，我是大王的将军，建立多大的功业也是不能封侯的，我希望让我的后世子孙有些好日子过啊！嬴政听了哈哈大笑。嬴政知道他的这个臣子是不会造反的了，因为贪财的人多是没有政治作为的。王翦想得没错，秦王嬴政是个多疑的人，他把全国的兵力都交给了王翦，若王翦想要叛乱，嬴政必亡无疑，他怎会对王翦没有防范？如果不防范就不是嬴政了。王翦不断地向秦王索取产业，嬴政也不断地满足他的要求。这对于王翦来说简直是双赢，既得到了良田美宅，又得到了秦王的信任。有这么好的事，谁还不去做呢？王翦果然是聪明人，不愧是嬴政手下的名将。

王翦率大军打到陈邑、平舆后，与楚军打起了太极。他停止继续进攻，开始加固堡垒坚守，楚军叫阵也不应战。王翦还叫将士们吃喝玩乐，就是不打仗。这样的局势把楚国给搞糊涂了，这是玩的什么把戏啊！你不陪我打，我就走了。在经过一年多的对峙之后，楚军耐不住了，个个垂头丧气，士气低迷。于是，楚军开始向东移动。王翦看出楚军已经疲惫而无士气，便知道时机已经成熟，就对楚军发动了激烈的进攻，结果楚军大败。

公元前223年王翦攻入了楚国最后的都城寿春，俘获了楚王负刍，楚国灭亡了。王翦平定了江南。秦国在南方建立了九江、长沙郡。楚国，这个在嬴政眼里的强国也被纳入了秦国的政治版图。

在秦国的宫殿上，嬴政迈着四平八稳的步子，寻思着平定六国后要实行怎样的措施才能稳定刚刚统一的六国局势。眼下只剩一个没有多大冲击力的齐国，离六国合一的日子不远了。嬴政想到这些内心充满了激动，那些寄人篱下、受人欺负的日子远去了；那些坐在王座上，听从他人指挥的日子也成了泛黄的记忆。这一天该是我主沉浮的日子了，我不会再让人追逼，也不会再听从别人的使唤。天下是我的了，我要让我的子子孙孙享受这份荣耀，我要让后世敬仰我的功业。嬴政的热血再次澎湃起来。

嬴政以他高傲的姿态，向他的梦想的最后一步挺进了。

齐国就降

　　齐国在齐愍王初期，国力还是相当强盛的。齐国一直想要灭掉宋国，宋国与齐国接壤，攻下宋国，齐国领土会大增。宋国百姓受够了宋国君王的残暴统治，五国还在抗秦，无暇顾宋。齐愍王认为这是最好的时机，于是，乘机灭掉了宋。

　　齐国灭宋引发了其他几个国家的不满，燕昭王一直想要报齐国亡燕的仇。加上苏代为他分析的燕国战胜齐国有利的条件，燕昭王的灭齐之心就更加强烈了。另外，几个国家也怕齐国强大起来，打破原来的国与国均衡的局面，而使自己一方处于劣势。齐愍王偏偏在这个最敏感的问题上犯了大错。燕国终于找到了攻打齐国的借口。于是，与其他几个国联合伐齐。五国联军浩浩荡荡地向齐国进发，齐愍王兵败身亡，齐国也被燕国占领，齐国国力一落千丈。

　　这是齐愍王国策的一项失误，这个失误直接导致齐国衰败。后

来的齐襄王希望恢复齐国先前的盛世，只可惜再无回天之力。齐国还是以不可阻挡的势头在向衰落迈进着。

后来，君王后和齐王建奉行"事秦"的政策。他们以为齐湣王因为武力败国，便开始放弃使用武力的策略，甚至连最基本的保卫国土的武力都没有做充分的安排。这样，齐国就成了一个偌大的空壳子。君夫人是齐襄王的王后，也就是齐湣王的儿媳妇。这位君王后是个智商很高的人。秦昭襄王曾经送给齐国一个玉连环让齐国有才之人解开，齐国人没有一个能想出办法的。君王后看到后，立即用铁锤将玉连环砸烂了。于是，玉连环再也不成连环。这足可见君夫人的智慧和魄力。但是，君夫人私心太重，即使在临终之际，也没有将国家大业摆在首位，而是在为一己之私谋利。这样一个连王后都徇私的国家又怎么会不亡呢？齐王建三年，秦、赵两国爆发了长平之战。赵国在长平之战的三年里，耗费了大量的国力，物资匮乏。它向齐王建请求援助，齐王建却袖手旁观，结果赵军惨败长平。后来，赵国最终为秦国所灭，齐国失去了天然的屏障，亡国的脚步一步步向齐国走来。

齐王建是个没有治国能力的国君，大权一直为相国后胜所掌握。后胜又是个极尽腐败为能事的人。秦国用重金贿赂后胜，让后胜劝齐王建不要帮其他五国攻打秦国，齐王建竟然也听从了。这样一个没有主见和决断力的人会将齐国带向哪里呢？君主的无能和他们所奉行的国策加速了齐国的灭亡。他们根本看不到，韩、赵、魏的亡，就是自己的亡。他们对于唇亡齿寒的赵国采取了不闻不问、一心事秦的政策。这一事秦，最终使自己沦为了秦国的臣民。

说起秦国收复齐国，简直可以称得上是笑谈。困兽犹斗，齐王竟然没有经过半点反抗就将齐国拱手相让。这是齐王建体恤百姓征战的疾苦才做出的决定么？当然不是，齐王建如果真体恤百姓的疾苦就会励精图治，加强齐国的国力建设。齐王建不是个有胸襟、有抱负的人，他只是害怕，害怕秦国的强大是自己无法阻挡的。他眼见着其他五国在秦国的铁蹄下一个个消亡，眼见着五国国君一个个在与秦国的厮杀中倒下，他惧怕自己有一样的下场。所以，在秦国招降之时，他毫不犹豫地答应了秦国的要求。当然秦国也是用了一些小手段的，就是对齐王建说，你如果投降我会给你五百里地做君。齐王建真是太天真了，他以为秦国的承诺是真的，高高兴兴地下令举国投降。

齐王建到了秦国，嬴政还真的给了他一块封地，不过这只是嬴政掩人耳目的做法，他最终还是要除掉这最后一个君王。嬴政把齐王建安排在共地的松柏林中，然后切断了齐王建的一切事物来源。齐王建就这样被活活饿死了。

齐国不战而亡，成为六国中最窝囊的灭亡方式。齐王建这个卖国求荣的昏庸君主最后以他的死警示后人：面对强敌的侵犯，绝不可轻信敌军所释放的友好，那只是一个看上去很美的圈套。我们转过头来再看看嬴政，这个说得好听点兵不厌诈、说得不好听些就是出尔反尔的君王，他在齐王建已经投降的情况下，依然将其杀害，可见他的暴戾性格下隐藏着怎样不信任任何人的因子！

伴随着齐国的灭亡，嬴政终于统一了六国。接下来嬴政做了他灭掉六国后的第一件事，这就是称帝。嬴政为了突出自己的功绩，重新给自己起了一个尊号"皇帝"。他希望自己的帝业世代相传，于是称自己为"始皇帝"。嬴政终于达成了他统一大业的梦想。

始皇帝坐在御座之上，眼看脚下的群臣，终于可以开怀一笑了——千秋万世的人都将知道我嬴政这个始皇帝，我将被万世敬仰，你们都是我的子民，都将服从于我的统治，我才是名副其实的王。嬴政在返回寝宫的途中笑出眼泪。

君臣交道

第三篇

　　自古能君离不开贤将。赢政的成功不是他自己一个人的功劳，同时他的身边聚集了一大批运筹帷幄、决胜千里的文臣武将。文臣的谋略、武将的浴血帮助赢政建立了赫赫功勋。当然如果没有赢政的知人善用，再好的文臣武将也没有用武之地——那不仅是王朝的悲哀，也是臣子的悲哀，更是帝王的悲哀。

善 恶 吕 不 韦

前文我们曾提到过吕不韦，吕不韦为始皇帝的父亲做了几件大事：为异人铺路，成为太子；将赵姬送给异人后来生下嬴政；辅佐成为国君的异人治理国家，利用反间计除掉信陵君。但是，异人死后，吕不韦是怎样运用大权，帮助嬴政治理国家的呢？这个我们没有提到。

吕不韦在嬴政初登王位时，在生活上做出了一些荒唐事，如跟赵姬私通，将嫪毐送给赵姬享乐等等，但在国家的管理上吕不韦还是帮了嬴政不少忙。他帮嬴政建功立业，巧妙地利用六国的矛盾，来削弱六国的力量。吕不韦是一个顶尖的政治人才。

吕不韦在位期间，对韩、赵、魏三国进行了比较集中的攻击。嬴政五年，在吕不韦的帮助下，秦国在靠近齐国的魏地成立了东郡，这样秦国就有了与齐国接壤的地区，秦国可以凭借这一地区直逼关东各国。这场战役由秦国大将蒙骜率领秦军大举进攻魏国，攻占了酸枣、桃人、雍丘等地而完成。这对魏国国都大梁构成了严重威胁。第二年的时候，秦军又在占领了魏地朝歌和卫濮阳，并把濮阳并入东郡来管理。这一下可给各诸侯国带来了惊恐。东郡不但与齐国接壤，使齐国开始惴惴不安，而且也把六国割裂成南北两部分，六国再想连纵抗秦困难重重。可见吕不韦，战略眼光果然了得。他知道这些年来，秦国因为六国联合吃了不少败仗，所以秦国要取得六国就要破坏几国的连纵。经过吕不韦十年的征战讨伐，秦国大幅度地削弱了六国。

吕不韦不仅有治国的才能，也有任人唯贤的气量。他手下养了三千食客，为秦国网罗了治国英才，后来的丞相李斯就是出于吕门，而他最为出名的用人策略是甘罗拜相。这又是怎么一回事呢？

在嬴政做秦王的时候，秦国与燕国结盟，秦国要派人到燕国当相国。吕不韦想启用张唐。张唐死活不答应，谁愿意到一个穷沟沟里当什么相国，万一秦国和燕国打起来，老命都不保了。回到家中，吕不韦闷闷不乐，甘罗看到了就询问他原因。甘罗是秦将甘茂的孙子，也是吕不韦的宾客。吕不韦就原原本本地将这件事告诉了甘罗。甘罗听了呵呵一笑说，相爷，这事交给我吧，我能劝服张唐去燕国。吕不韦还不太相信，便说，你若能劝服张唐，我就拜你为上卿。

甘罗胸有成竹地找到张唐，开门见山地问："先生，您与白起的功劳哪个大？"张唐说："这还用问么？当然是白起大。"甘罗又问："文信侯与当年的范雎谁的权力更大？"张唐说："自然是文信侯的权势大！"甘罗笑笑说："当年白起攻打赵国范雎不肯，结果逼得白起自杀；现在文信侯要您去燕国，您却推辞不去，这样做岂不是很危险么？"这下可把张唐吓傻了，只好答应了去燕国做相国。

甘罗回到相府，将事情的原委同吕不韦交代清楚，并对吕不韦说："张唐去燕国不是出于自愿，我们不能大意，您不如先派我去趟赵国。"吕不韦领略了甘罗的才华，便答应他去赵国。

赵王正在为秦燕联盟的事而愁苦，听说秦使来到赵国，急忙迎接，等接到一看，竟是个小孩子。赵王惊讶地问："你今年多大了？"甘罗说："十二。"赵王便问："难道秦国没有年纪大些的使者么？怎么会派你来呢？"甘罗丝毫不示弱："我们秦国的用人原则是，年龄大的人办大事，年龄小的人办小事。我最小，自然派我来赵国了。"言外之意就是，赵国最小。可见甘罗，也不愧为出色的外交人才。赵王一听这个不敢再小觑甘罗，于是恭敬地问："先生来到我们国家是为了什么呢？"甘罗说："大王您知道我们国家与燕国结盟的事了么？"赵王说："是的。"甘罗接着说："秦燕结盟对赵国是极为不利的，这个您清楚么？"赵王点头："那您认为应该怎么办呢？"甘罗微笑着说："秦燕结盟不过是想扩张河间的地盘，若您能拿出河间五城交给秦国，那么，我可以说服秦王不与燕国结盟，而与赵国联盟。这样，赵国就可以攻打燕国了。"赵王一想也是，如果秦燕联合作战，河间是保不住的，与其这样还不如以河间求得安宁与犯燕，于是将河间五城交给甘罗带回秦国。

甘罗回到秦国将在赵国得到五城奉到秦王面前，秦王高兴地说："你的智慧比你的年龄要高出很多啊！既然这样就不要让张唐去燕国了，我们与燕国绝交，派兵攻打燕国。这样燕国的三十座城又落到秦国手里。赵国又把十一座城池献给了秦国。

秦王拜甘罗为上卿。秦王的善于用人，固然与秦王的远大抱负和魄力有关，但也不无吕不韦的关系。如果没有吕不韦的信任和推荐，甘罗纵使有千般能耐也无法脱颖而出。吕不韦用人不避年少，使得秦国家家望子少有所成。其他国家的人才看到吕不韦这样慧眼识珠，也纷纷前来投靠，这进一步壮大了秦国的人才队伍，为秦国的强大做出了贡献。

也是由于吕不韦广纳人才，秦国宫中与吕不韦有裙带关系的人数众多，形成了吕不韦的庞大势力。这庞大的势力严重威胁到嬴政的统治，给嬴政造成了沉重的心理负担，再加上吕不韦得意忘形，编写了《吕氏春秋》为自己歌颂功德，嬴政内心的妒意与担忧就越发深重了。找到机会清除吕不韦在秦国的势力，是嬴政一直在探求的。

吕不韦最大的失误就是在嬴政即位后与赵姬私通，不仅如此，他还为赵姬的淫乱找替代品，从而导致了嫪毒集团威胁嬴政的地位。

吕不韦最后回到封地赋闲，嬴政的一封书信要了他的命。吕不韦的死，不光是因为他淫乱后宫使然，更重要的是，他在自觉与不自觉中僭越了君权。君王的权力怎么可以随便僭越呢？你掌管着君王的权力，却不懂得把握分寸，该放下权力的时候非但不放下，还加紧了在王权面前的炫耀，这真不应该啊！《吕氏春秋》的编写完成使得嬴政进一步看清吕不韦的势力与功绩。他惧怕自己的地位受到威胁，铲除吕不韦的势力就成为压在嬴政心上的一块石头。吕不韦这样长期越权，又不懂得低调的人，会被嬴政收拾掉一点也不奇怪。这一点是政界精英时常犯的错误，抓住权柄不放，不甘寂寞在民间，最终落得身败名裂或晚节不保。而这方面美国的华盛顿就做出了很好的表率，华盛顿征战一生，功成名就之时，急流勇退，在弗农山庄以牧牛羊为乐，这是需要大胸怀和大智慧的。如果吕不韦也具有这样的胸怀和智慧，那么，他也就不会有这样的下场了。

吕不韦的另一个错误其实算不上错误，确切地说还算是一项很好的治国方略，这就是他所主张的德政。秦国一直对投降的敌军采

取灭绝人寰的屠杀活动，而吕不韦的在任期间，对俘虏的敌军没有进行大规模的屠杀，最多一次杀戮也只是在攻占魏国时"斩首三万"。但后来性格暴戾的嬴政接手政权后，在统一六国的过程中依然奉行"法家"思想。这样下来，六国知道反正投降也是死，战也是死，不如死得光彩些，说不定战还能有一线生机。吕不韦看到了这一点，便提出儒家的一些思想可以安国定邦。在《吕氏春秋》中，吕不韦强调赢得民心要靠王道仁政，这是对商鞅变法以来法家思想的最大挑衅。在法家思想灌输下的嬴政又怎会认同吕不韦的仁政思想呢？政见不同的君臣又怎么能长久相处呢？嬴政所担心的不过是赶走吕不韦后，没有人能接替他的位子，为秦国献计献策。于是，嬴政开始寻觅能够胜任相国之职的助手。李斯就在这个时候出现了，李斯的出现让嬴政不再顾虑吕不韦离开后，秦国可能会发生的动荡。剩下的就只是找个借口而已了。

是上天在帮助嬴政吧，这个借口已由嫪毐准备了。嫪毐这个被吕不韦送进秦宫，又被吕不韦带兵剿杀的人，终究还是让吕不韦自食恶果。在剿灭嫪毐之后，嬴政就开始对吕不韦下手了。

吕不韦死了，留下的是千秋功过任人评说。嬴政到底是不是自己的儿子，吕不韦到死也没有明白，嬴政反正是不认他这个父亲了，就算仲父也不想承认了。吕不韦心如死灰，去与留此时已不再重要。

李 斯 佐 政

李斯继相位

李斯是嬴政为接替吕不韦而找到的人选。他是吕不韦的门客，原是楚国上蔡人。一次，他上厕所时，看见厕所里的老鼠，瘦弱不堪。他回想起曾经在官府的粮仓里看见的大老鼠，它们不仅肥头大耳，还没人惊扰，于是颇为感慨：人的一生能不能成就一番大业，就看他有没有可以施展才华的平台。李斯开始不甘心于做个温饱的小官吏，他要往上爬，于是，他来到齐国跟随荀卿学习。荀子是孔子的学生，具有儒家思想，但是李斯适应当时的局势，将儒家思想融入了新的内容，最后形成了同法家思想极为相近的思想，那就是

"帝王之术"。

　　李斯学有所成，开始为自己的前途奔走。据他的观察：楚国虽是大国，但不是一个潜力股，他们的君王昏聩无能，不好辅佐；而其他各国也在江河日下，只有秦国才是正在崛起的国家，也只有秦国才是施展抱负的最好场所。荀子问李斯为什么要到秦国去，李斯说这是一个很好的时机，看秦国这个架势是要吞并六国的，这时候正需要人才，我可以大干一场。人生最大的耻辱是卑贱，人生最大的悲哀是穷困，李斯在战国乱世中保持这样的荣辱观，是不足为奇的。身逢乱世国与国、人与人之间的诚信度降到了极点，人们形成了趋炎附势的性格。但是，这种性格是把双刃剑，它既可以给人以积极向上的动力，也可以使人堕落成贪得无厌的罪犯。

　　李斯来到秦国时，正是子楚去世的时候。十三岁的嬴政刚刚登基成为秦王。世事就是这么巧，嬴政即位，李斯到来。这是不是上天对嬴政的眷顾？李斯看到嬴政年幼，朝政由吕不韦和赵太后把持，便知道要投靠其中一方才好。经过分析，李斯决定投到吕不韦门下。李斯，就像天生丽质难自弃一样被吕不韦给发觉了。很快他就被吕不韦提拔为侍郎，也就是侍从。你可别小看侍从，他有很多与吕不韦及其他王侯将相接触的机会，也因此与嬴政相识。在一次会见时，李斯对嬴政说："大王您是成就大事业的人，要成就大事也就要抓住时机。自孝公以来，周天子一天天衰落下来，各个诸侯国战争不断，我们秦国才有机会发展、壮大起来。现在各个诸侯国的力量逐渐衰退，正是我们完成统一大业的机会。"嬴政一听，终于找到知音了——吕不韦能帮我完成统一，但是不赞成我统治天下的做法；而这个李斯，头脑也并不比吕不韦差，你就等着我收拾你吧！嬴政爽快地封李斯为长史。再次见到嬴政时，李斯又提了一个建议，这就是：要消灭六国就要双管齐下。一方面就是用重金收

买、贿赂、离间六国君臣以及六国之间的关系；另一方面就是要运用武力来对付六国。这一次又中了嬴政的下怀。嬴政得李斯如获至宝，立即提拔他为客卿，李斯的仕途平步青云。

就在嬴政处理完吕不韦的事，李斯节节高升之际，嬴政却突然发布了一道命令。这个命令可了不得，使得六国在秦国的所有人才都统统向外逃去。这就是历史上有名的嬴政逐客令。

这一逐客令的由来，要牵扯到一位著名的水利专家，他就是郑国。这位郑国先生是韩国派来的间谍，是韩国为了消耗秦国国力，又不动用自己兵力所想出来的看似天衣无缝的计谋。郑国来到秦国，建议嬴政修建郑国渠，来保证秦国的农业收成，以充盈秦国的国库。嬴政是个治国的枭雄，他知道农业的重要性，于是欣然同意了郑国的建议。郑国渠正在紧锣密鼓的修建中，不料一个意外发生了，这个意外就是郑国的间谍身份被人拆穿了。这可是非同小可的事，嬴政十分地震撼，立刻抓来郑国质问。郑国倒是沉得住气，对嬴政的质问坦然以对：我之前确实是韩国派来的间谍，但是经过这一番建设，我发现什么对我都不重要，建设水利才是我终身的追求。郑国渠修好以后也确实能给国家带来巨大的效益啊！嬴政是个暴君但不是一个昏君。他知道这个工程要郑国来完成，现在刚刚完成一半，就把人杀了，物资已经耗费了，水利工程却没建起来，得不偿失。另外，这项工程也确实可以给国家带来好处，不如就让郑国这样做下去，如能将其收归己用也是不错的。嬴政向来不是缺乏大脑的人。

于是，郑国的性命保住了。但是，郑国事件却引发了一场政治海啸。秦国旧贵族希望借此将六国客卿的力量削弱，于是利用郑国间谍案展开了对客卿的猛烈攻击。嫪毐、吕不韦都不是秦国人，他们不会忠诚于秦国。嬴政刚刚平定嫪毐，解决了吕不韦，正为这些焦头烂额的事疑神疑鬼，这又来了一桩郑国间谍案。好嘛，简直是欺人太甚，嬴政也被激怒了，放下狠话，要将六国人士驱逐出六国。气令智昏，嬴政心里的火已经将他的头脑烧蒙了。幸好李斯在这时上了一份奏书，这就是拯救了六国客卿的《谏逐客书》。当然李斯也是有私心的，自己刚得到几天好日子，就被这么一闹给闹出秦国，太不划算了。嬴政看了《谏逐客书》后，一拍脑门：对啊！我是被气晕了头了，怎么就听信了旧贵族的谗言了呢？嬴政是个敢作敢当、知错能改的人，这在帝王之中是罕见的。一般帝王会顾及自己的尊严，即使错了也不会收回成命。这也是嬴政可以成为始皇帝的原因之一吧！

《谏逐客书》里到底写了什么，能让粗暴的嬴政动心，撤销对客卿的驱逐呢？当然是切中嬴政的命脉了。那么，嬴政的命脉是什么呢？就是他要统一六国，建立一个强大的帝国。所以，李斯就跟他说，大王您把六国的人都赶走了，这些人就会跑到其他国家，帮助其他六国建立功业，到时其他国家强大了，我们再要攻打就难了。另外一点就是，您这样喜爱六国的物产，唯独对六国的人才这样容不下去，这不是很糊涂的做法么！还有很重要的一点就是，客卿对秦国的贡献很大，但是造反作乱的很少。商鞅、张仪、范雎等等一系列名臣都不是秦国产的，您又怎么能凭嫪毐、吕不韦、郑国等人来否定所有六国之人呢？

就是这一番见解，使得嬴政的心胸顿开。他刚刚取得秦国大权，需要众多的贤才辅佐他成就他的宏图伟业，这个时候驱逐六国之士不是将自己的事业葬送么？嬴政是一个出色的政治家，经过李斯一番提醒，他收回了成命。六国之士对李斯感激不尽。

李斯因祸得福，被嬴政提拔为廷尉，他上任的第一件事就是建议嬴政灭韩。这是六国统一的开始，由此嬴政才完全制定了灭掉六国的步骤。李斯以他卓越的头脑辅佐着嬴政一步步向他的目标挺进。嬴政称帝之后，李斯帮助始皇帝建立了中央集权的国家，此后，天下一统的局面显现出它的大势所趋。在这里我们也可以明显地看到，始皇帝在处理大臣问题上是很明智的，仔细观看他的一生，他尽管多疑、残暴，但是真正错杀大臣的事件并不多。

晚节不保

李斯变故是始皇帝死后的事。始皇帝沙丘病死后，他的二儿子胡亥在赵高的唆使下，惧怕大公子扶苏上台，企图谋权篡位；而要实施这一行动，没有李斯的应允是万万不能实现的。

当时始皇帝已经发出诏书召回大儿子扶苏，只是这一诏令没有来得及发出去，始皇帝就一命呜呼了。这样，见过这道诏令的李斯就成了赵高篡改始皇帝手谕的最大的门槛，要想改诏书就得过李斯这一关。

赵高还真是有一套，见面也不废话，上来就直奔主题。您看我们的始皇帝已经驾鹤西去了，只留下一道召公子扶苏回来办理丧事的诏书。而这诏书还没有发出去，知道这道诏书内容的人只有你我；玉玺也在我手中，只要我们对外声称始皇帝的意思是让胡亥继承大位，再将诏书改动一下就可以了。您看这事怎么样？李斯登时一愣，李斯对秦始皇可是忠心耿耿的，要他篡改诏书，他连想都没想过。他义正言辞地拒绝了赵高的要求。

赵高怎能就此罢休，这一招不行就换另一招，软磨硬泡也要泡到你同意为止。接着赵高对付李斯加大了料。赵高知道李斯的老鼠

哲学，这是他致命的弱点。赵高就是抓住这一点才向李斯发动了一次次猛烈的进攻。赵高问李斯，您的才能、功劳、谋略、呼声以及与公子扶苏的关系能和蒙恬比么？李斯当然知道这几方面都不如蒙恬，蒙恬一家三代都是秦国的股肱之臣，而自己只不过是上蔡的小官；对于自己主张"法家"思想治国，多数读书人都有所反感，他的拥护之声绝对比李斯高；再说到蒙恬与扶苏的关系，扶苏因为不支持始皇帝的焚书坑儒被贬到蒙恬的长城军团里做监军已经两年了，这两年里，蒙恬自然不会亏待扶苏，扶苏与蒙恬之间建立起了深厚的关系，扶苏即位必定会重用蒙恬而不是自己。再说自己与扶苏的政见不一，在始皇帝主张活埋术士之时，我没有出来反对，这就等于是默认，公子扶苏也必然看在眼里，扶苏又怎会重用一个和自己政见不一的人呢？谈到功劳、谋略，自己也未必是蒙恬的对手。听了赵高的话，李斯沉吟了一下说，这几点我都不如蒙恬将军，先生你何必为难我呢？既然不如别人又为什么一定要占别人的位子呢？赵高无功而返。

　　贼心不死的赵高又一次向李斯发动游说战争。赵高不客气地对李斯说，我在秦国这么多年来，从来没见过哪个丞相、功臣被罢免了以后还会被封爵位，更别提他们的下一代了，基本上都不得善终。公子扶苏即位必定会重用蒙恬，你就会被罢免，到时你就成了案板上的猪肉，任人宰割了。我教胡亥这么多年法律，看得出他是个适合做皇帝的人。丞相您就答应了吧！李斯还是不为所动，坚持着说，我是始皇帝的大臣，先皇的遗诏就是我神圣的使命，我不会同意你们的作为的。这回，赵高可气坏了，我把好话都说尽了你就是不听，反正我们的谋权篡位的意图你已经很清楚了，我没有后路可退了，我就跟你来硬的吧！这一次赵高对李斯说，现在天下的大权以及百姓的命运都掌握在我的主子胡亥手里，而胡亥最听我赵高

的话，你与我们联手是上控制下，其他势力想控制朝廷是不可能的，下面的人要控制上面的人就是造反。言外之意，你不答应我赵高，我们就可以治你的罪。李斯不是不明白这一点，他试图劝阻胡亥、赵高的行为。他举了几个例子给赵高，希望赵高能够明白谋权篡位是不会有好结果的，像晋献公废太子申生，而立骊姬之子奚齐，最后导致晋国五世内乱等等，这一系列的行为都是违背天意的。我不能参与你们的阴谋。这下可彻底激怒了赵高，你李斯是蒸不熟煮不烂的鸭子，我也得把你吃掉。他直接威胁李斯，你若想保住你的侯位就得听我们的，不然你就大祸临头了，我们不但会灭了你，还会灭你的族。李斯终于顶不住这样的火力，无奈地投降了。

李斯的晚节不保，直接影响了秦王朝的走向。始皇帝所企及的千秋万世也就此成为泡影。值得一提的是李斯与嬴政的关系，李斯与嬴政是颇有缘分的，在嬴政掌权之际，李斯出现在秦国，在嬴政除掉吕不韦之后，李斯接替了吕不韦成为嬴政的丞相，在嬴政一统天下的过程中建立了卓越的功勋。不仅如此，他还与嬴政建立了亲家关系，就是皇亲国戚，他对秦始皇可以说是忠贞的。但是，李斯头脑里根深蒂固的荣辱观，使得他最终屈从于赵高的威逼利诱，在决定历史命运的时刻，做出了错误的选择。这个错误是深刻的，是李斯人生最大的败笔。如若人生可以重新选择，李斯还会不会选择在这一关键的历史时刻变节呢？这个问题大概只有李斯能够回答了。

走下舞台

赵高是个极其阴险、狡诈又极富政治野心的家伙，在胁迫李斯篡改始皇帝遗诏，害死公子扶苏后，企图进一步控制朝廷，独揽大权。这样，他就需要做两件事。一件是，控制胡亥，将胡亥作为傀儡听他摆布；另一件是，除掉李斯，为他专权扫清道路。让胡亥成为傀儡很容易，就是架空他，让他不能与大臣们见面，但要清除李斯可就没那么容易了。李斯是有着丰富的政治斗争经验的前朝重臣，一般情况下，赵高难以抓到他的把柄。况且李斯手握大权，弄不好偷鸡不成蚀把米，断送了性命。

赵高绞尽脑汁地想了个毒计，这就是先破坏李斯和胡亥的关系，等胡亥对李斯产生厌烦之后，再陷害李斯，借胡亥之手除掉他。他首先要实施第一步计划，那就是让胡亥讨厌李斯，不再支持他，这样以后的事情就好办了。

于是，他借着为李斯寻找觐见胡亥的机会，将李斯骗到宫中破坏胡亥的享受时光，胡亥因此极为不满。赵高看到胡亥对李斯的厌烦便陷害李斯谋反。李斯也不是白痴，他在朝中也有耳目。很快地，李斯知道了赵高陷害他的事。他明白，赵高是要置他于死地的，与其坐以待毙不如豁出去拼了。李斯感到：要搬倒赵高还要从胡亥入手。于是，他急急入宫，觐见胡亥。这时胡亥正在甘泉看杂耍，一听李斯求见，心里很不愿意，不去见他。李斯实在没有办法了，只好上书给秦二世揭发赵高的罪状。李斯写道：老臣听说假使臣子能与君王相比，一定会对国家造成危害；妾姬要和丈夫相提并论就会对家庭造成危害。现在朝中有大臣独自掌管着赏罚的大权，与您平起平坐，这是非常不妥当的。以前，司城子罕做了宋国的宰相后，自己独揽了刑罚的大权，结果依仗着手中的权力，在一年以后将宋国国君劫持，篡夺了王位；齐国的田常当上齐简公的臣子后，权力大得没人能比，家里的财富与国家的相匹敌，他对外实行恩惠，结果获得了百姓的爱戴，群臣的交口称赞，但实际上却窃取

了齐国的大权，在厅堂上杀死了宰予，紧接着在朝廷上杀死了齐简公，自己掌握了齐国。这时，天下人才明白是怎么回事。赵高对大秦江山有邪念，净做些有违常理的举动，就像子罕当宋国国相时候的样子，他私人的财产就像田常在齐国一样多；他也同时窃取了陛下您的威信，如果您不及早解决，恐怕以后会有叛乱发生啊！到时您后悔都来不及了。

　　秦二世偏不信邪，就相信赵高是个大好人。他这回倒是肯见李斯了，李斯还很高兴，以为自己上书起了作用，胡亥终于认清赵高的真面目了，哪知胡亥劈头盖脸就是一句："丞相您这是什么话？赵高原本就是宦官，他不会因为处境好就为所欲为，也不会因为处境不好就改变忠心，他是品性纯正、行为廉洁的好官员。他是靠着他的努力才获得了今天的地位的。我认为他确实有才华，你却要怀疑他，你有什么居心啊!?"还没等李斯开口，二世接着说到，"你现在年纪一大把了，还能帮我几年？我如果不把国家大事托付给赵高，还能托付给谁呢？他了解民情又明白我的心意，你不要再怀疑他了。"李斯被二世一说，愣了半天才开口："陛下，情况不是这样的。从前赵高是个卑贱的人，不懂大理，为了谋利不择手段，现在他的权势、地位仅次于您了。但是人的欲望是没有止境的，赵高狼子野心必定会危及您的统治啊！"没办法，二世鬼迷了心窍，对李斯的话听不进去一点儿。非但如此，他怕李斯会设计害死赵高，还暗中把李斯的奏折和话讲给赵高听。赵高一听这还了得，这不是置我于死地么?! 我得想办法反驳咬一口。于是赵高不慌不忙地对胡亥说："陛下您这样关心、信任我，我真是太感动了！现在丞相篡权最担心的是我赵高，他把我整死了，也就可以独揽大权了。他这是恶人先告状啊！"这时候，胡亥已经对赵高死心塌地了，他决心除掉这个一再讨他烦的前朝元老。于是，他对赵高说："李斯的事就交给你办吧！"言外之意，你爱怎么办就怎么办吧！赵高得到了胡亥这样应允，还不下血本陷害李斯么？

　　赵高先派人把李斯绑了起来，套上刑具，打入狱中。李斯进入大狱，回想起自己的一生，跟着始皇帝叱咤风云，何等的威风，何等的尊贵，没想到自己的晚景竟是如此地凄凉。自己也不过是只过街的老鼠，甚至连过街的老鼠都不如，他现在是没有任何自由的老鼠，比那只在厕所里的老鼠都惨。他知道他的政治生涯即将走到终点了，在牢里，李斯深切地体验了什么是"一失足成千古恨，再回首已百年身"了。他对自己曾经协助赵高篡权的事懊悔不已，他深深地叹息：这样无道的昏君，怎么能和他一起共事呢？然而，一切都完了。李斯已经成了案板上的鱼、肉，任人宰割了。可悲的是，李斯到死还认为是他不该与无道的昏君同谋，却没有认识到他协助胡亥篡位本身就是对秦国和始皇帝的不负责任。他还不断地为自己叫冤：从前夏桀杀死关龙逄，商纣杀死王子比干，吴王夫差杀死伍子胥。这三个大臣，是多么忠心啊！然而最终也免不了一死，他们虽然是因尽忠而死，只可惜没有忠对人。我的智慧远远赶不上这几个人，而二世的暴虐无道超过了桀、纣、夫差，我因尽忠而死，也是应该的呀！这只不过是他安慰自己的话罢了，这样或许会让自己的良心好受一些吧！接着，李斯开始斥责胡亥：胡亥你杀死你的兄弟，杀害忠良，重用奸佞，修阿房宫，横征暴敛，这不是我不劝谏，是你根本听不进去。你对自己的兄弟采用了极其残忍的手段，将他们置于死地，根本不考虑什么后果；你杀害忠良也不考虑会有什么灾祸；修建宫殿，也不顾及给百姓带来怎样的灾难，你这是在自毁长城啊！李斯想着想着不禁有些幸灾乐祸起来，他想：现在全国一半以上的地区都发生了暴乱，胡亥还认为天下太平呢！他居然还在任用赵高，信任他、维护他，我要支撑到暴徒攻入咸阳，看到

【第三篇】君臣之道

你们是怎样被那些暴徒消灭的。

然而，赵高并没有给李斯看到暴徒攻入咸阳的机会。他好不容易抓到了除掉李斯的机会，怎么肯放过呢？他要置李斯于死地的初衷从来就没有改变过，赵高早已想好了对付李斯的办法。他将李斯抓起来以后，便亲自出马审讯李斯。赵高为了定李斯的罪名已经琢磨了很久，最后还是觉得谋反的罪名最合适，于是给李斯定了谋反罪，将他的宾客和族人一起逮捕进行审讯。这莫须有的罪名往李斯脑袋上一扣，李斯可就急了，开始时就是不认罪，最后在酷刑的折磨下不得不低头写认罪书。但是这罪认得有点蹊跷，他给秦二世胡亥写了一封信，信中罗列了自己任宰相期间所做过的"罪行"，但是看这封信时，就会发觉李斯所罗列的实际上并不是罪行而是功德。

信的开头部分这样写：罪臣担任丞相的职位治理百姓，已经有三十多年了。初到秦国时，秦国土地还很狭小。始皇帝在的时候，秦国的土地不过千里，士兵也不过几十万。我用尽微薄的力量，小心执法，暗中派大臣拿着金银珠宝到各国游说，整顿政治，教化百姓，任用贤能的人为官，提高功臣们的地位，给他们高官厚禄，最后，终于威胁韩国，削弱魏国，击败了燕国、赵国，削平了齐国、楚国，最终兼并六国，俘获了他们的国王，拥立秦王为天子。这是我的第一条罪状。灭六国是始皇帝最大的功绩，也是李斯的最大功绩。可以说没有李斯的参与与谋划，始皇帝也不可能这样顺利地灭掉六国。这里，李斯说这是自己的罪过，实际上是想引起胡亥的注意。他是在告诉胡亥，你杀我是不对的，我是有功之人。接着，李斯又列了自己的几大罪状：扩大秦国疆域，驱逐胡人，平定百越，显示秦国的威力；尊重大臣，提高他们的地位，和谐君臣关系；建立社稷，修建宗庙，彰显君主的圣明；统一文字、货币、度量衡，

树立秦国的威望；修道路、开旅游区让君主满意；减轻徭役、赋税让君主得到民心，百姓拥戴。这几条罪名看来看去也不像是罪过，相反还是很大的功劳。李斯是想用他曾经辉煌一时的战绩来唤醒胡亥的良知，让他明白什么是忠臣，这样的臣子不可能谋反。结果，他的孤注一掷终成了泡影。信写完后，没有传到二世手里就被赵高截获了。赵高一看信，肺子差点没气炸了，我叫你认罪，你写你的功德。好！这回我连你写信的机会都不给，他丢给李斯一句话"囚犯焉能上书"就走了。李斯失去了最后一次改写命运的机会。非但如此，这次上书还加快了他灭顶之灾的到来。赵高为了迫使李斯承认罪行，派自己的门客假扮成宫中监察百官的御史、侍中、谒者，轮番审问李斯，李斯都快神经错乱了。在这些人的威逼利诱下，李斯不知如何应对，渐渐地竟然有了幻觉。但是，不管怎么说，李斯还是李斯，就是不承认自己和自己儿子有谋反的行为，赵高一看不动用大刑是不行了，便对李斯进行了惨无人道的肉体摧残，李斯挨不过这样的拷打，终于承认了自己参加谋反的罪。二世派人去查验李斯的口供，李斯害怕再受皮肉之苦，不敢改口供了。

赵高把严刑逼供得来的、他自己编造的、李斯的供词和判决书拿给秦二世看。秦二世看完后高兴地说："多亏了赵君你啊，不然我就被丞相出卖了！"可怜的胡亥，被他老师骗了，还在替他的老师数钱！赵高不肯善罢甘休，派人去杀李斯的儿子李由，只是当派去的使者到达李由处时，李由已经被项梁的军队杀死了。当然，李斯是不会被放过的。

公元前208年，72岁的李斯被判处了死刑。赵高是个没人性的人，如果不是赵高害李斯在先，李斯是不会轻易动赵高的。他和赵高本没有太大的冤仇，赵高只是为了独揽大权便要除掉一个黄土埋到脖子的老人。事实上，他还不是杀了就了事，还要"具斯五刑，

— 115 —

论腰斩咸阳市"。这是多么残忍的手段，千载谁敢与之争风?! 赵高不愧为天下第一奸臣，没有废了他的名声。大家都知道"具五刑"是指在脸上刺字、割掉鼻子、斩断手脚、割掉舌头，最后将人体一刀两断。这是怎样的人，想出的怎样毒辣的杀人手法啊?!

行刑这一天到来了，李斯的梦也终于醒了。绝望的李斯与自己的小儿子一起被押赴刑场，看着被自己连累的儿子，李斯老泪纵横。世界是多么美好啊，非但自己无法再享受这世间的美好了，就连自己年轻的儿子也要与世长辞了。回想起自己当初是上蔡的小民，为了希求荣华富贵，努力地向上攀爬，而今却落了这样一个下场，值不值得呢? 不从政、不为官，满足于平常百姓的生活会不会有个较好的结果呢? 他回头看看自己的小儿子说到："我想和你再牵着黄狗一同出上蔡东门去打猎追逐狡兔，恐怕已经办不到了。"小儿子听后，失声痛哭。赵高此时却眉开眼笑。

李斯悔恨得太晚了，他虽然为秦国统一和始皇帝的建制做出了不可磨灭的贡献，但是，他身上有着致命的人格缺陷，这就是自私、贪权、不择手段地追求荣华富贵。他贵为一人之下、万人之上的宰相，却是一个不折不扣的势利小人。他陷害韩非，置他于死地，迎合始皇帝，提出焚书建议；参与沙丘政变，害死扶苏，使大秦帝国落入庸人之手……李斯的功是不可没的，李斯的过也是不可饶恕的。

李斯对于赵高来说是个十足的失败者，他们之间的斗争只是争权逐利的斗争。李斯确实是被赵高狠狠地陷害了一次，相对于罄竹难书的赵高来说，他的罪过确实不如赵高的深。但是，他是沙丘政变的主要参与者，是害死扶苏的帮凶，也有辱于始皇帝临终的嘱托，尽管他的行为是被逼的，但是也不能洗脱作为帮凶的罪名。人一旦犯错就该为他的错误承担后果，这是谁也逃不脱的人间正道。

李斯的价值观决定了李斯的悲剧，"垢莫大于卑贱，而悲莫甚于穷困"使李斯一心想着富贵，忘了做人最起码的原则。司马迁对他进行了深刻的刻画，他说，李斯以一个小巷子里的平民身份，游历各诸侯国，最终在秦国走上仕途，他抓住机会，辅佐始皇帝完成了统一大业。李斯位居三公之职，是相当受重用的了。但是，李斯对儒家《六经》的要旨很是精通，却不整顿政治，弥补皇帝的失误，他极尽阿谀奉承为能事，随意附和上面的意思，推行酷刑峻法，受赵高的诱使，害死公子扶苏改立没有能力的胡亥，一直等到全国各地的人都叛乱了，他才敢上书直言，这不是可笑的做法么？李斯如果不是帮助胡亥篡位，恐怕他的功劳能和周公相媲美了。

李斯就这样走了，心不甘、情不愿地离开了这个令他眷恋的尘世。虽然死相很惨，但是也没有得到人们的同情。李斯在死之前，也一定意识到了这一点，所以才会有死前的千年一叹。可惜，悔之晚矣。功过只在一念之差，最危难的时刻才是真正考验一个人的时刻。

王门双雄

始皇帝能够平定六国、并吞八荒与王氏父子能征善战是分不开的。老子王翦独自带兵灭楚，虎父无犬子，王贲也不窝囊，他独立地灭掉了齐。父子二人为大秦帝国的建立立下了汗马功劳。那么，王翦是什么人呢？

王翦是频阳东乡人，自幼喜欢军事，经常和同村的孩子一起演练兵法，因而对军事有深刻的领悟。后来王翦侍奉嬴政，在嬴政十一年的时候，崭露头角，表现出了不凡的军事才能。这一年他领兵攻打赵国，一连攻下赵国的九座城池。公元前229至公元前228年，王翦作为军事统帅进行灭赵战争，在与赵国大将李牧、司马尚对峙一年之后，在李斯、尉缭的建议下用重金收买了赵王的宠臣郭开使出反间计除掉了李牧和司马尚。这一招很高明，不费自己的力气就将敌国将领除掉。在除掉李牧之后，王翦只用了三个月时间便将赵国灭亡了，灭掉了秦国统一路上的第一个强劲对手。嬴政大赞王翦的军事才能，对他更加地器重。王翦也尽职尽责地完成嬴政派发的命令。

燕国荆轲刺秦，引起了始皇帝内心深处的惊恐。他发誓要报此仇，于是，派王翦出兵灭燕。王翦率兵大破燕军，燕国深受重创。接着嬴政又增加兵力支援王翦作战，王翦一举拿下了燕国都城蓟，燕王喜被打得落荒而逃，进入辽东。在大败燕军之后，王翦再次出征伐魏。王翦的儿子王贲开黄河之水，灌入大梁，魏国就此灭亡了。王翦父子经过多年征战，辅佐嬴政平定了六国中的五个国家。有这样的大将是嬴政的福气，这样的大将有这样慧眼识才的主子是他们的幸运。然而，伴君如伴虎，在帝王身边就不能不小心从事。下面所发生的事，就突显了王翦在处理君臣关系上的睿智。

话还要从李信说起，李信是王贲手下的一名青年将领。他是李广的祖先，在荆轲刺秦之时，血气方刚的他曾带着几千精兵，追杀太子丹，结果弄得燕王喜杀了太子丹来躲避灾祸。嬴政为此大为欣喜，对李信的勇气与忠诚大加赞赏。有一天，嬴政就问李信，如果我想攻打楚国，你认为要多少兵力才够用呢？李信信心十足地说，顶多二十万就够了。嬴政转过头来问王翦，将军认为要用多少兵力呢？王翦沉思了一会儿说，没有六十万是不足以灭楚的。嬴政一听这话哈哈大笑说，将军你老了，怎变得如此胆怯？后浪推前浪，还是李将军勇猛、果决。于是，便派李信和蒙武带兵二十万去攻打楚国。

注意这个时候王翦的表现，他怎么样呢？他借口有病，回家养老去了。王翦是个明白人，既然嬴政认为他老了，那么离他离开秦宫的日子也就不远了，与其让嬴政下逐客令，不如自己卸甲归田，荣归故里。若李信打赢楚国，嬴政便会将他闲置；若李信打不赢楚

国，嬴政定会重新启用自己，这样无论好坏都能保住自己的面子。王翦不愧是军事奇才，用兵作战的手段都是可以用来经营自己的仕途。怪不得很多高层都学习兵法呢！嬴政还真争气，真就答应了王翦的请求。谁想到李信过于自信，低估了楚军的实力，结果秦军大败，两个军营被攻破，七个都尉被杀，秦军损失惨重。嬴政这下慌了神，急忙跑去找王翦。嬴政不愧为始皇帝，一般的帝王犯错，是不会亲自找臣子道歉的，嬴政却有这样的胸襟。

嬴政对王翦说，是我的不对，我不该不听老将军的建议，李信吃了败战，楚军正在向西方进犯，将军你忍心不管我们的国家么？王翦推辞说，老臣已经老了，昏聩无能，您还是另请高明吧！好嘛，把嬴政的话又还给了他。王翦拿捏得很到位。嬴政再次表示歉意，将军您不要再说了，我知道错了。王翦终于答应了，那么，大王我要六十万大军。嬴政当场答应，接下来就发生了我们在王翦灭楚中提到的，王翦向嬴政要产业的事情。王翦在前往楚地过程中五次向嬴政索要家产，嬴政每次都给予极大的满足。王翦每要一次，嬴政的心就放下一点儿，这就是王翦的君臣交往之道。就像他对他的随从所说的，嬴政是个多疑的人，全国的军队都掌握在自己的手中，他要灭秦易如反掌，嬴政怎么能安心把军权交给他呢？只有以贪婪作掩护才可以得到嬴政的信任。

楚军大败李信之后，士气大振。结果嬴政派来了王翦。王翦不像李信那样急于攻打，而是加固堡垒，让士兵养精蓄锐，从不主动出战，搞得楚军摸不着头脑。拖了一年，楚军实在没辙了就想转移，王翦这下可等到时机了，率领六十万大军直奔楚军，楚军大败。又用了两年时间，楚国收归秦国版图。

王翦是个极其聪明的人，在灭楚之后，他得胜还朝的庆功宴上，他向嬴政提请告老还乡。嬴政也爽快地答应了。因为王翦能拿得起放得下，所以他得到了善终。

就在王翦大破楚军之时，王贲和李信一起灭掉了燕国，后来又带兵灭掉了齐国。王门双雄在中华军事历史上留下了赫赫美名。

嬴政也确实是个知人善用的帝王，他能向臣子认错，又能原谅攻楚失败的李信，也难怪秦国会人才济济，夺得天下。嬴政虽然残暴，但对忠心的大臣还是较为仁慈的。

秦始皇

【第三篇】君臣之道

蒙门烈士

在秦帝国里除了王门双雄之外，还有一门是始皇帝最为仰仗的家族，这就是蒙氏家族。蒙氏家族也是三代为秦所用。祖父蒙骜在秦昭襄王时就立下赫赫战功，蒙骜的儿子蒙武又曾攻破楚国，生擒楚王。到了始皇帝这里，蒙恬和蒙毅也成了国家栋梁。始皇帝对蒙氏家族很信任。

公元前221年，蒙恬率领秦军，拿下了六国中最后一个国家——齐，实现了横扫六国的梦想。咸阳城内一片歌舞升平的欢乐气氛。这时候，一个破坏气氛的信息传到了国都，这就是胡人在秦国北部边境频频骚扰大秦百姓，企图南下攻秦。胡人军队在北部边境烧杀抢夺、无恶不作，边境民众苦不堪言。这时候天下初定，军民都厌倦了战争，但是没有办法，大军压境不能不出战。蒙恬便在这个时候，率领三十万大军出发了。蒙恬的军队日夜兼程来到边关，刚把大营扎好，他便带着人侦察敌情，研究战术。第一次交战便把胡人打得落花流水，溃退到草原去了。这样连续几次出击，胡人遭到了严重的挫败，被逼到了七百里以外的草原，十年没有再敢来进犯。虽然这样并没有解除胡人对秦国的威胁，于是始皇帝命令蒙恬将原来秦、赵、燕的城墙连接起来加固、加高。西起临洮，东到辽东。这就是举世瞩目的"万里长城"了。万里长城虽为抵抗胡人而造，但也给百姓带来了沉重的负担。这个以后我们还会讲到。

先说说蒙恬，他指挥着几十万大军和劳工，经过艰苦卓绝的劳动，终于建造成了至今还屹立于东方的"万里长城"，给中华文明又留下了灿烂的一笔，成为世界文化的瑰宝。

始皇帝对蒙恬的功绩一直铭记于心。始皇帝为了加强自己的中央集权，进行了惨无人道的"焚书坑儒"。长子扶苏大力劝阻未有成效，不仅如此反而为自己惹来了麻烦，始皇帝把他打发到边关来守边疆、修长城。初到边疆，扶苏是很苦闷的，得不到父皇的认可也就罢了，还被发到这么荒凉的地方来，不知何年何月才能还朝，他的地位、前途恐怕就此夭折了。蒙恬看在眼里，明在心上，就劝告他说，"既来之，则安之"，守边一样可以建功立业。扶苏觉得也有道理，蒙恬又对他诚恳、热心，于是，就安下心来帮助蒙恬训练军队。干得也是相当不错的，始皇帝也接到过扶苏在边疆建立功业的消息。在临死之前，始皇帝意识到自己的理想继承人是扶苏而不是身边的其他儿子，便下了诏书召回扶苏即位，但是诏书没有发出便被人给篡改了。九泉之下的始皇帝做梦也没想到他的政权会落到不孝子手中，这个不孝子还要诛杀他最看重的儿子和最信赖的大臣。

胡亥、赵高、可怜又可恨的李斯等派人带着伪造的诏书来到边疆大营，赐死了公子扶苏。扶苏死后，蒙恬怀疑这道命令的真实

性，便要求跟随使者回到咸阳查个水落石出，接着便被下到了阳周关大牢。

蒙恬不知秦国朝中发生了政变，更没有想到，赵高篡夺了秦国的大权，还将扶苏和他当做狩猎目标。当初赵高犯下死罪，蒙毅判他死刑，始皇帝顾念他是胡亥的恩师，便饶过他一命，没想到成了救活蛇的农夫。秦国这个辉煌一时的帝国就被这个小人给毁了。不妨作个假设，假设公子扶苏即位，扶苏必定全力改革，消除嬴政遗留下来的政治弊端，这样老百姓就不会因为民不聊生而起来造反，秦王朝也不至于如此短命。然而历史不容假设，一切都已成定局。赵高这个奸佞小人，连给他留一命的秦始皇都不放过，又怎么会放过要他命的蒙家一族呢？这么好的报复机会去哪里找啊？

秦二世胡亥倒是没有赵高做得绝，他见公子扶苏已死，再也没有人跟他争夺帝位，也就想要赦免蒙恬的死罪。赵高便向胡亥进谗言说，蒙恬、蒙毅都是太子扶苏的死党，你赐死了扶苏，他们一定会找你报仇的。胡亥是个胆小又没有主见的人，一听这个立马改变了主意。真不知道始皇帝怎么生出个这么不争气的儿子，他先逼蒙毅，后逼蒙恬自杀。蒙氏双杰就这样被毒死了。

蒙恬的才智与功业是其他人无法比拟的，而且没有做过对老百姓不好的事，他成为朝廷权力之争的牺牲品实在是有些冤枉的。他实际上在修筑长城之时，也未曾虐待过百姓。他也是位忠义之士，就在胡亥派去使者要他服毒之际，他曾这样对使者说："我们蒙家一家三代忠于秦国，为秦国出生入死，现在我统兵三十万，就算是被囚禁了，也可以凭着我的势力颠覆政权。但是我知道，我要守义而死，我不能辱没了先人的名节。当年周成王在年幼的时候被立为君王，周公旦背负成王上朝，也曾斩断自己的手指来表示忠心，最后平定了天下。周成王长大后听信谣言要斩杀周公旦，周公旦逃到

楚国。后来，成王悔悟了，杀了进谗言的人，又将周公旦接了回来。我们蒙氏一门三代对秦王忠贞不二，却被接连斩杀，一定是奸佞的小人在作祟。周成王改正错误使得周朝兴盛。夏桀杀了关龙逢，商纣杀了比干，最终身死国亡。犯错能改正，听从劝谏能觉醒是圣君治国的规律。我说这些，并不是求得免罪，而是准备为忠谏而死，希望皇帝为天下万民考虑，采用正确的方法治国。"使者无奈："现在是赵高当权，您说的这些话我是不敢对上面说的。"蒙恬仰天长啸，悲愤地服毒自杀。这一段话出自一位赤胆忠心的老臣之口，满朝文武竟没有一人敢出来为这个人讲话，秦不亡谁亡？

蒙恬的功绩不仅在军功，他在驻守边疆期间，将黄河河套地区的44个县即九原郡，管理得井井有条，还建立了一整套的治理边患的行政机构。公元前211年，他将三万名罪犯发配到兆河、榆中一带垦殖，发展农业，保证军事供给。同时，他还拓宽了秦都咸阳到九原的道路，为九原地区解决了交通闭塞的困境，促进了北方各族人民的经济、文化交流。当然，最重要的是它战略意义，它保证了兵马粮草的顺利运输，蒙恬驻守九原郡十余年，胡人不敢进犯。始皇帝大加赞赏，同时也赢得了他不好赢得的信任。

更有趣的传说是，蒙恬将军是毛笔的发明者。公元前223年，蒙恬带兵在外作战，他要定期给秦王写战报报告近期的军情。当时，人们还在用竹简写字，写起来很不方便，蘸了墨没写几下又要蘸。一天，蒙恬外出狩猎，看到一只兔子尾巴上流下来的血拖在地上，有一条痕迹，心中顿生灵感。他立即剪下一段兔子尾巴，将它插在竹管里，由于兔子皮毛很滑，不吸墨，蒙恬又试了试，还是没有效果，随手便把"兔笔"，扔到了门前的石坑里。一天，他无意中发现了被自己扔掉的"兔笔"捡起来一看兔毛都变白了还湿湿的，毛也顺了。于是他将兔毛笔往墨盘里蘸了蘸，写起字来竟然流畅了许多，毛笔就此传开了。可见蒙恬实为不可多得人才，一般行军作战的人对这些微小的事物不会留意，而蒙恬对这些却格外关注。恰恰有的时候，行军作战就需要这种细心，难怪蒙恬会无往不胜。

蒙恬和扶苏的死都是秦国的一大损失，秦国这个只经了二世的王朝面临着风雨飘摇的局势。后来秦国农民起义，没有了蒙恬等一代忠义之士的平定，迅速发展起来，很快攻陷了秦国的都城，二世灭亡。始皇帝辛辛苦苦打下的江山就这样断送在了秦二世和他的奸佞臣子手里。

特 色 尉 缭

　　始皇帝时期最有特色的武将要属一名叫尉缭的人。尉缭主管着秦王朝的军事，他是秦国军事的最高长官。

　　尉缭原来是魏国大梁人，自幼熟读兵法，是鬼谷子的高徒，受到商鞅的思想影响较大，崇尚"法家"学说。公元前237年，在魏国得不到重用的尉缭，来到秦国寻找一展拳脚的机会。和李斯一样，尉缭也主张军事、政治双管齐下。他初见嬴政便说，以当下的局势来看，秦国最为强大，所有的诸侯都是您管辖的郡县的长官。不过我最担心的是各个诸侯私下里串通、联合，对秦国大搞突然袭击。当年韩、赵、魏三家虽然比智氏都都要弱小，但三家私底下结了盟，出其不意地对智氏发动战争，最终灭了强大的智伯。还有吃了败仗的越国，为麻痹吴国，在十年里偷偷地休养生息，积蓄力量，最后灭掉了吴国。这都是历史惨痛的教训啊！嬴政听罢，心想这小子还有些见解，且听他讲下去好了。于是，尉缭接着说，大王您不要爱惜自己的钱财，钱财是可以再生的，我们需要用重金贿赂六国的权臣，利用他们来打乱六国联合的计划，这样最多花费上三十万金，就能把天下的诸侯摆平了。赢政心想，他跟丞相的想法大致相同，看来又多了一个同道中人，不妨一用。

赢政也是"法家"的推崇者，尉缭的意见正好切合了赢政当时所施行的政治理念。他进行统一六国所需要的军事理论，正缺少这样有见地的人来指导，两人一谈如故。尉缭是个很特别的人，他有一个其他人都不敢有的原则，那就是见到君王不行君臣之礼。他认为人格上帝王与臣子是平等的，无须大礼逢迎。在那个时代，能有这种先进看法的人实在是寥寥无几。但也不排除另一种可能，那就是沽名钓誉，就是现在所说的"作秀"。古代有很多隐士对君王的招贤都采取欲擒故纵的方法。越拿身价，越显得有才，越受君王重视。这也是古人自我营销的一种方式。尉缭的特立独行是不是也考虑到这一点，我们不得而知。如果这是个吊君王胃口的计策，那么他成功了。赢政不但采纳了他的计谋，而且对尉缭以礼相待，饮食起居给尉缭与自己同样的标准。能这样对待自己下属的领导人即使是在 21 世纪的今天也是鲜见的。赢政是一位识英才、重英才的好领导，虽然他不是一位爱民如子的仁君，但这并不影响他做一名知才善用的好领导。战国时期实际上是一个兼容并包、思想解放的时代，否则也不会出现百家争鸣的现象。至于哪一家为哪一国所用，就看这一国的立国之策了。秦国以及赢政的成功多半是他用人方面的成功所铸就的。所谓经济决定政治，也只是历史发展的一般规律。不错，赢政是借助了他先祖们留下的基业，才有力量去踏平六国，但是胡亥也有比赢政更为强大的国力后盾，却最终失去了江山。有人说，这是赢政

暴政的结果，事实并不尽然，中国的百姓一向是比较好管理的，只要能有吃的，能有存活下去的可能，他们便不会起来造反。嬴政死后，人们一定也寄希望于新的国君，不管这个国君是谁，他们都希望朝廷变一变政策。如果能存活下去，谁愿意把脑袋别在裤腰带上过生活呢？实际上，嬴政死去，秦二世粉墨登场之时，人们还是对二世有所期待的。谁知二世是个昏君，用的也都是昏臣，治国之策非但没有改变，还更加变本加厉了。那就没办法了，反吧！所以说，嬴政还算是个好领导。

尉缭是杰出的军事家，也是法家的推崇者，他当然知道法家的哲学世界里缺少仁慈。所以，他知道同样崇尚法家思想的嬴政也不会是心慈手软的人物。在经年的相处中，尉缭也看清了这一点。嬴政就像豺狼虎豹，用到你的时候，对你毕恭毕敬，等他用不着你的时候就会将你打发了。实际上，这是尉缭对嬴政的一些误解。嬴政在除掉嫪毐时是没有一点心慈手软的，而在对待吕不韦时，也并未赶尽杀绝。他暴戾的性格也是在不断的政治斗争和权力欲望的膨胀过程中形成的。尉缭不管这些，他看到的只是结果，天下人看到的也只是结果。尉缭以为嬴政与自己一样推崇法家，那么也会对自己采用法家的手段。他曾说过，我是贫贱的平民，大王对我这样谦卑是因为我还有用，如果哪一天秦王夺得了天下，天下人都会成为他的奴隶，我自然也不会例外，我不能与他长久地相处下去。所以，尉缭也几次试图逃走，嬴政发觉后极力劝阻，还让他做了秦国最高的军事长官——国尉。

就始皇帝来说，他并没有像尉缭所说的，夺了天下就吃人。这话用在赵匡胤身上倒有些合适。嬴政统一六国之后，并没有大肆杀害群臣。王翦父子活得好好的，蒙恬还在驻守长城，李斯也在朝中处理政务，尉缭的看法只是他思想里对法家学说以及对嬴政行事方

法的一种偏激印象。始皇帝被他说成这样也是有些冤枉的。焚书坑儒的过错是惧怕皇权不能集中的结果，对于政见统一的臣子或对秦国忠心的臣子，嬴政并未真正地施行迫害政策。

尉缭善于使用间谍战，善用反间计。秦国在破坏六国联合的过程中，间谍战成为重要的策略，反间计屡屡奏效。前面我们讲过赵国的亡国，其中秦国买通赵王宠臣郭开，反间李牧与赵王，赵王真就秘密处死了李牧，从而导致赵国战败而亡。

尉缭根据战国末年战争所面临的局面，对孙武的"奇正"战术进行了深入的研究，提出了更为灵活的战术，即排兵布阵运用天、地、风、云、龙、虎、鸟、蛇八种阵法，四个方面为主攻，另外四个方面为奇攻，八个阵法交相使用。"四个正攻"一般指正面迎击或打击敌人，"四个奇攻"一般指从两翼或敌后出奇制胜，用此来配合正面作战。这种避实就虚的战略战术在秦统一过程中曾多次发挥重大作用。尉缭是嬴政夺得天下的大军师，为嬴政统一天下做出了不可磨灭的贡献，同时也为中国军事历史增添了色彩。

我们曾经反复强调，嬴政统一天下主要的原因是善于用人，这一点可以从秦王朝一系列的文臣、武将中看得出来。吕不韦、李斯、王翦、蒙恬等等在嬴政统一六国过程中发挥了不可替代的作用。

秦国的人才政策也为秦国广集人才、收罗精英奠定了基础。秦国任用人才不分国籍，不分身份，只要你有脑袋，能出成绩就一并启用。就是这样的人才策略才使得秦王朝形成了一个有着绝对战斗力和冲击力的大人才资源库。得益于这些人才，秦王朝才走入了它的光辉历程。

当初，尉缭见到君王不下拜的理论传到嬴政耳朵里，嬴政并没有因为尉缭的高傲而怒气冲天，相反地还对尉缭礼待有加，这不是哪一个君王都可以做到的。嬴政是个对人才很珍惜的人，肯接受他人的建议。有人可能会问，那么公子扶苏呢？公子扶苏不是因为提建议被派去修长城了么？是的，公子扶苏是被派去修长城了，但是这并不能代表嬴政是个不虚心接受建议的人，嬴政头脑里根深蒂固的思想决定了他不能容忍政见不同的局面。只要政见是统一的，政策、措施就是可以商量的。尉缭见到嬴政就给了嬴政一个下马威，开口便问，大王你知不知道天下有三种人？嬴政被问得莫名其妙，便问道是哪三种人呢。尉缭说，第一种人，有实无名；第二种人，有名无实；第三种人，无名无实。嬴政眨了两下眼睛，老老实实地说，愿闻先生赐教。尉缭不客气地说，有名无实的是商贩，他们从不辛勤劳作却有吃不完的粮食，穿不完的衣裳；有实无名的是农民，他们终日辛苦劳作却吃不好、穿不暖；而无名又无实的就是君王。身为泱泱大国的国君，你却没有孝敬母亲的名声不是很难堪么？嬴政听了动了怒，但是他并没有将尉缭拉下去斩杀，而是允许尉缭说下去。尉缭接着说，天下人对你平定六国的做法没有什么可说的，但是对你软禁母亲的做法还是颇有微词的，你这是自毁名声啊！

尉缭对嬴政进谏这一事，正是嫪毐被铲除，他母亲被软禁之后，可以说，尉缭正冲到嬴政的肺管子上，而嬴政竟然也接受了尉缭的建议，当然，这与那个叫茅焦的人冒死进谏也有关系。但说到底，嬴政还是知人善用、虚心听取意见的。嬴政最后接回了自己的母亲。但是，他的母亲也并没有从此过上好的生活，在回到秦宫不久，就郁郁而终了。嬴政是不是真心接回母亲姑且不论，但他确实是听从了他人的意见，改正了自己的做法。

特色尉缭，印证了一个特色的始皇。尉缭的特，特在行为，而始皇的特，特在性格。始皇帝的个性太过复杂，你不能用某一些词

来概括出他的性格里主要的成分。他刚毅，内心却又极度地脆弱；他暴戾，手段又不是极端残酷；他爱才，内心却小心防范；他宽广，却十分易怒……始皇帝就是一个矛盾的集合体，就是一个特别的人。

枭雄列暴

第四篇

　　始皇帝一生做了不少残忍的事，因为他根深蒂固的法家思想使他不择手段地加强自己的统治地位。他的种种暴行引来了秦国人民的一致怨恨，人们开始寻找机会撼动他铜墙铁壁般的江山。

始皇用韩非

前文我们提到过韩非，韩非是战国时期法家思想的集大成者。战国时法家分三派，一派是以慎到为代表，主张治国最重要的是权力和威势；一派是以申不害为代表，主张政治权术；一派就是以商鞅为代表的，主张"法治"，即靠法律制度来规范国家行为，约束百姓，管理国家。而韩非则认为，这三者缺一不可，都是帝王统治要用到的不可缺少的手段。他主张，贤明的君主要像天一样，公正执法，这就是"法"；役使群臣要神出鬼没，让人难以捉摸，这就是"术"；而君王要拥有威严的气势，令出如山。

韩非的思想传到嬴政的耳朵里，嬴政颇为欣赏。有人说，就是因为这个它才发动对韩的战争，前面我们已经否认了。但是，有一点却是真的，那就是嬴政不但接受了韩非的思想，还将他的思想运用到自己的统治之中了。至于为什么嬴政独独选中韩非思想，大概基于两点。第一点要追溯到他的童年时代。我们已经知道嬴政的父亲异人，曾在赵国做人质。他出生后在赵国呆了九年才被接回秦宫，童年的他被人四处追赶，受尽了凌辱，饱经了颠沛流离之苦，所以他以一样的冷默对待那些对他冷漠的人。父亲竟然在他六岁时，置他和母亲的生死于不顾，独自跑回秦国谋他的太子位，而成年后，他的母亲也不争气，寻欢作乐让他蒙受羞辱。这些残酷的现实让嬴政的思想已经趋向于"法治"，只是，这个时候还是思想的点，没有形成思想的片。第二点就是，嬴政即位后所受到的影响。在秦宫里成长的日子，面对上下的尔虞我诈，再加上商鞅变法以来形成的秦国的特殊文化的熏染，嬴政的法治思想已在逐渐地萌芽并形成了片，这个时候，他思想里缺少的是"法治"的连接点和成套的理论体系。当他见到韩非的"法"理后，受到了强烈的思想震撼，"严而少恩"的治世之道，颇合嬴政的胃口。

他在看到韩非抨击儒家思想，宣传专制、重刑等著作时，曾经大发感慨，"我若能与这个人相见，谈论国家大事，死也无憾了"。他如饥似渴地攻读法家思想的精髓，四处找寻法家思想的能人贤才，筹划按照法家的"君主极权论"和"暴力万能论"来组建新国家的模型，并坚决推行武力统一中国的铁血政策。这一"法治主义"在群雄并立、硝烟四起的年代发挥了神奇功效，更使这位雄心壮志的帝王对自己的决议信心满满。秦国选用法学思想治国是偶然的，但就是这个偶然适应了战国末年纷乱的历史局面，使得运用法学思想的秦国统一了天下，这是上苍对秦国的偏爱。

对于统一后的国家，始皇帝强调用法律的手段来治理。我们不如从秦朝刑罚体系的严酷性看看嬴政时法律的严酷程度。

始皇帝的刑罚体系包括了：生命刑、身体刑、劳役刑、耻辱刑、身份刑、财产刑和流放刑。

生命刑，即剥夺罪犯生命的死刑。其执行方法并不规范，大约一二十种之多，而且非常地残酷。整死人的方法都这么多，可见嬴政没少下工夫啊！这些刑法中较典型的有：

1. 具五刑，即先施加黥面、劓鼻、斩左右趾等肉刑，再用笞杖活活打死，然后枭首示众，并将尸骨剁成肉酱；有诽谤谩骂行为者，还要割去舌头。这一刑法最典型的特点就是先把人活活折磨死，死后还不放过，还要受尽凌辱。

2. 车裂，即用五匹马将头颅、四肢与身体撕裂。

3. 凿颠，即凿击头顶的处决方式，把头给敲炸开。

4. 抽胁，即抽取肋骨的处决方式。

5. 镬烹，即用大锅将人煮死。

接着是轻一点儿的身体刑。这样的刑罚其实比死刑更残酷，它让人生不如死，在世上活受罪。都说秦国人一犯法就造反，这反也是死，不反是生不如死，还不如反呢，有个整个的身体。

身体刑，即残害犯罪者肢体器官的肉刑。嬴政基本保留了先秦时期的黥、劓、斩左右趾、宫等肉刑，并把它和劳役刑复合使用，如黥劓以为城旦、斩左趾又黥为城旦等。要么在你脸上刻字、割鼻子、砍掉你的左右脚掌，要么就是割掉你的生殖器。

在后面就是劳役刑了。劳役刑是对罪行不大的人设立的，但服劳役的人终年没有休息，常年从事繁重的劳动，身体和精神都受到严重的摧残。

劳役刑，即限制罪犯自由并强制从事劳役的徒刑。始皇帝很喜爱劳役刑，修修长城、建建宫殿、凿凿陵墓，动不动就动用大批劳役刑徒。当时的劳役刑名目繁多，基本形成了一套由重到轻的劳役刑体系，如：

1. 城旦、舂。男犯为城旦，主要服筑城等苦役；女犯为舂，主要服舂米等杂役。造房子、磨米很好的方法，不花钱还出成绩。

2. 鬼薪、白粲。男犯为鬼薪，主要为宗庙砍柴供祭祀等使用；女犯为白粲，主要为宗庙择米供祭祀等使用。好了，又找到了伺候祖宗的人。

3. 隶臣、隶妾，即罚做官府奴婢。"男子为隶臣，女子为隶妾。"男的剥夺人身自由，女的不能自由恋爱。

4. 司寇、候，即强制犯人在边地伺察寇盗，警戒敌情。好了，节省兵力了。

再接下去就是耻辱刑。耻辱刑在现在不算什么大事，但在秦代可是了不得的事情——身体发肤受之父母，谁损害了自己的身体和毛发就是不孝。

耻辱刑是带有羞辱性质的刑罚。古人认为："身体发肤，受之父母，不敢毁伤，孝之始也。"故损害身体及鬓发胡须均属不孝行为，而强制剃除鬓发胡须则是对罪犯的羞辱。嬴政的耻辱刑主要有：

1. 髡刑，即强制剃除鬓发胡须。剃就剃吧，反正可以再长。但是古人可不这样认为，他们觉得这是对自己父母的大不敬，内心会受到强烈谴责。

2. 耐刑，即强制剃除鬓毛胡须而保留头发，故轻于髡刑。还好，不太难看，但古代人这个样子是没法见人的。

下面就是身份刑。这一招对谋取仕途的人有很强的约束力。身份刑，即剥夺违法者官职爵位等身份地位的刑罚，主要刑名有：

1. 废刑，即废除官籍，开除公职，终身不得重新叙用。这对有政治抱负的人有绝对的杀伤力。

2. 夺爵，即削夺爵位，剥夺其特权地位。这一条对那些皇亲国戚、享受特权的功臣名将具有震慑作用。

财产刑和流放刑都是相对来说较轻的刑罚，但就是这样的刑罚也够受的。受到财产刑处罚的犯人要交付大量的财产，这是一笔繁重的负担。而流放可不是流放到什么世外桃源，多是不毛的蛮荒之地，人烟稀少，终日鸟兽作伴，孤苦无依。总之，你就是别犯法，犯法就没你好果子吃。实际上犯法要受到惩罚是无可厚非的，但秦朝的量刑的标准太过苛刻，已经到了令人难以忍受的地步。这种种惨无人道的暴行必定会引起民间的不满。

刑法体系只是嬴政法治的一部分，但从这一部分里也不难看出嬴政法治的严酷和苛刻。六国统一后，这种法治主义的弊端渐渐显现出来。

嬴政强调严刑重罚，反对儒家的仁义学说，在立法上，他把一些不应该处刑罚的行为，处以刑罚；在司法上，他加重了先前的量刑，不但扩大了株连的范围，还用了更为严酷的刑罚。始皇第三十五年，他一次埋掉儒生460余人，成为历史上最为臭名昭著的"焚书坑儒"事件。

他还把自己看成是法的化身，什么事都由自己决定，他就是法，实际上这就成了"人治"而非"法治"，完全背离了韩非法家学说最初的愿望。

始皇帝是寡恩薄施的，他的法治重罚不重赏，实行绝对的"专任刑罚"的"重刑不赏"。这不但引起了百姓的不满，同样也引起朝中大臣的不满。

始皇帝运用法家所带来的弊端，引起了天下百姓的一致不满。残酷的暴政让人们忍无可忍，反抗成为必然。始皇帝的过失是，他没有领悟到：打江山可以用法家思想，守江山要用儒家思想。统一六国后，他非但没有改变治国方略，还加大了所谓的法治力度，将仁政置之不理，那么，官逼民反的好戏就要上场了。

负 我 必 报

赢政是个爱憎分明的人，对于得罪过自己的人从不肯轻易放过，这也是他得到了暴君这一称号的原因。

公元前228年，王翦、羌瘣攻下了赵国的东阳，俘获了赵王，赵国灭亡了。之后，赢政来到了赵国，这个生他并养他九年的国家。他对这个国家是有感情的，有的是什么感情呢？是深深的恐惧和愤恨。赵国是他的噩梦，他在这里没过过一天好日子，他恨这个国家。现在，那些曾经欺负他、侮辱他的王公大臣们已经被他诛杀或洗劫一空，再没有人敢看不起他，也再没有人能追赶、凌辱他。就连赵国的国君，这个对自己父亲以及自己没有丝毫恩德的人也被自己收服了，赵王迁正在等待自己的发落。这真是一件大快人心的事。赢政漫步在自己曾走过的土地上，内心激昂澎湃。

俗话说，君子报仇十年不晚。赢政这个仇是一定要报的。这埋藏了二十多年的积怨到今天终于可以做个了结了。

公元前 229 年，嬴政亲自来到邯郸，找到当初追杀他和母亲的仇人，直接把他们全部活埋了。史书中只说："秦王之邯郸，诸尝与王生赵时母家有仇怨，皆坑之。"仅仅几个字包含了多少条人命啊！二十几年的时间，仍没有使嬴政忘记这段仇恨，可见童年记忆在嬴政心里留下难以磨灭的痛苦。

还有几件事也可以反映出嬴政性格的暴戾面。

一次，嬴政到梁山宫上游玩，登上山顶时看见丞相李斯的车马、随从浩浩荡荡地陪着嬴政前来。嬴政非常不高兴，认为这样的排场太大了，于是就便说了两句不满的话。等嬴政在此出行时，李斯的随从车马削减了不少。嬴政知道后非常生气，猜想是谁泄露了风声，经询问没有人承认，便将在梁山游玩那天在自己近旁的侍从都杀掉了。从此，待从再不敢轻易谈话。嬴政这个堂堂的君王怎会如此狭隘，容不下手下人一点风声的走漏，更何况这种风声不关系到国家机密、帝王家事！其实，这个并不难理解，嬴政是个极度缺乏安全感的人。在他的人生经历里，处处充满了暗礁，随时都有被臣子吞没的危险。他处处小心，日日谨慎，没睡过几个安稳觉，为的就是提防哪个臣子在自己身边设下耳目。既然李斯知道了自己的不满，那么，自己身边一定有李斯的近人。那么，也就可能除了李斯还有其他人在宫中有耳目。这还了得？宁可错杀一千，不可错放一个。既然没有人承认，查也查不出来，那就都杀了算了。

可见在嬴政的内心里，没有任何人是值得他真正信任的，能信任的只有权力。这是嬴政的悲哀，他的内心是缺乏温暖的。

另一件事发生在公元前 211 年，这一年出现了一个奇怪的星象。这就是传说中的火星侵入心宿等，象征着帝王将有灾祸。彼时嬴政已经做了 10 年的皇帝，这皇帝做得正带劲儿、春风得意马蹄

疾的时候，忽然发生了这样的天时，内心怎会不添堵呢？况且他又是个极度缺乏安全感的人，风吹草动怎会不草木皆兵？火星侵入心宿实际上只是一颗陨石坠落在东郡，变成了石头，但当地的人们愤恨嬴政的暴政，于是在石头上刻上了"始皇帝死而土地分"的字样。始皇帝知道后大发雷霆，派御史挨家挨户地查问，没有查出什么结果，嬴政便把居住在石头附近的居民全部杀害了，同时也焚毁了那颗陨石。古人不懂陨石坠落的原因，认为这是灾祸是可以理解的，但是为了一个灾祸的预兆，在没有任何证据的前提下就将无辜的居民杀害，不能不说是一种极端的残暴行为。可以理解的并不一定可以原谅。

嬴政睚眦必报的个性保持了他作为一个君王的政治清醒。嬴政的政治理念决定了他作为一个君王所要采取的政治策略，他需要建立一个中央集权的国家，需要一个君天下的事实。所以，他朝着这个方向一路拼杀，努力地排除异己，努力地防民之口，努力地进行愚民策略……实际上，嬴政所迫害的是那些他认为对他有威胁的人，而对他治国有帮助的人，他从不轻易下手。这也表现出了他作为一个帝王政治家不仁道但却政治思维清醒的一面。

第 一 刺 客

荆轲刺秦王在前文燕国的庸失中有所提及。荆轲刺秦不是简单的民族问题，在饱经战乱之苦的六国人民心里，秦国对他们发动的战争是他们痛苦的来源。秦国就算统一六国，根据嬴政的所作所为，也不会善待百姓。于是，恐惧与愤恨时时刻刻跟随着六国的平民百姓。荆轲，这个秦国的小百姓，为求生计来到燕国成为杀狗的屠夫。谁知嬴政此时却虎视眈眈地盯着燕国。荆轲这个混迹于市井中的平头百姓也难有安身之处了。想想六国之内还有哪一处可以容身？回答是没有的。大秦的铁蹄不会给老百姓留下一块安乐窝，就算是天下统归嬴政所有，也未见得他们的日子会比现在好过。世人痛恨嬴政，胜过痛恨秦政。荆轲刺秦实际上不仅是燕国太子买凶报仇这个简单原因所导致的，它更是六国反抗嬴政铁蹄践踏的表现，也是嬴政在统一六国过程中没有实行安民政策，进而使矛盾进一步激化的表现。荆轲刺秦看似偶然，但这偶然的背后隐藏着真实的必然。

作为敢于反抗嬴政暴行、暴政的荆轲，可以说是一位英雄。这位英雄刺杀嬴政的过程也成为历代传奇小说的写作素材。荆轲这一悲剧性人物随同嬴政灭燕一起被铭刻在历史的丰碑之上。

前面我们粗略地提过荆轲刺秦之事，但没有提及那剑拔弩张的气氛，更没有提及他是如何失败的。下面我们就来看一看那一段惊心动魄的镜头回放——

我们曾经提过燕太子假借献督亢之地，用樊於期的人头换取了荆轲刺秦王的机会。那一天，嬴政高坐在大殿之上，等待着燕国的使者送上他所期望已久的督亢地图。督亢是燕国土地最为肥沃的地区之一，占领了督亢就等于占领了燕国的半壁江山，燕国竟然不战而将督亢拱手相让，岂不是天上掉下来的好事么？嬴政没有丝毫的怀疑，就接受了荆轲的觐见，这也表现了嬴政自负的一面。他以为燕国只是弹丸之地，没有任何力量与秦国抗衡，更不敢斗胆来刺杀他。结果如不是天助，恐怕他早已做土成尘。嬴政得意洋洋地准备着荆轲将督亢地图呈现在自己面前。

荆轲并非自己一人来到秦宫，他身边还跟着一位辅助他完成任务的人，这个人就是秦舞阳。荆轲在刺秦之前，曾经在燕国等待自己的侠客好友一起来完成这个使命。谁知太子丹等不及了，催促着荆轲赶往咸阳。荆轲迫于无奈，带着太子丹派给他的助手——秦舞阳匆匆地上路了。秦舞阳少时杀过人，太子丹认为他勇猛，便派他与荆轲一同前往咸阳刺杀嬴政。太子丹没有想到，这个在他眼里勇猛无比的顶级刺客却在最关键的时刻掉了链子。这是稍后的事，我们先来看看荆轲见嬴政的场面。

荆轲手提着樊於期的人头，秦舞阳举着督亢的地图来到大殿之上。面对秦宫的富丽威严，荆轲泰然自若，而此时的秦舞阳却紧张得浑身发抖，面如土色。秦宫里的大臣，包括嬴政都感到讶异。要说到其他国家做客紧张是难免的，但也不至于紧张得说不出一句话，甚至连走路都歪歪斜斜的啊！嬴政心里既感到好笑又有些犯嘀咕。荆轲见到这个情形，后悔没有再坚持一下等到自己的朋友再出发。此刻说什么都晚了，荆轲用严厉的目光扫了秦舞阳一眼，转过身来对嬴政说，他是个没见过世面的小孩子，初次看到秦王的威严感到害怕，请大王见谅。嬴政笑笑，心里的疑虑又增加了一些。嬴政说到，既然舞阳使者这么紧张，荆先生还是你自己拿着地图给我看吧。荆轲没有办法，只好从秦舞阳手里接过地图，走向秦王，走向自己即将终结的命运。

　　荆轲稳步走到嬴政面前，将督亢的地图徐徐展开在嬴政面前。就在督亢之地尽收嬴政眼底之际，卷轴中的匕首也出现在嬴政眼前。兴高采烈的嬴政正美滋滋地观赏着这块即将到手的肥肉时，竟然看到了一把泛着冷冷寒光的匕首从卷轴中抽了出来，接着荆轲便抓起了自己的右边袖子，匕首向自己的胸膛袭来。嬴政惊恐万状，拼命地挣脱拉扯自己的手。因为用力过猛，自己的袖子竟被撕扯了下来，而就是这断了的袖子才让嬴政得以续命。荆轲那把精心用剧毒喂过的匕首没有碰到嬴政，这是嬴政的幸运，也是上天对秦国的眷顾。荆轲一看第一刀刺了个空，怎肯罢休，红了眼的追赶着嬴政。嬴政也不含糊，跑得比兔子还快，看来，堂堂一国国君也懂得好汉不吃眼前亏的道理。嬴政绕着宫中的柱子跑来跑去，一边躲着荆轲的追杀，一边企图拔出腰中的佩剑反击。因为剑身太长没有空间抽取，加之嬴政内心紧张，怎么拔都拔不出剑来。

　　面对这种场面，秦宫的大臣们都傻了眼。这是以前从未遇到的情况，秦宫的规定是大臣不能带着兵器上殿，士兵没有命令也不可

【第四篇】枭雄列暴

拿着兵器跑到大殿上来。看吧，搬起石头砸自己的脚。这回谁来救你呢？嬴政东躲西藏，大臣们也不敢近前。就在这时，一位在当代被人称为"白衣天使"的人救了嬴政。这位古代的白衣天使就是嬴政的御医夏无且。夏无且正背着药袋子在宫中行走，看到这种情形急忙把药袋子解下来向荆轲砸了过去。荆轲一愣，也不知道是什么东西飞了过来，本能地慢了下来，这样嬴政就得到了喘息的机会。这时候，嬴政的大臣们也开始反应过来，齐声高喊着，大王从背后拔剑。嬴政这才反应过来，将剑推到背后，剑锋向上，从下部朝上向前抽剑。剑终于被嬴政拔了出来，荆轲这下就占了下风，短剑对长剑，短剑怎会不吃亏？荆轲被嬴政砍伤了左腿，瘫在地上起不来。嬴政一看来了劲头，就要奔走过去。荆轲决定破釜沉舟，于是将匕首投向了嬴政。嬴政反应那叫一个麻利，嗖地躲开了。嬴政见荆轲已经瘫在地上又没有兵器在手，便走上前来杀荆轲。嬴政是真的愤怒了，连着刺了荆轲八剑，剑剑刺中要害。此时的荆轲已经奄奄一息，但他士可杀、不可辱，他将双腿叉开用古代最侮辱人的方式来蔑视嬴政，他破口大骂嬴政。嬴政手下的人也来了劲头，一拥而上将身负重伤的荆轲杀死了。

荆轲死了，留下了被千秋万代所传颂的离歌"风萧萧兮易水寒，壮士去兮不复返……"。荆轲死得简单，但他的死所带来的后果却并不那么简单，他直接导致嬴政派大军攻打燕国，加速了燕国的灭亡。荆轲刺秦所引起的争论也从未停止过。人们或以为这是侠义之举，或以为这是一种愚蠢的自投落网的行为，也有人认为这算不上什么侠义或愚蠢行为，就是一种被雇佣而杀人的职业行为；有甚者认为这是一种历史的反动，他的刺杀是对秦始皇统一六国的阻挠。之所以讨论人们对荆轲刺秦的评价，是因为荆轲刺秦的动机是我们该不该把荆轲刺秦归到嬴政暴行这一章里的关节点之一。

荆轲刺秦的动机以及嬴政怒斩荆轲八刀足以说明，荆轲刺秦可以归属在枭雄列暴这一章里。我们从人性的角度来讨论荆轲刺秦的行为动机，更能符合人作为一个个体存在在生命中的意义；也就更能说明，荆轲刺秦不像人们所说的侠之大义，也不像人们认为的仅仅是受雇于人。荆轲刺秦是在公元前227年，也就是在秦国平定燕国之际。此时，各诸侯国相继被吞并。诸侯国的民众饱受战乱之苦，没有一刻感到安全。生活在水深火热之中的人们自然把战争的责任推到嬴政头上，他们以为这一切都是嬴政的所作所为，是嬴政给他们带来了深重的灾难。事实也是如此，百姓不管你的国策是什么，他们只是想要安定的生活，要是连一点儿基本的生存权利都不给他们，他们必定会起来反抗。荆轲也是受了这种动荡局面影响的人，他在燕国杀狗也只是饥一顿、饱一顿。倘使燕国为秦所灭，那么荆轲就要继续他的流浪生涯。秦国在所灭的国家里并没有实行较为仁慈的政策，人们的生活也没有得到相应的改善，反而因为秦国严酷的徭役、兵役的制度使得他们的生活更加艰难。也就是说不管你荆轲走到哪里，你都难有立身之地。人们在这个时候多数都想改变现状，但是很多人会把希望放在其他人身上。而荆轲没有，这就是田光为什么选荆轲做朋友，为什么把他推荐给太子丹的原因。荆轲有着自觉改变命运的想法与诉求，这样的愿望不是每个人都会有、都敢有的。这一点是他刺杀嬴政的内在动机，也是最根本的动机。说白了是"官逼民反"，否则就算是太子丹花再多的钱，也无法买到凶手去刺杀嬴政。谁愿意去做拿命换钱的买卖呢？荆轲不是也曾推辞过太子丹的要求么？不是也经过了再三的思虑才成行咸阳么？说他被雇刺秦，那只是一个外因，是不起决定作用的。

所以说，荆轲刺秦是嬴政暴行间接造成的结果。即使不是荆轲，也会有其他人出来反抗秦国的统治。高渐离是继荆轲之后，又一位刺杀嬴政的人。他的行为有为好友荆轲报仇的因素，同时也兼具了前面所提到的反抗秦王严酷统治的因素。

嬴政在荆轲刺秦之后，曾追拿荆轲的同党，高渐离也在此行列。高渐离改名换姓在一位富贵人家做杂役。在做杂役期间，他曾为这家的乐师做指导。主人家知道这件事之后，就叫他来演奏。高渐离击筑一曲之后立刻曲惊四座，名声大噪。此后，高渐离的名气越来越大，传到了嬴政的耳朵里。嬴政也是个寻欢作乐的能手，自然免不了欣赏歌舞取乐，京城里的明星他也格外关注。这样，高渐离得到了接近嬴政的机会。

高渐离在进入秦宫不久，便被人识穿了身份。秦始皇因为十分喜爱高渐离的音乐，所以保住了高渐离的命，熏瞎他的双眼，让他继续为自己演奏。始皇帝对自己所钟情的东西向来是舍不得轻易放弃的，就算是可能谋杀自己的人，只要他认为采取一些措施能防止这样事件的发生，就不会赶尽杀绝。对待吕不韦是这样，对待高渐离也同样是这样。高渐离跟随嬴政的时间越久，嬴政的警惕心理越低，就这样高渐离渐渐地让嬴政安了心。可是，嬴政只是稍稍安了心，并没有放下自己的戒心。就在嬴政日益放松对高渐离的警惕的时候，高渐离动起手来，他将藏着铅的筑砸向嬴政。嬴政听得聚精会神，忽然觉察到什么东西向自己飞来，急忙躲开了。高渐离的刺杀再次失败了。嬴政这下可吓坏了，再也不敢接近原秦国以外的六国之人了。

高渐离的刺杀只是荆轲刺秦的续曲，但它同样也是嬴政暴行所导致的结果。如果嬴政可以放过荆轲，高渐离是不是会放过嬴政呢？也许会的。但是嬴政毕竟是嬴政，他不会放过荆轲，也不会放弃他的政治理念。他的暴政还将继续下去——

焚 书 坑 儒

焚书坑儒

　　提起始皇帝焚书坑儒的事，可以说是人神共愤。历代人在对始皇帝进行评论时，都将这一事件作为嬴政暴行的典型。对于坑儒有这样的传说：嬴政要将古文字统一为小篆或秦隶，害怕天下读书人反对，便想到一个好方法将读书人骗到京城，先封个官做做，而后派人到骊山温泉旁种瓜，冬天的时候，瓜的长势很好，这在科学不发达的秦代是一件不可思议的新鲜事儿。嬴政假意邀请众儒生到骊山赏瓜，就在骊山将七百多博士全部活埋了。

　　这是东汉卫宏所记录的坑儒事件，它和《史记》中的记载差别很大。《史记》中坑儒实际上坑的是术士，术士多是读书人，所以称为坑儒。而按照卫宏的说法，嬴政是诱杀了天下的读书人。实际上卫宏的说法是值得怀疑的，以嬴政的个性，他不需要用欺骗的手段来偷偷地杀掉读书人。嬴政本身就是一个铁腕专制的人，他要想铲除谁从不顾及天下人怎么评论。即使怕他也有办法处理，但绝不会偷偷摸摸地。灭六国所发动的战争足可以让六国人恨到骨髓。处理吕不韦让人们看到了嬴政的暴戾，国人心中也颇有微词。但嬴政并没有因为惧怕民众的辱骂就停止他决心要做的事。嬴政一向是不管别人怎么说，就做自己认定了的事。不要以为他是因为没有借口堵上天下苍生的嘴才出此下策，欲加之罪，何患无辞？嬴政只要安排一个像郑国一样的人物就可以除掉一大批文化人，他犯不上动那么多心思做欲盖弥彰的事，嬴政的智商并不像卫宏想象得那么低。

卫宏之所以这样说主要是因为，董仲舒"罢黜百家，独尊儒术"之后，儒家思想贯穿了整个封建社会，儒生对于嬴政拿天下读书人开刀十分地愤恨和不满，惧怕天下帝王如同嬴政一样残杀读书人，于是对坑儒事件做了些渲染或道听途说而已。这样做不但顺应形势，而且也可以给天下君王一个警示：迫害读书人的行为是天理不容的，必然遭到亡国的危险。这个说法在唐朝极为流行也是因为唐朝是封建社会的顶峰，儒家思想根深蒂固。读书人宁愿相信始皇帝对他们进行了严酷的迫害，对中华文化进行了毁灭性的破坏，但真实的历史又是怎样的呢？我们就来看看史家绝唱《史记》中为我们还原的那段历史。先来看看焚书事件——

公元前213年，秦宫之中热闹非凡，始皇帝正在大摆筵席，款待群臣。喝到兴头上，秦宫中的七十名博士起身给嬴政敬酒，嬴政倍感荣耀。人在场面上总归要说些场面话，与领导一起喝酒自然总有些马屁精要讲一些歌功颂德的话。这是多么稀疏平常的一件事

啊！这么平常的一件事又怎么会引来一场火光冲天的毁文化事件呢？还是从这个马屁精开始讲起吧。

马屁精姓周，名叫青臣。实际上周青臣这个马屁拍得是到位的，既没有多少夸大的成分又充分赞扬了始皇帝的功绩。始皇帝怎会不高兴呢？周青臣的马屁是这样拍的，他说："陛下啊，过去咱们秦国的土地不过千里，地处边陲，我们仰仗着您的圣明，平定了海内，驱逐了鞑虏。现在只要是日月能够照得到的地方，没有不服从您的。过去那些诸侯国为郡县所代替了。天下的人民不再受到战乱之苦，秦国的帝业能够千秋万代地传下去了，您的功德是前无古人的。"这马屁拍得真是让人舒服，嬴政心里这个乐啊！谁知，周青臣的马屁让博士淳于越火冒三丈，再加上点儿酒精的作用，淳于越噌地站了起来，怒喝到："周青臣，你这样奉承、魅惑陛下有什么歪点子？"嬴政一看，淳于越今天搭错了哪根筋，在这个时候扫我的兴。淳于越接着说："我听说商、周两朝传袭了千年之久，是因为他们都封自己的子弟、功臣为侯爷来辅助王室。现在，陛下得到了天下，但是子弟们什么也没有得到。万一又出现齐国田常篡夺姜氏政权的事怎么办？你周青臣当面奉承陛下是要让陛下犯更大的错误么？你周青臣不是忠臣。"这话一说完，满朝文武没有敢吱声的了，大家都知道事情闹大了。这是关系到施政改革的大是大非的问题。淳于越的观点很明显就是要恢复商周以来的分封制，这和皇帝所施行的国策是针锋相对的。嬴政听了这话之后，陷入了深深的思索之中。他深思的不是该施行郡县制还是分封制，而是有多少人在反对他的郡县制。嬴政是向来认定目标就奋勇直前的人，他坚信自己所推行的郡县制能帮助他运转他的国家机器，他不想改变自己的国策。但既然有人反对就不得不考虑反对的都是些什么人，这些人的力量有多大。嬴政是聪明的，他没有立即对这一事件发表看

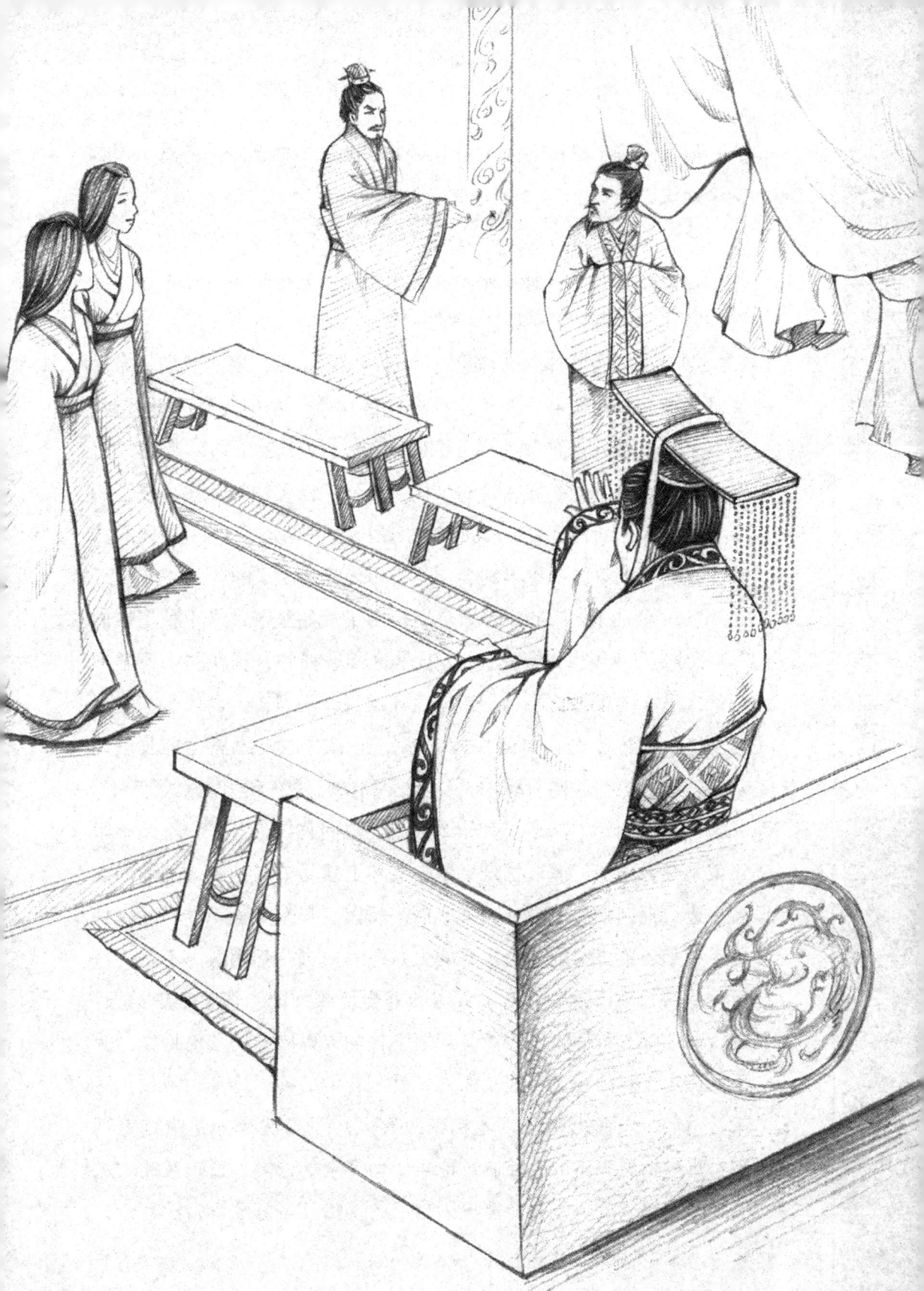

法，他给了淳于越一个面子，也给了自己一个尊严。他将这个议题交给廷议。

关于是否要实行郡县制这个议题，李斯的观点十分明确，且与淳于越针锋相对。李斯认为，时代在变迁，五帝时的治国方略不能用在现在。五帝有五帝所生活的时代，那个时代有那个时代的环境和特点。我们这个时代也有我们这个时代的特点，不应照搬五帝的治国之道。现在陛下开辟了空前统一的国家，希望建立万世基业，这本来就不是一般的读书人所能明白的。淳于越所谈的夏商周之事，是诸侯纷争、群雄并起的年代，而我们已经横扫六国，成了一个统一的大国。淳于越所说的制度是将统一的国家再次割裂的方法，我们不该效仿。想不到李斯还有历史唯物主义的观点，难得！

针对建立郡县制的观点，李斯提出了给始皇帝带来千秋骂名的"禁私学、灭异说"的建议。李斯是这样解释的，现在的人不学习现代人进步的思想，而只一味地墨守成规，学习古人的思想，这样是不能取得进步的。非但如此，他们还借助古人的学说来非议朝廷，迷惑百姓，这样对统治是十分不利的。现在陛下统一了天下，私学却非议朝廷，陛下一有什么诏令，他们就议论开来，不是不服气就是夸大事实，谏言就是个名，实际上就是沽名钓誉。这种局面若不进行控制就会使皇帝丧失尊严。所以，我们要禁私学。不仅如此，我们还要将秦国史官之外的史官所写的书全部销毁。不是史官所需要的、藏在各地的诸子百家的书全部收到郡守那里集中销毁。以古非今的人我们将他灭族，知情不报的人以同样的罪论处。命令下达三十天之内还没有服从的人，就刻花他的脸再让他做苦役。医术、占卜、农业书籍可以不销毁。有人想学习法令，就跟官吏学吧！这一招够狠毒的，控制言论自由，完全的专制。嬴政对此大加赞赏。在嬴政眼里，只要能巩固自己的统治就是好政策，没有什么阻不阻碍文化发展这一说。于是，始皇帝欣然接受了这个建议，实行焚书的政策。焚书，给中国文化带来了前所未有的灾难。先秦的思想得不到传承，显得思想又得不到创新，中国文化在这里被人为地断裂开来。这个断裂带给文化留下了伤痕，给时代的脚步戴上了枷锁，始皇帝也可以说是李斯所犯的这个错误是不可原谅的。本来实行郡县制是中国社会的一大进步，但没想到由一场郡县制的辩论引发出来的焚书事件，却成为后世帝王效仿的愚民手段之一，这不能不说是一种历史的遗憾。

我们再来看看坑儒的真相。有人一直怀疑司马迁《史记》的真实性。但是就人而言，司马迁既然能在压力与胁迫下坚持自己的职业道德和行为操守，那么他所记录的历史必定也是负责任的。至于他得到的信息是不是真实、可靠，那不是司马迁说得算的事。但就司马迁严谨的做事风格来说，他必定也是经过一番筛选与取证的，他能将历史还原成什么样子就看他的鉴别力和胆量了。司马迁生活在汉代，改朝换代，去秦已远，他不需要为保住自己的小命就搞个曲线救史。司马迁对坑儒事件的写法还是比较客观的。他在《史记》上未用过坑儒这个词，而是坑术士。

公元前215年，秦始皇到北方边地巡游。就在这次巡游中他遇见了燕人卢生，于是派卢生四处寻找仙人。卢生出海寻找仙药却一无所得，非但如此，他还给嬴政带回了"亡秦者必胡也"的传闻。因为嬴政求仙心切，又派了韩终、侯生、石生等一批方士去探求长生不老药。公元前212年，求仙不得的卢生向秦始皇建议说，您不如隐藏了自己的行踪，免得打扰到"真人"。从此，嬴政就称自己为"真人"，而不是"朕"。之后，嬴政开始焚书；之后，嬴政斩杀了怀疑向李斯告密的随从。这下可吓坏了侯生和卢生一干人等，他们在一起谈论起嬴政的种种不仁之处。

　　侯生对众人说，你们看我们的陛下做出了这么多残忍的事，我们如果找不到长生不老的药必定也会受到严厉的惩处。卢生说，是啊！始皇帝是个刚愎自用的人，听不进别人的劝告。我们找不到仙药，就算有人为我们求情他也不会放过我们的。就这样，大家你一言我一语地开始讨论起嬴政来。众人都觉得，嬴政是个凶狠的角色，睚眦必报；嬴政也太过专权，朝中的博士只是他掩人耳目的摆设，朝中的大臣也只是奉命行事；天下的事都由他一人决定，他是太霸道了；自己又自以为是，怕别人掌管了朝政，不放权给下面的人，所有奏折都要自己亲自批阅；待在这么一个专制、冷酷的人身边就像待在老虎的身边一样，要尽快逃离他左右才好。谁知，隔墙有耳。他们的议论被嬴政知道了，嬴政气愤异常。一群小人竟在"朕"，不对，"真人"背后议论起我来，真是胆大妄为啊！侯生、卢生怕自己寻找仙药的谎言被拆穿，便急急地收拾了金银细软逃亡去了。嬴政愤怒到了极点，自己花重金派徐福出海探访仙药，徐福却有去无回，杳无音讯；而卢生、侯生非但没有找到仙药，竟然还诽谤自己和朝廷，这不但是不忠更是妖言惑众，蛊惑人心。于是，一场血雨腥风的报复活动在全国展开了，被逮捕的诸生互相揭发，结果有四百六十人被牵连其中。嬴政将这些人全部活埋，并诏告天下。这一招叫杀鸡儆猴。没想到的是，这一招杀鸡儆猴竟然引来了天下人最为严厉的批判，就是在几千年以后的今天，我们仍不能原谅始皇帝的暴行。不管是坑儒还是坑术士，总之是大开杀戒的。他以为残酷的惩罚能堵住悠悠众口，没想到却在这件事上遗臭万年。孰轻孰重呢？历史最终告诉我们，不仁道的必将被唾弃。嬴政轰轰烈烈的"焚书坑儒"运动随着历史的车轮滚落在那个久远的年代，而它的影响却没有就此烟消云散，不管后世之人怎么痛骂这种不道德的文化专制，但是还是有统治者不厌其烦地运用这种手段企图控制人们的思想。

　　焚书坑儒是嬴政最为残酷的暴行，它之所以引发这么大的斥责之声，是因为焚书坑儒杀害的是一群手无缚鸡之力、又与他无冤无仇的读书人。这些读书人实际上对他的统治并没有造成威胁，只是因为嬴政自己惧怕儒生的反抗，便做出了极端行为。况且嬴政的坑杀术士的理由也很不合情理——你派人去寻找连你自己都怀疑的仙药，别人找不到逃了，你就赶尽杀绝，这也太说不过去了。帝王就是帝王，哪有道理可讲！

陈涉世家

陈胜、吴广起义似乎不在秦始皇时期，的确，陈胜、吴广起义是在秦二世元年，仿佛已经算不上是嬴政的暴政了。事实上，陈胜、吴广起义的诱因就是嬴政的暴政所造成的。秦二世继承帝位之后，并没有将原来的秦法做改动，人们面对的还是始皇帝留下来的刑法体系。当人们触犯这些刑法时，他们因为惧怕这些刑罚的制裁，便很有可能起来反抗。

陈胜，字涉，阳城人。吴广，字叔，阳夏人。陈涉是个很有抱负的年轻人，总是在寻求机会改变自己被役使的命运。有一次，他同别人一起被雇佣到田间耕地，停下来休息时，他不无感慨地说："如果哪一天，我们中的谁做了高官，得了富贵，可不要互相忘记了啊！"同伴们听了都哈哈大笑："你一个被人家雇佣种地的还谈什么富贵啊，混个饿不死就不错了。"陈涉望了望这些嘲笑他的伙伴叹了口气："麻雀怎么能知道天鹅那宏远的志向呢?!"能有这样雄心壮志的人，将来也必定会有所作为。人，可怕的不是身处困境，而是没有改变困境的想法。

有抱负又肯付诸行动的人终究不会被埋没，陈涉正向他的富贵之路迈进。

秦二世元年七月，朝廷要调用贫苦的百姓到渔阳去戍边，渔阳在现在的北京密云一带。被调用的人驻扎在大泽乡，就是现在的安徽境内。在没有飞机、火车、汽车，只靠双脚走路的年代，这样的距离可以说是相当遥远的。陈胜、吴广当时就在这一行列之中，因为陈胜、吴广平时比较积极，被任命为小组长负责带领队伍行进。

说来也凑巧，这一天正赶着路，天下起了瓢泼大雨，道路也被堵死了，队伍无法再走下去。这样一连耽搁了好几天，陈胜、吴广算了一下时间，估计是要误期了。误期在现在来说并不算什么大事，给老板打声招呼就可以了，如果真有什么大事因为误期而延误了，也就写写检查或者干脆辞掉，总不会有性命危险。但那时候可就不同了，依照嬴政时期所沿袭下来的法律，误期是要斩头的。陈胜、吴广就坐下来商量：现在我们走到渔阳是死路一条，逃跑也是死路一条，起义最多也是一个死。反正都是死，就死得壮烈些。为国家的事死，也会有人记住我们的。陈胜说："全国的人在大秦王朝的长期的欺压之下，已经快崩溃了。当今的皇帝是秦王的小儿子，本来是不应该继承皇位的，但因为长子扶苏多次劝阻秦王施行暴政的缘故，被贬到了边地修建长城，所以让小皇子胡亥继承了王位。现在这个秦二世没有什么理由就将扶苏秘密地杀害了，可见二世同他父亲一样残暴，连他自己的哥哥都不放过。扶苏被杀这件事至今还有很多人不知道。项燕做过楚国的将军，很爱士兵，又多次立功，深受楚国人爱戴。有的人不愿意相信他死了，认为他要么逃

跑了，要么被救了下来。我们不如冒充扶苏、项燕的队伍号召天下人起来反抗秦王朝的统治。"吴广听完陈胜的见解，颇为赞赏。二人一拍即合，跑去占卜。能够将占卜做好的人，基本上可以称为心理学家。听了陈胜、吴广的情况，再见他俩的言谈举止，也就明白了他们的意图。于是便对他们说："你们的事会成功的，你们将建立功业。我们还是问一问鬼神吧！"陈胜、吴广自然明白占卜人的用意，高高兴兴地想办法如何卜问鬼神。古代百姓大多是迷信的，遇到他们没有见过又无法解释的现象自然会联想到鬼神的作用。陈胜、吴广领会了占卜人意思，知道这是叫他们威服众人。于是，陈胜、吴广就想出了一个办法：用丹砂在丝绸上写上"陈胜王"，放在别人用网捕获的鱼的肚子里面，安排戍卒买到那条鱼回来煮着吃，当人们发现鱼肚子里面的帛书时，就会对这件事情将信将疑。陈胜、吴广做完这些，的确引起了众人的注意和惊讶。接下来的举动就是要让人们深信不疑了。陈胜又暗中派吴广到神庙里去，用竹笼照着火装神弄鬼，发出狐媚般的喊声："大楚复兴，陈胜为王！"因为戍卒就住在这个神庙附近，所以大家都听到了这样的声音。第二天晨起，人们都在背后指着陈胜谈论昨天所发生的事。好嘛，黄袍加身原来都是自己想出来的点子，哪有什么他人推举，上天安排？看来赵匡胤是得了陈胜的真传啊！

　　陈胜当上了他渴望已久的首领，吴广也当上了他渴望已久的将军。两个人威威风风地向着自己的富贵生活奋斗着。千古兴亡，受苦的永远是小卒。吴广还算是不错的，他很爱护他的难兄难弟们，士兵们都爱听从他的吩咐，为他效力。押送戍卒的两个军官喝醉了酒，吴广趁着这个机会激怒军官，好让军官责怪自己，这样可以激怒那些戍卒。吴广故意说要逃跑，以此来引来军官的责罚，果真军官拿着竹板子来打吴广，吴广还故意火上浇油，惹得军官拔出剑来要杀他。吴广跳起来去夺军官的宝剑，陈胜也过来帮忙，两个人一同杀死了军官。这样下来，戍卒们基于对军官的不满和对吴广的同情，便没人责问这件杀人之事了。好嘛，苦肉计加激将法收效显著。陈胜、吴广轻轻松松地除掉了两个军官。

接下来，陈胜、吴广将大家召集到一起开始了他们的动员工作："我们赶上了大雨，算起来要延期到达目的地了，可是误期会被杀头的。就算不杀我们，真的戍了边，活命的机会也很小。你们谁没有见过或听说过你们身边的人因为戍边而死的？好汉要死也要死得英烈。那些王侯、将相难道就是天生的贵种吗？"最后这句话，这是一句极具思想性和煽动性的话。说它具有思想性，是因为在那个年代竟然有人否定人生来是不平等的思想，这种思想是来之不易的。皇帝、贵族有能力就能当的想法在秦朝之前平民是不敢想的，即使像嫪毒和吕不韦那样的人物也只是在登上了高位之后，才动了些歪脑筋，平民能说出这样话的少之又少。说它具有煽动性也确实如此，听了这样的话，戍卒们情绪激昂各个高喊着："听从您的命令。"

下面的事就按照两个人事先商定的进行，冒充公子扶苏、项燕的队伍，顺应民心地揭竿而起。陈胜、吴广还开了一个誓师大会，让士兵都袒露右臂做标志，称为大楚军；陈胜自立为王，吴广为都尉。起义军正式对秦王朝开战。刚开始时，起义军占领了大泽乡，接着又向蕲县进发，在攻下蕲县之后，又继续攻打了铚、酂、苦、柘、谯等地。起义军一路攻打，一路广纳士兵，势如破竹般攻打下了陈县。在陈县，陈胜召集了各路豪杰召开"集体议会"。人们痛恨秦王朝的残酷统治，既然有带着军队的人领着他们造反，那还有什么迟疑的呢？于是大家都说："将军您冒着血雨腥风，穿着沉重的盔甲，执着锋利的兵器，讨伐没有人道的秦王朝，重新建立楚

国，这样的功劳足可以称王了。"于是，在陈胜的授意下，在众人的迎合下，陈胜在陈县建立了张楚政权，自立为王。受秦王朝长期压迫的人们杀死了各郡县的官吏来响应陈涉。

一时间，陈胜的军队连同各地的义军一起横扫大江南北，农民革命达到了高潮。陈胜起义能迅速地得到各地义军的响应，足以说明秦王朝的残暴统治已经让天下的百姓难以忍受了。在秦王朝统治下的民众只要有人点一把火就可以将岌岌可危的大秦王朝燃成火海。

由于起义军缺乏斗争经验，加之内部矛盾激化，陈胜起义在半年之后便被镇压，陈胜也被杀害了。陈胜虽死，但他所燃起的起义之火却未曾熄灭，后来的项羽、刘邦接着扛起了反秦的大旗。

陈胜失败了，陈胜也成功了。随着他的死去，陈胜这个名字被载进了史册；也随着他的死去，起义如火如荼地铺展开来。什么是成败？或许他们都是失败者，他们都抵不过历史的盖棺定论。嬴政的暴行即使在他身后还发挥着它的影响力，这是谁的悲哀呢？

天下一统

第五篇

　　始皇帝在统一六国后，进行了一系列的改革措施。他改名号，立郡县，统一文字、货币、度量衡，为后世封建制国家制作了一个很好的范本。这是始皇帝最伟大的功绩，也正是这些功绩让始皇帝在中国历史上熠熠生辉。

天下共始皇

公元前 221 年，齐国田建这个亡国昏君，放弃抵抗，不战而降秦。嬴政心里这个乐啊，不费一兵一卒，只用一个谎言就将齐国收归己有。连天下这么便宜的好事都让自己给摊上，还有什么是得不到的呢？嬴政盘算着，齐国已灭全国即可统一，接下来就是怎样管理这个偌大的王朝了。往昔的点点滴滴历历在目，嬴政看到了自己的成长、壮大，内心腾升出坚韧的自豪。他要将自己的功绩标榜史册，他要让四海之内的民众全部臣服，要怎样才能做到这一点呢？为此，嬴政专门召开了一个会议。

朝堂之上，嬴政正襟危坐，严肃而庄重地对大臣说："我们马上就要收服齐国了，齐国灭掉之后，我们就是一个前所未有的统一大国，那么，我的名号是不是也该改一改了？"大臣们听了登时失语，兹事体大，自古还没有改名号的说法，更重要的是大臣们根本没有想到始皇帝开国的第一件事竟然是起个名号。大臣们在短暂的诧异过后，便热烈地讨论开来。

经过一番讨论，丞相王绾、御史大夫冯劫、廷尉李斯有了统一的结论，给嬴政起了名号叫做"泰皇"。泰皇所下的政令叫"制书""诏书"，泰皇可以自称为"朕"，可以说这个称号已经是相当尊贵的了。古有三皇——天皇、帝皇、泰皇，其中以泰皇最为尊贵，泰皇是当时最高的称谓了。然而，嬴政并不满足，我做成了史无前例的事业，开了历史的先河，"泰皇"是前人的称号，我嬴政要的是前无古人的尊号。大臣们都面面相觑，没想到嬴政，他们曾经的秦王竟然这样在乎一个称谓。嬴政看到众大臣瞠目结舌的样子心里感到又一阵满足，自始至终他都要胜过他的群臣，他能出大臣之不意，而大臣却摸不透这样的君王。嬴政这时感到自己的高明与安全。嬴政命令将"泰"字去掉，留下一个"皇"，再加上上古的"帝"号，合在一起就是"皇帝"。其他的可以按群臣商定的事项办理。

大臣们以为名号的讨论就此为止了，没想到嬴政又提出了一个想法，其实就是命令。嬴政说，过去君王或大臣死后，后人都要给他们一个谥号，这个谥号给这个人的一生画上了句号，我不需要这样的评论，我要废除谥号，朕自此称为"始皇帝"，以后是二世、三世，直至千秋万世。

事实上，嬴政确实比他的大臣要想得深远。嬴政统一六国，站在历史的角度上看是社会的进步；站在秦国人的角度来看是顺应形势；而站在六国寻常百姓的角度来看，嬴政发动的是不义战争。他们的国被灭了，他们原来所遵循的法律与习惯被彻底地颠覆了，六国人怎会对嬴政没有丝毫怨言？嬴政心里明白这一点。他不在乎别人的诅咒与谩骂，但是他怕这样诅咒与谩骂会危及到他的统治。六

国之民加起来要比秦国人多上好几倍，反对他或对他不满的，要比拥护他的人多上好几倍。要想稳定民心，安抚百姓就要想办法让他们认为这是上天的安排，既然是上天的安排老百姓就会乖乖地服从了。要想让百姓知道自己是上天派来管理他们的，就要组建一套说辞，这套说辞就从名号说起。那么，这个名号背后到底蕴含着怎样的玄机呢？

嬴政自幼在外受到歧视，自己的身世又不清不楚，即使继承了大位也难掩蜚语流言。嬴政本就想跟自己的历史做个了断。他不愿意提及自己走过的路，更不愿意深刻探究自己的前世今生。他需要的是从头开始，这个头就是统一六国后，跟自己的过去说再见，这是嬴政潜意识里的意念。再考虑到实际统治的需要，要堵住百姓的悠悠众口，在名号上下一些功夫也是值得的。嬴政自称"皇帝"独占了"朕"无非是想抬高自己的身份，神化自己，独揽大权。他将自己与其他君王、大臣以及他的国民严格地割裂开来，高高在上地俯视这些人，让这些人对他顶礼膜拜。这样的称号足以显示他的独一无二的威仪，他要人们感觉到他是神圣不可侵犯的。"皇"是天人合一的称呼，而"帝"是天号，"皇帝"就是天，这是在神化自己。

神化自己并不能让百姓完全信服，要让百姓完全信服就要有一套说辞证明自己是合理、合法的。合理合法就是合乎天理，遵循天的旨意。那么，怎样表明由自己来统治是合乎天理的呢？一般古代有几种方法可以运用：一种是，借用预言，就是古人的"谶"；一种是，借运势、规律；另一种是借用传国玉玺，这是一种最有说服力的；还有一种是，封禅大典。这几种方法经常被帝王拿来愚弄百姓，却也屡试不爽。这和古人所受教育以及科学的不昌明有很大关系。人们对没办法弄明白的事情多数时候都归为天意。只要是天

意，一切也就可以接受了。我们的始皇帝清楚地看到了这一点，于是，就要采取这些方法来迎合百姓的心理，为自己的帝位披一件美丽的外衣，当然这短暂的迎合是为了绝对的控制。

为了说明自己的统治是合乎天意的，嬴政便命人翻箱倒柜地找出了泛了黄的典籍，企图引经据典，找出秦王朝立足的预言。经过一番折腾，终于找到了五百年前的一段记载：五百年前，嬴政的爷爷的爷爷的爷爷……曾经在捕猎时，抓到了一条黑龙。这条黑龙就是秦王朝将统一天下的预言。嬴政以及他的臣子还真是想得出来啊！借用祖宗的传说，为自己找个光明正大的理由，永远的"前人栽树，后人乘凉"。如果秦文公当年知道他抓到的一条黑龙竟可以成为他孙子的孙子的孙子……称帝称霸的借口，他是不是该为有这样的子孙感到骄傲欣慰呢？他是不是为自己的行为感到自豪呢？这也只是个传说，还是难以令人信服的。稳妥起见，要有一套理论做支撑。于是，理论破茧而出。理论向来是适应需要而出现的。那么什么样的理论能支撑起他代表天的说法呢？

当然要借助根植于百姓心中的中国传统思想了。战国时，邹衍曾提出过"五德始终"之说。它指的是，水德王朝、火德王朝、木德王朝、金德王朝、土德王朝，互相承袭，交替出现。这是邹衍根据传统的五行之说演化出来的政治学说。这一学说恰好为嬴政准备了他自认为可以安抚百姓的理论基础。嬴政统一六国后，屁股下的宝座还没坐热就有人迫不及待地向他献媚：夏朝是木德王朝、商是金德王朝、周是火德王朝，而秦是属水的，就是水德王朝。秦国统一六国是天道规律。为什么秦是属水的呢？五行与四方相对，与五色相配。金对西方与白色相对，木对东方与青色相对，水对北方与黑色相对，火对南方与赤色相对，土对中央与黄色相对。嬴政的祖先既然抓到了黑龙，那么秦王朝代替周王朝就是顺应天道规律的了。嬴政听了心里甭提有多高兴了，这不是在为自己称帝做铺垫是什么？中国的马屁精也不简单，要学会方方面面的知识才能将马屁拍到位。但是，嬴政也明白，这个学说有一个弊端，那就是天道循环，就是说，我大秦王朝也会为天道所灭，也会出现王朝的更替。这可不是嬴政所希望的，他希望大秦王国与世长存，千秋万代都歌颂他的功德，于是又想出了"数以六为纪"理论来弥补"五德始终"的缺陷。

五行与阴阳、八卦本就相辅相成。五行中，火为阳，水为阴；八卦中，乾卦为阳卦，坤卦为阴卦。乾卦有"乾三连"之说，而坤卦则是"坤六断"，也就是六画。水属阴，阴为坤。那么水德王朝以六为数，就可以按照卦象乾坤永存。在秦代，"六"是个神秘而福寿的数字。嬴政刚开始便把天下分为三十六郡，这个数是六的倍数；其他也以六或六的倍数为纪。嬴政希望自己的王朝生生不息地传下去，"数以六纪"便制造了这个神乎其神的借口。这样的说法真的就可以安抚百姓么？还是嬴政一厢情愿的自欺欺人？光有理论始终是不够踏实的，要做就要做到天衣无缝，预言有了，理论有了，缺少的是信物。这个信物就是传国玉玺，有了这个就有了理论的着力点。

接下来是什么呢？接下来是昭告天下。昭告什么呢？就是要告诉大家，嬴政是顺应天命来统治天下的臣民的。这样嬴政就想到了天地祭典，也就是所谓的"封禅"。在泰山山顶祭天称为"封"，在梁父山祭地称为"禅"。封禅是西周时期出现的一种宗教祭祀仪式。嬴政把封禅与自己受命于天联系起来，大张旗鼓地要人们相信，他是天的代表。这也形成了后来改朝换代时，帝王们通用的把戏。"奉天承运"也成了中国特有的文化现象。

公元前 219 年，始皇帝东巡郡县，召集齐、鲁之地七十多个儒

— 171 —

生、博士到泰山脚下，商议封禅典礼的各种事宜，结果儒生们讨论来讨论去，莫衷一是。嬴政不耐烦了，就秉退了儒生，自行定立了礼制进行封禅大典。封禅大典做下来，始皇帝才算稍稍安了心，心安理得地用了"皇帝"的称号。

"皇帝"自此叫开，一直延续到两千年后袁世凯灭亡。"始皇帝"并没有使秦王朝千秋万代地传下去，但他所创立的称号、政治体制框架、改革了的文字却为万世所延续。成功与失败很多时候是没法用现时所得到的东西来衡量的。嬴政赢了么？没有；嬴政输了么？也没有。嬴政想不到几千年以后的我们这样客观地去审视他那一段历史，否则，他肯定不会做出这些荒唐的举动。

郡 县 归 朝

　　始皇帝给大家做好了思想工作之后，便开始大力推行他的郡县制。郡县制并不是始皇帝创造出来的，据史书记载，郡县制最早产生于战国时期的晋国。战国时期，郡主要设立边防重镇，这些郡级别略低于县。魏文侯时期的吴起就是西河郡的太守，后因武侯的猜疑而离开魏国来到楚国，在楚国边郡做了一年太守后才被任命为令尹。商鞅变法时，也曾合并了一些边陲小镇组成县。始皇帝只是将郡县制作为全国政治体制改革的重要一步——行政改革推行下去。他选择郡县制不是没有道理的，他希望建立一个中央集权的国家，更希望这个中央集权的国家只听他自己的，要想控制住全国局势就要控制住下面的百姓，要想控制住下面的百姓就要设立控制机制，这个机制就是郡县制。前面提过的淳于越和李斯关于分封制与郡县制的论战，并不是确定实行郡县制的时间。真正确定实行郡县制是在嬴政刚刚统一六国，将如何管理国家交付廷议以后。

在这次廷议上，丞相王绾提出：六国刚刚被灭掉，人心还不稳，原来燕、齐、楚的地盘离我们国家的中心很远，如果不派有能力的王去镇守就会很难管理，甚至发生暴乱，所以可以将皇子立为王，前往边镇治理地方。实际上这就是周朝以及战国时期多数国家的做法——实行分封制。当时几乎所有大臣都同意实行原来的分封制，只有廷尉李斯出来反对这个做法。李斯的说法是：周文王、周武王当年把土地分封给自己的儿子、兄弟、亲戚，在定国初年确实稳定了政治局面，但是随着诸侯王位的代代相传，亲戚关系越来越疏远，亲情也越来越淡薄，大家相互争夺、相互攻击，简直成了仇人，就连周天子也拿他们没有办法。因为各诸侯国都有自己的国力，已经将周天子架空了，周天子实际上只有王的尊号，没有王的权力，形同虚设。现在天下归一，我们不能再重蹈周天子的覆辙。我们划分郡县，可以用征收的赋税来奖赏有功的皇子和功臣，这样天下的局面就更容易控制了，也不用担心皇子的子孙对皇帝不利。嬴政本来就想大权独握，并且这个大权越少威胁越好。嬴政是个明白人，周王朝深刻的历史教训他看在眼里，寒在心里。李斯与他的意见不谋而合。难怪说，嬴政与李斯是有缘之人。嬴政与李斯在思想上存在着太多的交集，人生轨迹几乎是同步的，唯一不同的就是身份、地位。人与人能在一起是需要缘分的，不管是君臣、上下属、父母、情人、朋友、同学……能长久地相处下去的，一定是因为他们之间存在着某种共同的东西。一旦这个共同的东西消失了，他们的关系就将终结。李斯在嬴政心里或是嬴政在李斯心里是不是已经不只是君臣之谊了呢？嬴政坚决支持李斯的建议，全国推行郡县制。

公元前221年，始皇帝将全国划分为三十六个郡，郡的最高长

官为守；接下来是县，县的最高长官为"令"，都由皇帝直接任免，不能世袭。因为下层行政机关的官员不能世袭，所以就可以避免地方官员因为土地、权力之争而发生战争。而且皇帝直接任免官吏，使权力全部集中到皇帝手中。这是始皇帝最愿意看到的现象，他怎能不因为这样的措施而欢欣雀跃呢？

当然，框架搭建起来以后就需要各项具体制度的填充，就像一个人要盖房子，地基打好了，木材、钢筋架好了，就要往上添砖加瓦一样，始皇帝所建立的行政体制也需要添砖加瓦，这些砖瓦就是官职。在中央政府设立了三公九卿。"三公"是丞相、御史大夫以及太尉，"九卿"是指奉常、宗正、郎中令、卫尉、太仆、廷尉、典客、少府、治粟内史。当把这些砖瓦填好以后，房子就能遮蔽风雨了。嬴政为自己有这样的创意与魄力感到自豪。他是应该自豪的，郡县制是一笔不小的政治遗产，后世统治者的行政管理体制都是在这个框架的基础上构建起来的。"始皇帝"确实开创了一个史无前例却影响千古的政治功绩，这一点是任何一个人都无法否认的，这也是需要大智慧、大勇气才能做出的抉择。长久以来实行的分封制在人们心中根深蒂固，那些王公贵族、功臣名将习惯了接受封赏土地，习惯了祖祖辈辈享受爵位，突然之间把他们的权力、财产、名誉都剥落了，这可是关系到切身利益的大事，怎能不强力反对呢？我们从王绾提出建议，大家全都附议的场面上就可以窥视出当时人们的心理，就可以确定嬴政要面临怎样的压力才能推动郡县制的实行；我们也可以从后来淳于越酒后谏言推断出，郡县制已经实行了，还是有一部分人想不通、不赞成的。新的改革措施提出之时必定会面临旧有势力的阻挠与干预，这是很正常的事。嬴政力排众议，需要的不仅是政治眼光，还有政治胆量。嬴政这个拒人于千里之外的人物，有着怎样不为人知的挣扎与彷徨啊！

郡县制为后世帝王提供了治国的样本，同时也将皇权推上了至高无上的位置。嬴政开创了整个封建社会的政治体制，郡县制是值得历史肯定的。

神 州 一 统

统一货币

　　始皇帝刚刚称帝时，人们买卖、交易是很有意思的。原来的赵国人拿着刀币买秦国人东西，秦国人不愿意收，因为不认识。就像现在有个法国人拿着法郎来买中国小贩的菜一样，小贩一定会怀疑法郎的真伪，即使是真的，还要考虑兑换比例，接着还要找零。这是相当麻烦的一件事，更何况战国时期外币的兑换比例是没有确定下来的。这样的局面严重制约了经济的发展，为此，始皇帝对货币也进行了一番改革。

　　战国末年所流行的货币主要有四种形式：一种是，布币，主要在韩、赵、魏三国使用；还有刀币，主要在齐、赵、燕三国使用；还有一种是，圆钱，通行于秦、赵、魏三国，赵、魏主要在靠近秦国的边地使用；另外一种就是郢爰和铜贝，主要在楚国流通。这种货币混乱的局面使得秦帝国的经济发展受到阻碍，嬴政便将统一货币提上日程。

始皇帝不仅有政治头脑，对经济的宏观调控能力也非常了得。秦帝国以前货币是私人铸造的，而嬴政下令将货币的制造权收归国有。货币发行量由国家控制了，大家自此用一样的钱，不存在货币兑换的麻烦事了。况且货币发行量由国家预算决定，减少因为货币不够用或货币多余带来的影响。始皇帝在将铸币权收归中央后，又将货币统一成两种，一种是主币，另一种是辅币。主币是黄金，以"镒"为单位，一镒等于二十两；辅币是铜钱，以半两为单位。铜钱圆形方孔，因此后人把钱或爱钱之人戏谑地称为"方孔兄"，秦人将方孔兄称为"秦半两"，原来六国的货币统统作废。

始皇帝这招货币改革收到了立竿见影的成效，从战国时期延续下来的货币混乱局面得到了有效的控制。原六国货币大小不一、轻重不一、外形不一、价值不一，这些因素使得商业买卖难于进行，秦国经济发展不畅，同时也给百姓的生活带来诸多不便。"方孔兄"的出现解决了这些难题，它便于携带，流通起来比较顺畅，大大地方便了百姓的生活，使秦国百姓的经济活动得以顺利进行。更重要的是"秦半两"为后来王莽的"五铢钱"改制奠定了基础，它成为封建社会时期主要的货币形态。始皇帝又开一道先河，嬴政这个名字确实值得载入史册。

统一度量衡

与货币一样，度量衡在战国时期也是非常混乱的。各国没有统一的衡量尺寸长短的工具，也没有统一衡量体积的器具，同样的也没有称量重量的工具。各国都按照自己国家的习惯来衡量长度、体积、质量。秦帝国之初，人们不知道该用哪一国的计量标准，每个人都愿意保持原来的习惯，按照自己的判断来进行往来。也有因为计量习惯不同而吵架斗殴的，度量衡的混乱同样地阻碍了秦帝国经济的发展。秦国税务官收起税来，也颇感吃力，大家的度量衡都不一样，收多了老百姓骂不公平，收少了国家吃亏，说不定还要受上边的惩罚，税务官也很为难。嬴政一看这也不行啊，度量衡也要改。反正都是个改，那就大改吧！

公元前 221 年，始皇帝以秦国的制度为基础，统一了全国度量衡。为了达到宣传和警示的效果，始皇帝还命人将关于度量衡的诏书刻在国家所制造的标准器具上。可见，始皇帝也会制造些广告效应，与现在的车身广告有异曲同工之妙。

秦帝国度量衡的标准为：一尺等于 23.1 厘米，一升等于 201 毫克，一斗是 2010 毫升，一斤是 256.25 克，一石（120 斤）是 30.75 公斤。

度量衡方便了秦国民众的经济生活，也方便了国家征收国税。这既达到了便捷于民的目的，也达到了提高政府工作效率的目的，可谓一举两得。而始皇帝所实行的这些措施，更深远的意义是它为后世提供了统一的计量单位，省却了后世的很多麻烦。

始皇帝也是个细心的人，当所有车辆行驶在秦帝国的马路上时，问题出现了。秦国的国道该如何修建呢？修宽了浪费人力、物力，修窄了交通就会拥挤。干脆在车辙上下功夫吧！于是设计了标准的轨距，好让车辆更适应全国的道路。这项措施受益的主要是富贵人家，寻常百姓是没有车子可做的。但不管嬴政的主观愿望如何，客观上他的政令、举措确实对当时以及后世起到了积极作用。当我们抛开嬴政的暴行客观地面对他所施行的政策时，我们会发现，嬴政作为一个改革家是十分出色的，他书写了中国历史的壮丽诗篇。

文字大统一

实际上始皇帝对文字的改革，是基于政治目的进行的。战国时期，诸侯国长期分裂，每个诸侯国在沿用周朝旧有文字的同时，都对周文进行了一些演化和拓展。有些东西是周朝没有的，但战国时出现了，新出来的东西就要被重新命名，文字也同当时的社会一样在变化。随着诸侯割据时间越来越长，各国在文字上的差异也越来越大。六国统一后，原有六国文字的差异化严重影响了政令的下达和百姓的文化交流。比如在咸阳下达的文书，到了桂林就没人能看懂了。看不懂又不能凭空臆断，便要找能认识这些字的人来看，于是政令就要延误，这是相对做官的来说，对于寻常百姓也是如此，城头贴上告示，因为没人或极少数人看得懂，告示也就成了一张废纸。对于读书人也是如此，战国是百家争鸣的时代，各种文献对读书人有着很大的吸引力，因为战国末年文字的差异化比较严重，使得读书人学习起来比较吃力，要经过请教、推测、辨别才能知道字面的意思，这样就造成了文化交流的障碍。

政令的不畅通和文化交流的不便，使得嬴政意识到文字统一的重要性。于是，嬴政下令"书同文"，也就是说，文书、典籍的书写要用统一的文字。这样下来，行政文书就有了一致的规范文字，官员们一次性学习，终身便利。百姓们也可以正确理解上面的意思，读书人再看典籍时，也就不必那么烦烦。那么，始皇帝又是怎样统一文字的呢？

提起统一文字就不能不提起丞相李斯、中车府令赵高以及太史令胡毋敬，这三个人对统一文字做出了卓越的贡献。"书同文"这个建议最先由李斯提出，嬴政没有任何异议地同意这种做法。李斯不但主张用秦国的文字作为标准国文，还主张废除六国文字。李斯之所以能取得嬴政的偏爱就是因为李斯的思想完全符合嬴政政治统治的要求。嬴政想要稳固江山，李斯就告诉他实行郡县制；嬴政想天下一统，李斯就告诉他要先统一文字，果然是绝佳拍档。于是，李斯就做了《仓颉篇》，原来只是教小孩子认字的书字，后来连同中车府令赵高的《爰历篇》、太史令胡毋敬的《博学篇》，共同作为小篆的样板。全国性统一的文字标准就是小篆。赵高是为皇帝管理车马的小官，但因为这个人极会巴结逢迎他人，肚子里还有几滴墨水，所以得到了始皇帝的重视，让他自由出入宫廷，就是这个人对后来秦国的灭亡起到了关键作用。胡毋敬是太史令，就是写历史的人，不仅写前朝历史，还要记录皇帝的起居、言行得失，是皇帝身边的近人。他也是文字的最为频繁的使用者之一，秦朝以及之前的文史典籍都要经常查阅，统一文字是他最为迫切的要求。这三个人对始皇帝统一文字起到了不小的作用。

也有人认为，秦始皇在统一中国文字时，使用的不仅是小篆，

还有隶书。因为至今所出土的简牍，多数都不是秦国的小篆，而是隶书体式的旧隶。

小篆笔画比较复杂，字形饱满、形态优美，就是书写起来太麻烦。隶书是比较简洁的字体，横平竖折，工整、严肃、精巧。那么，到底哪一种文字是当年始皇帝钦点的标准样本呢？

一般认为，小篆是千年之前嬴政下令的使用的统一样式。小篆成为统一文字是有文献可考的。《汉书·艺文志》记载，秦始皇令丞相李斯作《仓颉篇》七章，令中车府令赵高作《爰历篇》六章，又令太史令胡毋敬作《博学篇》七章。李斯、赵高、胡毋敬均用小篆来进行这三部字书的写作。还有一种现象是，秦始皇统一中国后，曾五次遍访全国，在各地树立了大量的碑文，流传到今天的临本或摹本有泰山、峄山、芝罘、琅琊台、会稽等地的刻石，在泰山刻石中还有留存至今的实物，这些刻石文字均为小篆。刻石是始皇帝在走访全国时，格外注意的一件事，他想要他的丰功伟绩广为人知，他要让自己名垂千古，不被历史风干。石头是那个年月能够保存历史最长的载体，于是他用小篆写下他的丰碑。刻石摹本随同小篆流传到了今天。如果小篆不是嬴政当年钦点的文字，那么他又怎会用小篆刻石，岂不是自己打自己的脸？始皇帝这么聪明的人，怎会干这样的蠢事呢？那么，秦简中怎会有隶书呢？

有人猜想隶书作为一种民间流传的字体而存在，实际上这是不可能，既然始皇帝下令要统一文字，那么，他在一定时期内就不允许其他文字出现。

另外一种可能是，嬴政将小篆定为国文的政策没有执行下去，半路夭折了。这是有可能的，中国文字的演变大致经历了：甲骨文、大篆、小篆、隶书等。甲骨文在殷商时期使用；大篆在周时使用；而隶书则在汉朝时风行。这几种字体中，大篆是使用较为混乱的书体，各诸侯国藉由大篆变化而来的字体，有的很简化，有的更为复杂。秦国的小篆在当时算不上是简单的文字，但是为了摆出王者的姿态，文字，这种面子上的东西是不能迁就于其他六国的，否则就是掉价，嬴政或者说是秦国上下都不愿意低着头、服这个输。那就用我们秦国自己的小篆好了，反正是文字，为的是看得懂。但是，始皇帝和李斯都忘了一点，这就是文字的实用性。没有实用性的东西就算再华美，也只是用来看的，不是可以拿来用的。看的可以没有，这是更高层次的享受；但用的不能没有，没有了就是制约。缺乏实用价值的小篆，在日常的应用中，越来越显现出它的力不从心。六国本有比较简单的文字，那些用惯了简易文字的人，自然对小篆产生反感。就像用惯了简体字的我们，再返回民国时期用繁体字写字，定是难以适应的。所以，小篆在实行过程中渐渐被简化，形成了后来的隶书。

秦简中的隶书很有可能是人们在书写小篆过程中互相借鉴而形成的简化文字。而这些简化文字也没有引起嬴政的不满，嬴政心里应该很清楚：秦国的文字不是最简单、易懂的。他用小篆作为国文只是向天下要一个面子，展现大秦帝国的威仪，从而显示自己的功绩。况且隶书的书写并没有完全破坏小篆的字形，且确实比原来的文字方便。嬴政不会在这方面苛求，只要不危及自己的皇权和统治，很多东西嬴政还是可以放松的。

那么隶书是由谁发明的呢？史书上记载，是始皇帝时期的程邈。程邈又是什么人呢？

相传，程邈曾做过秦朝的县狱吏，负责文书一类的差事，相当于如今的秘书。他个性耿直，因此得罪了始皇帝，被始皇帝关进了云阳大狱。程邈终日无所事事，感叹光阴的流逝，他希望能做出一些事情来为自己赎罪，即使不能减刑也可以打发时间。但是在狱中

做什么好呢？一定是个不用外出的事才可以。当时，始皇帝正兴致勃勃地推行着他的"书同文"的小篆。政务多、文书多，狱吏有时忙不过来，就叫程邈帮一些忙，因为程邈做过狱吏对于狱吏文书较为熟悉，做起来也得心应手。程邈在书写文书过程中，注意到了小篆难于书写的这一特点，于是想到了要简化文字这一点，接着就动起手来。如果文字可以简化，不仅能减轻始皇帝批阅奏疏、下达诏令的负担，还可以让天下人提高工作效率，最重要的是可能减免自己的罪过。

程邈托人搜集起民间的各种书体，静下心来仔细研究，一个个改进，经过研究和整理，终于演化出了三千个既便于识别、又便于书写的隶书。他将这一成果呈献给始皇帝，嬴政本来就是一个工作狂，天天要完成大量的工作，他每次批示的文书要用石来计算，一般不批完120斤的文书，他便不休息。那时候没有纸，只有竹简，竹简落在一起，有一人多高。嬴政经常是通宵达旦地看文书，下诏令。繁重的工作让嬴政有些透不过气来，他也希望有一种可以看起来容易、写起来便利的文字出现。当程邈把他的成果交给嬴政时，嬴政拍案叫绝，不仅赦免了程邈的罪，还封他做了个大官，这个官叫御史，这在秦朝可是顶大的官了。因为在简化篆文时，程邈的职位只是个"隶"，所以人们称之"隶书"。

不管这一传说是不是真实的，由一个人创造文字的说法都是不科学的。文字与历史一样都不是一个人的创造，它是所有人智慧与实践的结晶，没人也不可能有人能独占这份荣耀。隶书也是在经过众多文字使用者总结、简化的基础上演化而成的。否则，它不会为太多的人所接受，也就无法发挥它应有的功效。现在留存于世的青川木牍是秦武王时期相国甘茂平定蜀国之后，发布土地政策时用秦隶写成的。青川木牍的时间比嬴政统一早八十年，也就是说，隶书在嬴政实行文字统一前就有了。只是这时的"隶书"是较为粗糙的旧体隶书，还没被广泛应用。所以，把隶书说成是某一个人的创造是不科学的，隶书应该在日常的书写中已经被演化，在演化过程中逐渐为人们所接受和广泛使用，这样，谁一旦做了整理和深化的工作，谁就能够获得改造或创造文字的美名了。事实上历史上很多的创造、发明也都如此，在发明还没有成功或成形前，人们总没办法关注和使用；而当某个人真的在前人的基础上提炼出了世人眼中的结果时，这个人就成了大发明家。于是所有掌声和鲜花都毫不吝啬地投给这个人。说白了，人们重视的是结果，过程怎样没多少人会过问。那么，真正将隶书规范的程邈或者是哪一位无名氏就没有功绩了么？当然不是，没有这个人的总结、演化和提炼就没有这些规范文字的广泛应用和流行。他们是发明、创造的彰显者和推动者，但是，把这样的功绩归于一个人就有失公允了。

始皇帝之所以把小篆定为标准字体，是因为嬴政是个典型的唯美主义者，他对漂亮的事物情有独钟。小篆那华丽的身形、浑厚的气韵、雍容的态势深深地吸引着嬴政。嬴政用它做国文可以显示出他帝王的气派。

可以说，秦始皇统一文字，对于扩大文化交流有着不可磨灭的功绩。他主观上所希望的政令通畅，却在客观上促进了思想的统一和文化交流。不管嬴政是用哪种字体做国文，这种统一的文字，都将发挥它不可替代的作用。虽然，秦朝存续的时间并不长，小篆也好，隶书也罢，都没有对秦朝的发展产生深远影响，但是始皇帝统一文字的构想和做法却为历代皇朝所借鉴。这是嬴政又一个功在当世、利却在千秋的为政之道。

始皇帝统一六国之后所实行的一系列措施，都在一定程度上加强了中央集权的统治，促进了经济、文化的发展。这是秦帝国初

期，嬴政做出的有利于人们生活和社会发展的大事情，也是始皇帝除了统一六国之外，最辉煌的时刻。嬴政在这片刻的辉煌过后又会将大秦帝国带向哪里呢？

恋世贪荣

第六篇

　　始皇帝是个贪世恋荣的人，为了彰显自己的功绩和永享荣华，他修建了长城，让孟姜女悲歌；他建骊山陵、筑阿房宫，让百姓泣血；他痴迷求仙路，终在路上断送了性命……始皇帝至死都不明白：能记住他的不是人民，是历史；能给他荣耀的不是建筑，是功德。

长城万里长

长城长

据说，万里长城是从太空中能够看到的地球上唯一的人工建筑。当然这是中国人极愿意接受的说法，但是乘着"神六"归来的杨利伟斩钉截铁地告诉我们：他没有看到长城。虽然中国人是失望了些，但这并不能泯灭长城在国人心中的地位。长城已然成为中华民族的象征。

当年嬴政修建长城，不过是想抵抗胡人，顺便让自己的伟业在中华大地留下足迹，没想到这条长城的修建却让他的人生就此

翻页。

前面曾经提及卢生是始皇帝派去寻找仙药的方士，他走了很多年，嬴政盼星星、盼月亮地等他回来复旨。终于他回来了，嬴政在大殿上坐立不安，他是多么渴望得到长生不老的仙药啊！谁知，卢生非但没有带回仙药，还带回了一个令始皇帝极为震惊和不安的消息。这个消息是一个预言。这个预言对于嬴政来说极具冲击力，足以打乱嬴政求仙的计划。这个预言就是"亡秦者必胡"。嬴政一听这话就坐不住了。"胡"到底指的是谁呢？刚好北方的胡人在这个时候作乱。嬴政联想到了"胡人"，这是多么可怕的事啊！我费了九牛二虎之力得到的江山，怎可以让胡人夺走？嬴政立刻招来了大将蒙恬，命令他率领三十万大军直击胡人，接着为防止胡人进犯又命令蒙恬修建长城。如果嬴政能联想到"胡"是指"胡亥"，那么情形会是怎样呢？嬴政会对胡亥动手么？从后来嬴政惩治扶苏的事情来看，嬴政可能会毁了胡亥，而不是要他的命。实际上嬴政虎毒并没食子。

嬴政在统一六国后，极其渴望自己的帝业能够永世长存，自己可以长命百岁，享受这世间少有的繁华与尊贵。说穿了，嬴政也是个贪权恋世的人。这个时候，他笃信鬼神，害怕自己的帝业会被他人夺走。胡人在边疆的连续作乱已经令嬴政不胜其烦，再听卢生这样一说就更加坚定了击退胡人的决心。

胡人原是北方的游牧民族，后来在蒙古高原成立了自己的政权。嬴政统一六国后，胡人也开始了势力的扩张。在大秦的边疆，胡人烧杀抢掠，给边地人们带来了深重的灾难。嬴政知道这件事后，也颇为愤怒，只是他认为时机还未成熟，没有采取具体的行动来抵抗。有了"亡秦者必胡"的谶言，嬴政就管不了那么多了，反正早晚都要打，打晚了就来不及了，那就出兵好了。蒙恬击退了胡人后，嬴政还是不放心，下令将原来的秦长城、燕长城、赵长城连接起来防止边患。

蒙恬用了四年的时间修建了一条一万多里的长城。这条长城横跨现在的甘肃、宁夏、陕西、内蒙、河北、辽宁六省，是迄今为止，世界上最伟大的边防工程之一。修完长城之后，蒙恬依然率领他的三十万大军驻守边地，保卫着大秦的江山。万里长城，有力地防御了当时北方胡人的进攻。但长城在抵御胡人的同时，也在一定程度上阻碍了民族的融合。相传，一部分蒙古族人的祖先就是胡人，长城阻断了这部分蒙古人与中原民族的交流，对民族的交往产生了不利影响。这些影响在后世才渐渐显出它的弊端，而当时的大秦王朝还为它的防御功能和雄伟壮阔而沾沾自喜。没想到，就是这样一条举世无双的长城，给大秦帝国的统治者们惹来了沸腾的民怨，为秦王朝的灭亡打下了伏笔。长城的修建要动用大量的人力、物力，这些人力、物力从哪里来呢？人力，当然要征用，但凡男丁，有了劳动能力都要被始皇帝的下属拉去修长城，坐牢的囚犯就更不用说了，首当其冲；物力，就要靠征收百姓的赋税来提供。在蒙恬修筑长城期间，曾经有这样的民歌流行：生了男丁不要养，生了女孩捧在掌。始皇帝也真是了不起，能颠覆长久以来"重男轻女"的思想。也有这样的传说，有一个身上长满了毛的人，走到长城边，问长城脚下的人，长城修完了么？回答说，没有。结果长满毛的人就逃走了。这些传说是否真实我们先不去过问，但这至少说明一点，修建长城是不得民心的。的确，长城的修建给秦朝的百姓带来了沉重的负担，男人筑城、女人交赋，没有清闲的生活。正是修建长城的劳民伤财才进一步激化了秦百姓的反抗情绪。秦始皇绝想不到，他能阻止胡人的干扰，却无法化解萧墙之祸。统治者往往以为抵御外辱比安抚百姓更重要，其实这是个很大的误区。只有百姓安定才会有力量和精神去抵抗外来侵略，统治者最应该做的就是聚拢人心。恰恰嬴政没有做好这一点，他是太过惧怕胡人夺去他的江山，还是太放心自己能驾驭中原百姓，我们不得而知，但是我们知道，长城的修建并没有保住始皇帝的万世江山。关于长城可歌可泣的故事在时光隧道里泛滥。

千古绝唱

长城是世界建筑史上的奇迹，凡是建筑的奇迹，每一砖、每一瓦都镌刻着人们的血泪。金字塔、泰姬陵……哪一个没有悲壮的传说？长城，这条横卧在山野莽原里的巨龙，身下掩埋着多少骨折的尸体？长城被始皇帝视为大秦的骄傲，却被秦国百姓视为最大恶极的暴政。我们从孟姜女的传说中就可以窥视出一二。

自始皇帝下令修建长城之后，官府到处征用民工，发往长城。被抓去的人，没日没夜地干活，不知累死了多少人。苏州城内有个书生叫范杞梁，为了逃避官府的征用，四处躲藏。一天，他躲进了孟家的花园，无意中撞见了孟家的小姐孟姜女，孟姜女与范杞梁一见钟情，便把他引荐给自己的父母，孟家两老也很喜欢范杞梁，就将自己的女儿许配给他。这本是一桩美满的姻缘。谁知，婚后不到三天，官府就找到了范杞梁，将他押往北部边地。临行前，孟姜女与范杞梁难分难舍，哭成了一团。孟姜女在家中苦苦等待丈夫归来，时间过去了大半年，可范杞梁音信全无。孟姜女急了，天气一天比一天冷，孟姜女想着在遥远北方修建长城的丈夫，很是担心，听说北方很冷，有南方人在北方冻死的传说。孟姜女想到这里，便

开始缝制棉衣。棉衣做好后，孟姜女踏上了寻夫之路。

在赶往长城的路上，孟姜女经历了无数的艰难险阻，有几次险些丧了命。但是，就算在最最危难的时刻，孟姜女也没有把为丈夫做的棉衣丢掉。终于来到了长城脚下，她四处打探范杞梁的消息，却没有一点儿消息。又找了数日，终于找到了一个与范杞梁一起做工的民工。可这个民工告诉她，范杞梁在修长城过程中被累死了，尸体就埋在城墙里。一听到这个噩耗，孟姜女就像五雷轰顶一般，登时没了知觉，晕死过去。醒来后，她悲痛欲绝地大哭起来，哭得天翻地覆，日月无光。就这样孟姜女一直哭个不停，不知哭了多久，只听得轰隆一声巨响，山摇地动，长城坍塌了几十里，露出了数不尽的白骨。这下孟姜女傻眼了，这么多尸骨哪个是自己丈夫的啊？认错了岂不对不起自己死去的丈夫？于是，孟姜女在心中暗暗祈祷：如果自己手指的血渗进哪个尸骨，哪个尸骨就是自己的丈夫的，如果不是丈夫的尸骨就不要渗进去。孟姜女依靠着这个方法找到了范杞梁的尸骨，她抱着范杞梁的尸骨又恸哭起来。

始皇帝听说有这样的奇女子，自然少不了要见识见识。这一见不要紧，始皇帝立刻被孟姜女迷住了。苏杭的女子有着秀美、小巧的骨骼，俊俏的面庞，以及有别于北方女子的清丽的气质。嬴政想这样的女子放在自己身边陪伴自己定是人生的一大享受，便逼迫孟姜女做他的妃子。孟姜女拒绝不了，便提出三个条件要嬴政兑现，如果不能兑现就不嫁给他。嬴政满口答应，他是堂堂的一国之君什么办不到！别说三个，就是三百个也不成问题啊！始皇帝问孟姜女三个条件是什么。孟姜女说，请和尚为范杞梁念四十九天经，超度亡魂；嬴政要率领文武大臣一起哭祭范杞梁；葬好范杞梁后，孟姜女要游玩山水，三天后才成亲。嬴政为讨美人欢心只好答应了。当做完这些之后，孟姜女在与嬴政游玩时，大骂了始皇帝一通，便投

海自尽了。

孟姜女的故事被千百年来的百姓传唱，也被现代人用在影视创作中。可以说，孟姜女的故事大家耳熟能详。对历史不了解的人，多数都认为：孟姜女是秦人或秦后之人为显示嬴政的暴行而杜撰出来的人物。其实他们并不知道，这个杜撰出来的人物也是有原型的，只是这个原型是距秦 200 多年的杞梁妻。

公元前 550 年，齐国大夫杞梁打仗时战死了。仗打完了，齐庄公在回国的路上碰见了杞梁的妻子，齐庄公就想对杞梁进行一番哀悼，但是杞梁妻觉得在野外开追悼会是不合情理的，于是就拒绝了齐庄公的要求。齐庄公只好到杞梁家中进行正式的哀悼。

在《礼记·檀弓篇》这部史书里，曾子对杞梁妻在路上恸哭着迎接自己死去丈夫的灵柩的行为大加赞扬，他认为这表现了杞梁妻对丈夫的忠贞情谊。杞梁妻的故事中第一次出现"哭"，这个哭就成为孟姜女后来摧毁长城的武器。《礼记》里的杞梁妻与孟姜女是没有任何关系的，两者相差了两个世纪，人们借助的只是杞梁妻的"哭"和"殉夫死节"以此来控诉秦王朝修建长城的不义。到了汉朝刘向这里，杞梁就没了儿子、亲人，杞梁妻自然也就无依无靠了。在杞梁下葬之时，杞梁妻想到丈夫死后，自己将孤独地生活在世上没有依靠，便放声大哭，哭声悲凉到人听人哭的地步。在哭了十天之后，城墙被泪水泡倒了，杞梁妻也跳河自杀。杞梁妻的"哭"有着浓郁的悲伤气氛，富有极强的感染力，很容易激起人们的同情和哀叹。孟姜女就是借助这一点来表达人们在修筑长城时所面临的悲哀。

事实上，孟姜女是否真的哭倒长城，一点儿也不重要，重要的是为什么会有这样的传说出现。如果仅仅为了娱乐和休闲或教化妇女守节，大可以将杞梁妻放在她原来的时代，没必要大动干戈地引入孟姜女。孟姜女的故事之所以出现在秦朝，并迅速地广为流传是因为修建长城给当时人们所造成的苦难是难以想象的，人们借助孟姜女这个形象将自己对秦帝国暴政的不满表露无遗。

　　对于修建长城历代褒贬不一，有人认为嬴政建造了中国历史上最伟大的工程同时也起到了阻止胡人侵犯的效果；也有人认为，嬴政只是为满足自己的虚荣和巩固自己的统治才建造了长城，百姓非但没有得到实在的好处，反而还因此家破人亡。就嬴政的主观愿望来说，长城确实对阻止胡人的侵犯起了一定的作用。但这个作用其实并没有想象中那么大，秦国也没有彻底解决北部边患问题。胡人在嬴政有生之年不敢进犯中原，不仅是因为地形的险要，更重要的是大将蒙恬的守卫。汉唐的兴盛不是因为长城的存在，而是因为它们强大的国力和开放的文化；明朝对长城情有独钟，花费了很大力气去经营它，结果还是被大清给灭了。一个国家是否能抵御外辱又怎能是一条长城所能决定的呢？长城抵御外患的作用成了恶性循环：人们在长城上下的工夫越多，人们对抵御外敌的信心就越低，国家耗费的财力、人力越多，军队的战斗能力越小，长城成了消极防御的代名词。因为防线过于漫长，长城对敌人突袭的防御作用就越弱。

　　长城，这座中华历史上最雄伟的建筑，暂时安抚了始皇帝恐惧地位将被夺走的恋权之心，也暂时让始皇帝心中充满了激动和骄傲，但始皇帝所企及的借助长城来保障大秦江山永世长存的愿望却狠狠地落了个空。

秦始皇

【第六篇】恋世贪荣

骊山葬帝魂

骊山之谜

公元前210年7月，在沙丘，始皇帝充满遗憾地离开了这个世界。因为事出突然，秦始皇陵在这时还未完工。9月时嬴政腐朽的身体不得不匆匆埋葬，这个埋葬了千古一帝的地方就是骊山陵墓。

两千年后的1974年，一个干旱的春天，在陕西临潼县的西杨村，村民们正在挖掘地下水，希望借地下水来缓解旱情。正当人们干得热火朝天的时候，村民们的铁锨、榔头忽然就失去了效力，敲打之下不但没有丝毫作用，反而越挖越硬。当挖到三米深的时候，村民们在井的西半壁上发现了坚硬的红色土壤。有人以为遇见了古窑，再往下挖，就挖到了举世瞩目的秦始皇陵。当人们挖到这个庞大的地下宫殿时，都惊呆了。这是人造的么？这气势恢弘的皇家宫殿到底藏了多少秘密呢？

古代帝王陵寝的修建一般都是：人不死，修不停。只要人还活着，陵墓就要修建下去。不管实际上需不需要继续修建，帝王们都要将这个动作进行下去。那么为什么嬴政或者说他的辅臣不选别的地方偏偏选中骊山作为嬴政死后的栖身之地呢？

秦人一向注重鬼神，当然更加注重风水。本来古人就愿意把墓地建在庇佑子孙的位置上，更何况是祈求秦帝国千秋万代、永世长存的嬴政。据说，始皇帝的陵墓是在他即位之时就开始修建了的，当时他还小，没有长生不老的企盼或者说这个企盼还不强烈，至少很清醒。修建陵墓是延续下来的传统也是必要的准备，嬴政不会觉得有避讳。既然要修就找个风水极好的地方修，最好这个地方可以取日月之精华、集天地之灵气。好，就选骊山。骊山又叫蓝田，山南边产玉，山北面产金，是典型的富贵之地。嬴政帝这是想死了也要将这里的金银美玉占为己有啊！可是嬴政没有注意到，当年周幽王为了博美人一笑，在骊山上演了一出烽火戏诸侯的把戏，就是这把戏要了西周的命。谁能说骊山到底是福荫之地还是个不祥之地？另外，嬴政帝的陵园面对着渭水，东侧有一道人工改造的鱼池水，水本来是从骊山的东北方向流过来的，因为嬴政爷的坟墓修在山的北面，所以水流过时被阻截，又向北转去一部分，因为嬴政帝建造陵墓需要取大量的土，土被挖了很深，于是，水在这里成了池，称为鱼池。始皇陵南面还有座尖峰，叫做望峰，建造陵墓的人看着这座山峰的走向来筑造陵寝。我们不要低估古人的智慧，在没有现代化建筑工具的古代，人们知道选中标的物去施工建筑，就不是件容易的事。根据后人们的勘察，始皇帝封土的中心顶端外城垣南北两

门与它南边的骊山最高峰望峰南北相对在一条直线上。而每一道峰脊都像是一个花瓣，秦陵就在花蕊位置上。于是，民间称始皇陵为"莲花穴"。这样，我们就可以看出始皇帝陵寝的风水特点：南面背山，其他三面环水。这样多么符合传统国人心中的风水宝地的标准啊！嬴政及辅臣们选这个地方作为身后的帝国确实是经过一番考究的。然而再考究的风水宝地也无法阻挡住秦帝国覆亡的脚步，骊山陵墓的修建进一步激起了秦国国民的愤怒。如果说，长城是为了抵御胡人的侵略才修建，尚能说得过去的话，那么，骊山陵墓的修建就完全是为满足始皇帝那没完没了的私欲而持续建造的了。这样不为民着想的帝王又怎会得到人们的拥护呢？

始皇帝不愧为始皇帝，连陵墓的建造都开国人的先河。这种依山傍水的造陵观念一直影响着后世帝王的选陵标准。高祖长陵、文帝霸陵、景帝阳陵、武帝茂陵等等后世君王的陵寝几乎无一例外地承袭了始皇帝的风水思想，将陵墓依山傍水而建。

始皇陵还有一个特点，那就是坐西朝东。这可是个古今少有的朝向。在古代一般尊贵的位置是坐北朝南，帝王的宝座是南向的，有群臣共敬的意味。帝王的陵寝也多是南向的，表示威严犹在。只有始皇帝陵墓的方向非常特别，选择东西走向的墓葬结构。这样的陵墓走向为始皇陵又增加了一团神秘的气氛。关于始皇陵墓坐西向东的原因的猜想层出不穷。其中有几个具有代表性的我们不妨来看看。

最具代表性的说法是，嬴政悟道，一直想长生不老，派徐福东向渡过黄海，寻找蓬莱、瀛洲等仙岛，并多次出巡探访仙人所在，向东到达碣石，向南到达会稽，所到之处无不留下寻仙的足迹。谁知徐福一去不返，杳无音讯，始皇帝的美梦终成了黄粱一梦。然而始皇帝的求仙的愿望没有因此而削减，又奈何命不由己，只好坐西向东以尝夙愿。这种说法是不科学的，史料记载：嬴政即位的第二年就开始修建陵墓了，陵墓修了 30 多年，有说 36 年，也有说 39 年，总之，快到 40 年了。也就是说，修建陵园时嬴政还是个不大懂事的孩子或刚刚懂事的少年，他尚不具备决定自己陵墓的方向的认知和能力。就算后来他统一六国后开始寻求长生不老，那么他也无法预见长生不老药是否能求到，如果求到，他便不需要这个向东的方向；如果预料求不到，他再来改变已经修建了二十年左右的工程岂不难上加难，很可能陵墓要重新修起。嬴政就算再"仙"令智昏，恐怕也不至于到改变整体陵墓布局的地步。所以说，求仙这一说法是不太现实的。

也有一种说法是，秦国本在中华之西，为了显示自己征服东方六国的决心，嬴政在登基之初就开始建造东向的陵墓，在统一六国之后，始皇帝为了震慑东方六国的遗民，便继续建造这座坐西向东的皇家陵园。这个看法也是有些牵强的，嬴政登基时 13 岁，掌权时 22 岁。这期间陵墓就在修建中，而这时掌握实权的是他的吕大伯。嬴政年轻的思想对所谓的陵墓根本没有如此强烈的概念，等到他有一统天下的决心与并吞八荒的伟略之后，嬴政的陵墓已经修了一半。如果陵墓本来就是向东的，他不需要做任何改动；而如果陵墓是向着其他方向的，接手修建陵墓的李斯会不会费力地说服嬴政改变陵墓的方向在自己的肩上再扛一担呢？当然不会，平定六国、百废待兴的秦国有更重要的事情要做，不会在陵墓的方向上做大幅修改。就算是嬴政想要改，恐怕李斯也要极力劝阻的。

另一种说法是较为可信的，就是秦汉之际的风俗是这样的。一些史料显示，秦朝上至皇帝，下至普通士大夫，主人的座位都是坐西向东的，建造陵墓时自然也采用了这样的风俗习惯。为了保持自己尊贵的地位，君王的陵墓坐西朝东也就不足为奇了。考察的结果

足以说明这一点，在人们所发掘的秦代陵墓中，不仅始皇帝的陵墓是坐西朝东的，几乎所有的秦人葬式都有这个特点。

那么，秦人为什么会有这样的习惯呢？有的人认为，秦国原是东方之人迁徙到秦地安定下来后形成的国度。东方曾是秦人的祖先居住、劳动过的地方，他们对东方有着特殊的情感，然而，秦国以东地区为其他强国所统治，秦人没办法回到自己的老家，等着瓜熟蒂落，只好在死后将葬式朝向东方，以此来表示自己并没有忘本。也有的人认为，秦国人头朝向西方是因为他们是来自中国的西部区，但这一点又存在争议，如果秦人采用这样的葬式就说明秦人来自西部的话，那么，华夏各民族普遍采用的头朝向北而葬的习俗是不是就说明他们都来自北方呢？这样就有些牵强了。但现代文化学和民族学给出了新的解释，他们认为，秦人所采用的头向西而葬和他们曾经采用的"屈肢葬"一样，与陕、甘地区古文化或某种原始宗教信仰不无关系。像"白马藏人"对自己民族的西首葬解释是，日落归西，人也会要随着太阳走。对于秦人的葬式或许秦人有自己的解释，这个我们尚未探明，还需要进一步研究。我们能肯定的只是秦陵的朝向是向东的。

通过上面的描述，我们对皇陵的位置和走向有了初步的了解，让我们再来看看它内部还有哪些谜底是有待我们揭开的。

传说，始皇帝50岁生日时，李斯曾向他报告说，我带了72万人修建骊山陵墓，已经达到了难以想象的深度了，火都点不着，只能听到空空的凿壁声，简直像到了地底一样，错开这个地方，又凿了300尺才停止。《史记》、《旧汉书》都记载了皇陵之深，《吕氏春秋》也说深到泉水。这样形容起来，人们确实会认为，始皇帝的陵墓已经挖到了地表的最里层，和他所向往的仙境可以同日而语。但据专家推测，始皇帝的陵墓并没有前面书上记载的那般玄乎。按

书上的记载可以推测始皇陵的深度会在五百米到一千五百米之间，如果是这样，当地下宫殿挖到一千米时，陵墓的位置与渭河之间的落差便会小于地宫的深度，按照物理学原理，渭河的水将倒灌到秦始皇陵。事实上并没有发生这样的事，始皇陵的深度也成了一个谜。

地宫的深浅我们尚不能完全肯定，探测的结果也只是给了一个参考答案，那就是地宫距离地面35米深，东西长170米，南北长145米；主体墓室就在地宫的中央，高15米。这些是经过探测得来的，地宫并没有展现在我们面前，我们对地宫的种种境况还难以肯定，但可以肯定的是，地宫规模庞大，结构极其复杂，里面的装备措施也是一流的。《史记》上说，地宫里布满了机关，里面有各种金银铜器，绘制了大量的天文地理画面，还有一样是很难做到的，就是用"人皮膏"做灯，这灯可以长期地点着，不熄灭。地下宫殿中最让人感到好奇的是用水银做成的江河湖海，这些景象还是流动的。

对于天文地理的画面，有人想象是画着日月星辰、山川河流的壁画。也有人想象地宫画着二十八星宿的图象，下面的江河湖海用水银代替了。这样地宫就成了帝王死后的又一个王国，按照古人的生死观念，他又可以做他的千秋帝王了。

有一些写始皇陵用水银造成江河大海景象的记载被收录到《史记》《汉书》中。但人们一直以为这只是个美丽的传说，并没有太多人真正相信这一传说，谁也无法想象在这座始皇陵里，水银灌注的湖海会是怎样一幅波澜壮阔的景象！

这样的怀疑一直持续到我们勇往直前的探测者测出地宫汞含量异常才戛然而止。专家多次测量的结果显示，地宫里汞含量异常，而其他地方则没有这些异常现象。这样人们就愿意去相信，地宫里真的有水银制成的河海，人们对地宫的光怪陆离又感了兴趣。民间传说中，始皇帝用水银制成江河湖海，用纯金制成棺木，死后依然可以泛海巡游。如果像传说中所说的，地宫里有用水银制成的江河湖海，那么为什么始皇帝要选用水银作为水的材料呢？原因是水银具有流动性，也有粘稠性，容易塑性，也容易显现出气势恢宏的自然景观。另外，水银有防腐作用，可以保持始皇帝的容颜及其陪葬品长久不腐烂。始皇帝为了能永享繁华与富贵可真是费尽心思啊！还有一说是，水银有剧毒可以防止盗墓者盗走陵墓里的珍贵物品。说到底还是死人怕活人，不能动的怕能动的。始皇帝就是死也要防御别人偷、抢他的东西，一代霸王，一代枭雄实际上是多么地可悲啊！

然而，始皇帝没有想到的是，他的尸体还没有下葬就已经腐烂不堪了。他在一个地面升着氤气的酷暑里，在赶回北方的途中死去了。路途遥远，加之温度过高，死后的嬴政的尸体在没有运抵骊山之前就腐烂发臭了。赵高、胡亥为了防止走漏风声还特地从河里捞了一筐筐的鲍鱼来打马虎眼，鲍鱼的腥味与尸体的腐臭相互掩映，打翻了一代帝王的美梦。也有人说，始皇帝的尸体可能是保存完好的，理由是：始皇帝死在沙丘，那里的七月已经不是很热了；运送始皇帝尸体的车子也放在辒凉车即有窗牖的车里，窗牖关闭里面就会很温暖，窗牖开着里面就会很凉爽；还有一点就是始皇帝本身吃了不少方士的长生不老药，这些药里就有汞，虽然这也可能是始皇帝死去的元凶，但是汞确实可以起到防腐的作用，他的尸体是可以保存下来的。这种猜测是有一些道理的，但是一个人死后50多天，在没有任何防腐措施的作用下能不腐烂简直可以列为世界第九大奇迹了。就算你有一点儿水银护体，又怎么能经得起时间的打磨？毕竟人只是肉身。况且，如果始皇帝的尸体没有腐烂，那么赵高、胡

彪炳千秋——秦始皇传

亥何必到河里捞鱼这么麻烦？弄得回程的路上都是臭味，别人怎么样他们都不管，自己受罪可不得了，这样的人又怎会做这些损人又不利己的事呢?！相信始皇帝的尸体已经不复存在了。

秦始皇陵还有一个令人瞩目的建筑群，这就是兵马俑。始皇帝在生前不是一点儿没想过死后的事，就算他对长生不老药的寻找从未停止过，但自己也并不完全自信，结果也印证了他的担心：不但徐福没有回来，就连卢生、侯生也消失了。始皇帝在半信半疑、寻药不果的情况下，坚持建造了他死后的地下兵团，就是兵马俑。尽管人们对始皇陵里的物体存在种种猜想与疑惑，但是人们对始皇帝陵墓里存在着一支誓死效忠嬴政的兵马俑兵团深信不疑。也有学者认为兵马俑的主人不是我们的始皇帝，而是秦始皇的太奶奶秦宣太后芈。芈原是楚国的王族，后来嫁给了秦惠文王，秦武王死时没有儿子，他的兄弟开始争夺大位。芈的儿子赵稷当时在燕国做人质，芈的同母异父的兄弟魏冉因为手中握有重兵，便帮助姐姐接回了在燕国的赵稷，赵稷成为君王，芈为太后主掌政权。芈在秦国统治了41 年，成为有实无名的女国君，可以和史上的慈禧太后相匹敌。兵马俑是芈而不是始皇帝的陪葬，这又是从何说起的呢？

原来，秦始皇曾经下令将陵墓向外扩张"三百丈"，即现在的690 米。所以在始皇陵封土之东近1000 的兵马俑不能包括在"三百丈"之内，兵马俑无法包括在内。而推测中秦宣太后陵在始皇陵东南侧，距离骊山山脚大约2 公里远，也就是人们都熟悉的秦俑坑附近，这是从地理位置上说明的。另外，人们在秦陵兵马俑的头顶上发现了他们梳着楚人的发髻。秦宣太后原就是楚国人，制造一些楚人打扮的秦俑也不足为奇。而且这些秦俑的服饰很是艳丽，和秦朝黑衣装束很是不同。有些秦俑上甚至发现了"芈"字的标志。很能说明，秦俑是属于秦宣太后的，但人们未能找到与兵马俑相配的秦

宣太后陵墓。兵马俑的主人是谁还将成为困扰史学家的难题。

始皇陵存在着太多未解出来的秘密。这些秘密暂时都无法破译，也许只有当始皇陵真的呈现在大家面前时，我们才能找到答案。始皇帝就是谜一样的人物，他从头到脚、生前死后无处不存在着谜团。这也是嬴政留给后人的一笔财富，即超常规想象。骊山埋了始皇帝，却没有埋住关于始皇帝的传说，后人还将继续猜测他的前世今生。

盗墓之谜

不管始皇帝的地宫里有没有那么多宝贝，外面却是风传得厉害，当然会引起一些偷盗者的注意了。始皇帝这么爱占有的人，坟墓里怎会没有一些好东西呢？于是，财壮贼人胆。偷盗者络绎不绝，只是很多无功而返，也有的没有返回来。传说中，入得始皇帝陵墓的有"天下盗贼""无名贼""关东贼"等等。这些人的姓氏都没有被载入史册，即便有姓名也会在出得秦陵以后，隐去真名或本就不以真名示人。谁这么傻做完了"坏事"还像燕子李三似的留下个行不更名、坐不改姓的大名？所以，这些盗墓者的姓名是很难查出的。对于毁墓者的传说也很多，其中牧羊童和项羽的传说最为兴盛。

在《汉书》中曾记载了牧羊人火烧地宫的事，说的是一个放牧的小孩在骊山脚下放羊，有几只羊羔掉到了山洞里，小孩拿着火把往下走，越走越深，到后来火把掉落在地，着起火来。始皇帝的棺木、宝藏都在这场大火中消失了。当然这只是个传说，我们不用专

家分析也会想到，牧羊童没办法只凭着火把就闯进地宫，在地下就算没有汞，光是稀薄的氧气就没法让小孩子活下来，而我们也知道：火没有氧气是燃烧不起来的。火把在没有到达地下宫殿之时就已经熄灭了。所以说，牧羊人烧毁秦地下宫殿之说是不太可能的。

关于项羽毁墓的传说，在后人的笔下徐徐如生。司马迁曾记载，刘邦讨伐项羽时，曾举了项羽的十大罪状，其中就有项羽进入秦宫后，放火烧了秦宫，大火着了三个月，秦宫化为灰烬；项羽还掘了始皇帝的坟墓，将其中的奇珍异宝都掠夺一空之罪。而《项羽本纪》里也说，项羽是杀了秦王子婴，火烧秦宫，抓了宫中的美女，将宫中的宝贝据为己有。项羽究竟是谁呢？人们又怎会对项羽烧毁始皇陵的事将信将疑呢？

项羽是楚国人，项氏一族世代做着楚国的将军。楚国被秦国灭了以后，项羽的爷爷项燕因战败而被迫自杀。项羽和弟弟项庄跟着自己的叔叔项梁生活，项梁希望项羽和项庄将来做文官，请了先生教项羽学问，谁知项羽不好这一口，整天的就知道舞刀弄枪，把先生不知气跑了几个。项梁想想还是教他学武吧，也算是继承祖业。哪知道项羽学了没几天又厌倦了，项梁生气了，要打项羽。项羽振振有词地说，你要我学这个，学那个有什么用呢？学文吧，只能记住个姓名；学武吧，只能以一敌百，我要学就学能统驭万人的学问。项梁一听也算有道理，就教他学习兵法，满以为这下项羽能学有所成，不料想学了没多久项羽再次放弃了。项梁实在没有办法就放任自流了。有一次，始皇帝出巡浙江路过项羽居住的地方。项羽看着始皇帝威风凛凛的车马仪仗，不禁羡慕不已，脱口而出："我将来一定要取代他。"言外之意，我将来一定要做皇帝，享受他这样的尊贵。到了秦二世，陈胜、吴广起义的战火开始燎原。项羽也参加反秦大军，且表现得十分威猛。经过多次战争，项羽的军队最终攻入了秦宫，杀死了子婴，自立为"西楚霸王"。看看项羽的生平我们不难发现，项羽是个自幼胸怀大志的人，但是，项羽有个致命的弱点，那就是三天打鱼、两天晒网，没有个坚持。当年与刘邦争天下，摆了一桌鸿门宴，计划好了的事，却因为一时犹豫断送了大好机会。后来被刘邦追到乌江，却因为面子问题，不肯渡江，结果连后来的李清照都惋惜项羽不肯过江。这一方面反映出了项羽为人的血性面、可爱面；另一方面也反映出了项羽缺少作为帝王的基本素质。他不懂得坚持，更不懂得如何坚持。他的失败实际上是他性格的缺陷造成的，不全部因为刘邦的奸诈和强大。

基于项羽身为楚国人，以及全家为秦国所灭的仇恨，古人愿意相信，项羽因为这段血海深仇而将始皇陵毁掉，即使掘地三千尺也要将始皇帝碎尸万段。这还不算，始皇帝你不是想生前死后一样永享荣华么？项羽就叫你魂无所依，够狠的！但照理说，项羽对秦国的仇恨再大，进入秦宫后的大肆掠夺和屠杀已经可以泄恨了，没必要再去找一个费九牛二虎之力即使找到也未必进得去的始皇陵。别忘了此时项羽是和刘邦约法三章的，谁先进咸阳，谁就称王。在还不知刘邦进来咸阳之时，他的内心该是多么急迫啊！哪有时间做这些挖坟掘墓的勾当？秦末有这样的传闻可能是因为秦人太恨始皇帝，借着项羽火烧秦宫的事添油加醋将自己的愤恨之情发泄一通。刘邦说项羽烧毁始皇陵，连死人都不放过是出于自己的政治目的，给自己讨伐项羽找个美好的借口，以示自己的讨伐是正义之举而已。他的说法虽然没有证据否认，但是也不足以相信。况且以刘邦的为人，他是什么谎话都能编出来的，这样的人不可轻易相信！有些史官自然也要附和开国皇帝的说法，将尚不分明的事说得有鼻子有眼。至于后人说项羽毁始皇陵也就是以讹传讹了。

《史记》上对项羽毁陵之事没有谈及。事实上，司马迁是比较客观的。他没有说项羽毁墓之事，是因为他没有史料，也没有证据说明这一点。他只是客观地记叙了刘邦在向项羽兴师问罪的时候，提出了项羽的十大罪状中有一宗罪是烧毁始皇陵，并没有说项羽真的去挖坟掘墓最后还一把火烧了始皇陵。如果项羽真的做过这些，那么司马迁不会不在他的史册上记上这浓重的一笔，一方面它可以说明刘邦所说非虚，另一方面也体现出自己的职业素质，不会漏记重要的史实。正是司马迁的职业操守成就了他严谨、纪实的写书风格。他没有记载这件事很大的可能是没有发生过，还有另外一种可能是虽然有可能发生过，但是司马迁没有足够的证据来支撑起这个观点，所以他不会记载在案。而我们更偏重于它没发生过，因为司马迁所处的时代已经是汉武帝时期，如果真的有证据，先前的汉史官们早就四处搜集线索了，司马迁也不会一点儿蛛丝都没有。所以说，项羽烧毁秦始皇陵的说法是不太可靠的。

虽然项羽烧毁始皇帝的陵墓未必是真实的，但是关于项羽掘墓后的情形倒是十分有趣的。我们不妨看看，以窥视秦陵的神秘对古人有何等的诱惑。《三辅故事》上说，项羽攻入秦宫之后，带着三十万人盗掘始皇陵。人们正挥汗如雨时，突然从墓中飞出一只金雁，这只金光闪闪的金雁向南飞去。飞了几百年，一直飞到三国时期日南太守张善那里，这天，有人给张善送来一只金雁，他竟然一下子从金雁上的文字看出这是来自始皇陵的物件。

人们对这一个传说始终不以为然，近年来有的学者提出：这虽然是个传说故事，但至少说明皇陵里的文物已流传在外，而且到了很远的地方。这说明，确实有人曾进过始皇陵。说金雁会飞也是有可能的，春秋时鲁班制作的木雁能够飞翔，曾经飞到宋国的城墙上。那么百年之后的秦帝国的能工巧匠制造出会飞翔的金雁也不足为奇。那么，这样的传说的可信度有多大呢？

秦始皇

古中国向来不注重科技在历史上的书写。倘若真的有人在两千年前制造出会飞的金雁，那么，我们中华的科技史就会成为世界科技史中最先进的一支。往国人脸上贴金的事谁不愿意干呢，重要的是，愿望终究是愿望，没有行动就无法兑现成事实，而对过去的事保有愿望也是徒劳的。金飞雁只不过是国人的愿望，难成事实。现代物理学能充分说明这只金飞雁的传说只能是传说。金飞雁是用金子作成的，密度大，质量重，放在水里都会下沉。它不能像氢气球一样飞上天空，就算它能借助强大的暴风克服自身重量和地心引力在空中飞行，那么，在暴风过后它还会因地球引力再次掉落在地。如果，秦人真的有能力制造出能让金雁飞翔的动力系统，那么，在秦陵内一直飞翔，最后又飞出秦陵的金雁，一直飞过了汉，飞到了三国，这样不需要添加燃料的动力系统还真是世界未曾有过的奇迹，让人难以信服。

始皇陵是否被盗过、被毁过至今还是个谜。一般来说，陵墓被盗是极有可能的。历代富贵人家的陵寝多数都被盗过，盗墓人自然有他们的一套职业手段和工具。帝王陵寝被盗的几率就更大，因为目标太显眼，财富太巨大，很容易成为盗墓人的首选目标。唯一难过的关就是陵墓内的防御系统，而始皇陵内最大防御系统就是人们认为的汞，这个含有剧毒的物质在被人吸入人体后便发挥了它保护皇陵的作用。但是很难说，秦人是不是知道水银有毒，能够防止盗墓者盗墓，即便是知道，也难说会有人知道如何防止汞中毒。秦皇陵被盗是可能的，至于是不是被毁过就很难推测了。

阿房知世美

在陕西的阿房村南，有一座很大的土制的台基，高20米，周长310米，全都是用土夯起的，人们称它为"始皇上天台"；在阿房村的西南夯土绵绵不断，形成了一个长方形的台地，差不多26万平方米，当地人叫它"郿坞岭"，这两个地方就是阿房宫最为显著的遗址，经历千年的风雨依然存在。

阿房宫是嬴政在咸阳修建的最为庞大、奢华的宫殿，它从公元前212年开始建造。据说阿房宫富丽堂皇、美轮美奂，仿佛天上人间。后来项羽攻入咸阳，一把火烧了这个举世瞩目的宫殿。这座宫殿的旧址还在西安西郊附近的阿房村暗自悲伤，真正让后世百姓记住这个名字的是杜牧的一首《阿房宫赋》。《阿房宫赋》一出，世人皆传阿房宫。

据说，始皇帝统一六国后，经过一段时间的调整，国力基本恢复，加上从六国得来的财富，秦国还是名副其实的强国。随着人们大量涌入京都，咸阳人口剧增。历代国都都能吸引各色人等到来，始皇帝见这么多人都来京城，不能没事儿干，就征召了一些人在渭河南面的上林苑营建宫殿，一方面可以享受到世人无法享受的奢华生活，一方面也可以解决闲杂人等的就业问题。谁知始皇帝修得起了劲，用人越来越多，逐渐扩展到全国征用。

人们一直对阿房宫的规模怀有种种猜测，却没人见过阿房宫到底有多大。司马迁记载："前殿阿房东西五百步，南北五十丈，上可以坐万人，下可以建五丈旗，周驰为阁道，自殿下直抵南山，表南山之巅以为阙，为复道，自阿房渡渭，属之咸阳。"如果算下来，阿房宫的前殿东西宽690米，南北长115米，占地面积8万平方米，可以容纳下万人。据说，阿房宫内有七百多个大大小小的殿堂，一天里，大小殿堂的气候、气温都不相同。宫中到处放着珍宝、瓷器，墙上刻满了画，嫔妃、侍女无数，始皇帝每天换一处殿堂居住，到死时也没有把宫室住遍。可见，阿房宫的规模巨大。当然，关于始皇帝在阿房宫中生活的情形只是传说，没有史料和史迹可考。但是，现在陕西西安西郊三桥镇以南，东起巨家庄，西至古城村，还保存着面积约60万平方米的阿房宫遗址。可见，阿房宫宫殿之多、建筑面积之广、规模之宏大，是世界建筑史上无与伦比的宫殿建筑。

1994年联合国教科文组织实地考察，确认秦阿房宫遗址建筑规模和保存完整程度在世界古建筑中名列第一，属世界奇迹和著名遗址之一，被誉为"天下第一宫"。

那么，阿房宫的名字又如何得来呢？

因为没人见过真实的阿房宫，所以一切都只存在于想象之中。很多人都愿意将阿房宫与美丽的爱情故事联系在一起，这样，阿房宫变得温柔、生动起来。阿房宫的名字就成了美丽传说的载体。并且美丽传说不止一个版本，第一个是说，嬴政在巡游时，爱上了一个美丽的民间女子，这个女子叫做阿房。后来因为地位的悬殊和世俗的偏见，阿房最终没能与嬴政厮守，为了纪念自己曾经深爱的女子，嬴政便将自己正在修建的宫殿叫做阿房宫。另外一个版本是，嬴政在治理黄河时，地方官为讨好好色的嬴政，为他选送了不少女子做夫人，其中就有阿房。嬴政十分喜爱阿房，特意为她修建了宫殿，取名阿房宫。这些传说真假不知，但是人们都愿意给阿房宫一个温柔的解释，也不再计较始皇帝曾经实行的暴政，愿意给他一段美丽的爱情，把嬴政想象成一个重情的人。这一点是无从考证的，所以我们只能说愿意相信这种可能，并不代表阿房宫就此得名。

还有的说法是，阿房原是整个宫殿前殿的名字，始皇帝原本打算等宫殿全部竣工以后，再重新取名字，没想到工程太过巨大，即使动用十几万人来做这个工程，也无法在短期内完成，直到嬴政下世时，工程还在修建。二世即位后，命人继续修建。后来项羽攻入秦宫，将阿房宫烧毁了。始皇帝还没有来得及为整个宫殿起名字就驾鹤西归了，秦二世刚刚当上皇帝，宝座还没坐热就被赶了下来，他更无暇顾及宫殿的名字。于是人们把修完的前殿名给了整个宫殿。那么，前殿又怎么叫"阿房"呢？这个古怪的名字是来自阿房女么？人们又给出了几种解释：第一种解释是，宫殿在咸阳附近。阿，有附近的意思。宫殿在咸阳的旁边，所以暂取名为"阿房"。第二种解释是，阿房这个名字是根据此宫"四阿旁广"的形状来命名的。阿，在古意中可以解释成曲处、曲隅、庭之曲等意思。阿房宫"盘结旋绕、廊腰缦回、屈曲簇拥"的建筑结构就体现了这种"四阿房广"的风格和特点。正是由于阿房宫有这样的建筑风格，在《史记·秦始皇本纪》索引中解释阿房宫的命名时说，这是看形

状来命名的，宫殿的周围很是广袤。第三种解释就是，阿房宫是因为宫殿建筑在大陵上才这样取名的，从考古发掘来看，这种说法也是说得通的。三种解释都能自圆其说，也都有一定的道理。在没有发现新的证据或痕迹之前，任何一种说法都不能轻易否认。所以，这座被世人所传说的帝王之家，为什么取名为"阿房"还不能有定论。但是，我们可以肯定的是，始皇帝确实是热爱土木事业的，他修长城、建骊山陵墓、盖阿房……哪一样都是浩荡的工程。这些不但可以满足他渴望独一无二的虚荣心和享受世间一切美好的欲望，还可以让他连同他的建筑一起，成为名垂千古的工程师帝王。但他是怎么也想不到，自己的贪婪和虚荣使秦帝国世代相传的愿望落空了。

对于阿房宫的毁灭，人们都说是项羽所为。近来有越来越多的学者表示怀疑，甚至否认了这一说法。

阿房宫从公元前212年开始修建，嬴政调用了大批受过刑罚的罪犯和百姓，共七十多万人分别修建了阿房宫和骊山陵墓。前面已经提到始皇帝去世时，阿房宫还没有修好。公元前210年，始皇帝死在了沙丘，9月被埋在了骊山皇陵墓。阿房宫工程被迫停止下来，工地的民工被调到了骊山始皇陵为始皇帝填土。秦二世登位四个月时，始皇陵的主体工程差不多完成了，而阿房宫在这个时候已经停建了7个月，秦二世接着调人到阿房宫去继续建造宫殿。正在这时，陈胜、吴广起义爆发了，面对着迅速蔓延的战事，二世慌了手脚，急忙调来建造阿房宫的工人与骊山封土的工人在一起，对抗起义军，阿房宫的修建再次被中断。大秦帝国内部关于是否兴建阿房宫的问题争得你死我活，右丞相冯去疾、左丞相李斯、将军冯劫因为劝阻二世皇帝停止修建阿房宫，丢掉了性命。所以说，阿房宫始终没有建造完成。接着赵高犯上将二世劫持，逼死胡亥，阿房宫悬而不决。

　　既然阿房宫没有修建完成，又怎会有珠宝、美人？又怎会被项羽一把火烧掉，还烧了三个月？考古学家们在阿房宫的主体遗址上没有发现任何一块土壤有火烧过的痕迹。这也说明，项羽没有烧过阿房宫。《史记》上也只是说，项羽烧了秦宫。这秦宫是不是包含着未修完阿房宫，我们都还不能肯定，又怎么能说项羽烧了阿房宫呢？

　　秦王朝的宏伟建筑，留在地面上的只有长城。阿房宫已经不复存在，遗址上的断土残垣是该慨叹它未被建成的命运，还是该慨叹世人误解的西楚霸王呢？

秦始皇

【第六篇】恋世贪荣

世叹兵马俑

实际上，秦陵兵马俑是骊山陵墓的一部分。我们放在这里讲是因为兵马俑是很特别的墓群。它是一支庞大的地下军队，是始皇帝企望在死后还能享有他在世时的权威的具体表现。关于兵马俑的传说与谜团又有哪些呢？我们逐一进行探访。

传说，每当夜幕降临，骊山陵墓就会出现一盏神灯，灯光暗黄，在山里时隐时现、游移不定，还真是鬼魅啊！人们说，这是黄巢老先生从秦陵里给带出来的，它是死去的始皇帝派出来巡山的兵俑所持，以防像黄巢一样的人再次踏入皇陵。听到这里，别说是做贼心虚的盗墓人，就连坐在电脑前的我们都不寒而栗，这还怎么敢去盗墓啊？

传说中是这样描述当时的情形的：唐朝末年，黄巢起义军攻入长安，在长安他们挖掘了传说中宝物丰饶的始皇陵。黄巢出身寒微，加之秦末统治的黑暗与腐败，他恨透了帝王将相。在进入长安后他便对手下的将士说："历代的王侯将相存活在世上时，都搜刮民脂民膏，死后还要用我们创造出来的财宝陪葬。这是不公平的，我们要取回这些宝物。"将士们一听也有道理，反正都占领了抢一些死人的东西也没什么大错吧，于是都听从黄巢的安排，开始挖掘始皇帝的坟墓。这一挖就是七七四十九天，可把黄巢给急坏了，都这么多天了也没个动静，什么时候是个头啊？黄巢也憋不住气，抡圆了他那丈二宽的大铁锹，绕着秦陵土堆铲了几锹，第一锹，扬到了渭河，第二锹，抢到了蓝田，最后，黄巢实在没劲了，就顺势甩到了陵南。

黄巢一琢磨，这也不行啊，都弄到这份儿上了，就此停止岂不让人笑掉大牙？硬着头皮想要挖下去。正要挖时，手下的人突然喊起来："皇陵开了！皇陵开了！"黄巢定睛一看，可不是嘛！陵上露出了一个黑黑的窟窿，走近一看有一盏大铜灯笼，灯笼上还刻着字，大意是说，谁要是能把灯油填满，陵墓不用挖自然会开的。有这样的不费力气的好事还不试试！黄巢让人四处找灯油。说也奇怪，这个油灯见油就亮了，可是怎么也填不满，都填进去几大车了，没有一点儿平的迹象。黄巢琢磨着这灯肯定有蹊跷，便将铁锹用力一挑，结果铜灯就被挑到了骊山北坡。

这样，灯没了，原来灯的位置上出现了一个石斗，斗里面都是金银财宝。黄巢一看高兴了，用力去搬，可是任凭他使出吃奶的劲，石斗就是纹丝不动。没办法，只好吩咐士兵们捞斗里的财宝。说来也怪了，刚分完斗里的财宝，石斗就一闪光，又是满满一斗财宝。黄巢以为找到了聚宝盆，高兴得不得了。谁知当最后一个士兵领完金银后，斗就不再闪光了，空空的。黄巢把斗挪了一挪，结果没费半点力气就将石斗挪走了。黄巢将石斗反过来看，上面赫然写

着几个大字：见好就收。他心里实在是招架不住这样的奇怪之事，本来干的就不是什么光明正大的事，再接连发生这样的怪事，他怎能不犯嘀咕：莫非有人给始皇帝报信？这金银的数量刚好够我分给士兵，他怎知道我带多少兵？这墓是不能进去了，始皇帝的兵马一定比我多啊！于是黄巢就带兵回到了长安。

黄巢军经过临潼红荆塬时，天突然间下起雨来，雨越下越大，黄巢拖起铁锨就跑，铁锨在地上拉出一道沟，当地人就把它称作"铁锨沟"。

秦陵以南一里开外有两个大土堆，据说是黄巢铲下的最后两锨土。住在秦陵附近的人说，灯油扔到骊山后，并没有摔坏，每年秋收的时节，都能看见灯光在游弋，渭河北岸的人都能看见，他是始皇帝派来巡山的兵俑。有很多和尚、喇嘛想得到这盏灯，可是都没有得逞，因为它行踪飘忽不定，今天在东山，明天在西山；有时在山顶，有时在山脚。这是始皇帝不放心自己的陵墓派俑兵巡逻的结果。

传说毕竟是传说，死去的始皇帝不可能派出陶人来巡山，但这样的传说至少说明一点，那就是人们相信地下有始皇帝的士兵和军队。经过考古发现，人们所传说的秦陵兵马俑真的存在。下面我们就看看已经挖掘的秦陵兵马俑的情况。

秦兵马俑博物馆坐落在距始皇陵东大约3里的地方，是始皇帝的从葬坑，被誉为世界第八大奇迹，1987年被列入"世界人类文化遗产"目录。它是由一位农民在1974年，下井工作时无意中发现的。接着又相继发现了后两个俑坑。秦俑坑坐西向东，三座坑呈品字形排列，三座坑计有陶俑陶马8000余件。

秦兵马俑是个陪葬坑，它是世界最大的地下军事博物馆。俑坑布局科学，结构特别，在深5米左右的坑底，每隔3米架起一道东

西向的承重墙，兵马俑排列在墙间空档的过洞中。秦陵内共有3个兵马俑坑，呈品字形排列。秦始皇一号俑坑，呈长方形，东西长230米，南北宽62米，深约5米，总面积14260平方米，四面有斜坡门道。俑坑中最多的是武士俑，身高1.7米左右，最高的1.9米。陶马高1.5米左右，身长2米左右，战车与实用车的大小一样。人、车、军队完全运用写实手法再现秦帝国兵团的威仪。秦俑大部分手执青铜兵器，有弓、弩、箭镞、铍、矛、戈、殳、剑、弯刀和钺。所有的铜器都经过防腐处理，深埋地下两千年，依然光泽、锋利。在目前所挖掘的三座兵马俑坑里，二号坑很引人注目。二号坑里出土的长86厘米、剑身上有8个棱面的青铜剑，极为对称均衡，它历经千年却无蚀无锈，崭新如初。这些都是当时秦国将士的行头。

嬴政统一六国后，秦国军队实行全国征兵制，参加的人来自全国各地。因为地域、民族的不同，他们脸型、表情、年龄、佩饰、肤色等各方面都有差异，从这里我们可以看出秦国工匠的匠心之细。整体看起来，兵马俑气势磅礴、威武庄严，从个体看上去又不失逼真、生气。

迄今为止，秦陵兵马俑的争议还在持续。有时候人们看到物件越多，视听越容易发生混淆，需要慢慢地梳理才能找出头绪。秦陵兵马俑的出现给人们又带来了哪些难以解开的谜团呢？

在秦陵兵马俑中最令人费解的是：没有统帅俑。这么庞大的一支军队没有一个统帅实在说不过去，秦俑却为何单单缺少这个统帅呢？一种猜测是，这个兵俑的统帅就是咱们的始皇帝，为了维护始皇的权威与神圣，人们才没有把这位最高军事统帅给雕塑出来。

公元前238年，22岁的嬴政开始正式接手秦国的统治大权。他13岁继承皇位时，年纪尚小，大权由太后和吕不韦控制着。加冕礼

以后，年轻的嬴政才拥有了自己对军队的绝对控制权。

嫪毐叛乱并没有取得军队的支持，嫪毐企图用君王和太后的印章来策反军队，但是这印章却没有派上用场。结果参与叛乱的只有亲信几百人，被吕不韦一举剿灭了。嫪毐在当时的权力仅次于嬴政，与吕不韦并驾齐驱，是十二级爵位的顶峰。那么连这么高权威的人都没能调动军队，那么谁还能调动军队呢？这个人又凭什么去调动军队呢？

能调动军队的东西叫虎符，秦国的法律规定：除了战争时期，调动50人以上的军队，必须持有虎符。虎符被分成两半，左边的归统兵之将，右边的由国君掌管，两半合拢才能征调一支军队。于是，虎符就成为军队指挥权的标志物，没有虎符谁也指挥不了军队，是它使秦国的军队只掌握在国君之手。所以，嫪毐的失败不是应当的，而是必然的。死后的始皇帝作为地下宫殿的统治者，当然也该享有这样的权力，所以秦俑的最高统帅就是始皇帝。而如果不是发生意外，始皇帝的尸体就能统领这些兵俑。这是其中的一种猜想，也或许是因为始皇帝怕在九泉之下他的王国再次发生类似嫪毐的事件，才不设最高统帅。他比谁都知道军队的厉害，没有统帅自己就是绝对的统帅。

还有另外一种猜想是，秦国的制度是，每次出征前才由秦王指定一名将帅做统帅，这个将帅是不确定的，视战争的情形和将帅的能力而定，所以，在没发生战争的时候，统帅是不能确定的。这就是兵俑没有统帅的另一种原因。这种观点更能切合秦国当时的军事管理情况，更为可信些。

在考古工作中人们发现，秦俑一号、二号坑的木质结构几乎都被烧成了碳或灰烬。俑坑经火烧后全部坍塌，坑里的秦俑和陶马被砸得东倒西歪、身首异处，完整保存下来的很少。这火到底是谁放的呢？前面我们已经说过，项羽火烧皇陵的可能性是不大的，那么又是谁能这么胆大妄为将始皇帝的兵马给烧毁了呢？有人推测是秦人自己点了火，就像现在人们扎了纸车、纸马、纸楼……烧给去世的人一样。秦人将祭墓物和墓周的某些建筑烧掉，来供阴间的人享用。这个说法存在着疑点：一号、二号坑被烧，三号坑却基本完好，莫非古人烧祭只烧一部分，还要留一部分？道理上说不通。就算是烧祭，也不至于做这么多难烧的陶人、陶马吧？关于烧祭的猜想多半是站不住脚的。也有人说，这是因为坑内的陪葬物中有些含有有机成分，这些成分腐烂产生了沼气，引起了自燃，所以才造成了眼前的景象。这样的说法也是不可靠的。同样的环境下三号坑却没有引起自燃，怎么也解释不通。到底是谁烧毁了皇陵里的兵俑坑还有待进一步研究、取证。

在发掘俑坑后，人们试图找到泥塑制陶工艺的传人，借此来了解这些工艺的性质，从而判断当时秦国工匠的工艺水平。遗憾的是，一直没能找到这样的人。当代的制陶工艺大师静下心来研究了十几年，到现在也只仿造一些简单的陶人。他们想要复制陶马，反反复复地进行试验，竟没有一个成功的。莫非现代工艺也无法达到秦人的技术水平？秦代这种杰出的泥塑工艺和制陶工艺，令后人叹为观止。但它的技术、配方却失了传。在地下埋了20多个世纪的秦俑出土时，光鲜亮丽；敲击时，清脆润美。能制作出这样的陶俑的工艺是怎样失传的呢？这又成为有待探讨的谜团。

下面一个谜团就是前面我们提到的二号坑里那把青铜剑了，让你们用科学的方法检测分析，这些青铜剑表面竟涂有一层厚约10微米的氧化膜，其中含铬2%。这个发现可不得了，立刻引起了全世界的轰动。因为用铬盐氧化处理是近代才掌握的先进工艺。据说，德国是在1937年，美国是在1950年才发明并申请了这一专利，而且这样的处理要通过一整套复杂的设备和工艺流程下才能完成。秦人的铸造水平简直到了让人瞠目结舌的地步。更让人称奇的是，青铜剑的韧性超出人们的想象。有一把剑，忽然被150公斤的陶俑压弯了45度，当人们把秦俑搬开时，青铜剑竟然反弹回原状。这瞬间的变化几乎惊呆了在场的人员。这样精湛的铸剑技术也是世间少有的。古人是怎样将它铸造出来的呢？这又是一个谜。

秦陵里埋了太多的秘密，兵马俑本身就是一个大谜团。正是因为它身上存在种种的谜团，才使得后人展开想象的翅膀，出现了一系列美丽动人的故事。《古今大战秦俑情》《神话》《夺宝英雄》等等，都成为脍炙人口的作品。秦俑留下的不仅是古代的一座军事博物馆，同样也留给人类一笔丰饶的精神财富。

泰 山 封 禅

前文我们已经略有涉及泰山封禅的事，泰山封禅是始皇帝统一六国后，为彰显自己的功德以及给自己的统治找个名正言顺的理由而进行的活动。那么，封禅到底是怎么一回事呢？始皇帝又是怎样操作这个封禅大典的呢？结果又会是怎样呢？我们一个接一个看看。

封禅大典不是始皇帝的首创。据史书记载，自炎帝以来，君王们就开始封泰山。史上有记载的在泰山封禅的王就有七十二个。从中我们可以看出，在远古时代，泰山周围的部族或原始群落就开始进行他们自然崇拜的祭天仪式。春秋时期，齐桓公要进行封禅大典，结果管仲说，这不行，世上还没有出现美好、吉利的征兆，我们不能贸然行事。古人封泰山都是因为有祥瑞出现，祥瑞不出现就是天上的玉帝不允许。齐桓公一听不乐意了，这是什么话，我北面收拾了山戎，把疆土扩展到了河北境内；西面收服了大夏，占领了茫茫戈壁；南面又占领了河南，在熊耳山上眺望江汉平原，和那些曾经在泰山封禅的君王有什么区别？为什么他们就可以登泰山诏告天下，我就不行？管仲可不会就此罢休，依然劝谏道，以前帝王封禅的时候，风调雨顺，五谷丰登，人民安居乐业，享受太平盛世；东海上出现了比目鱼，西海也有比翼鸟，这之后祥瑞之物不断出现。现在，我们这里不仅没有凤凰光顾、麒麟踢门，就连丰实的稻谷都不充足，到处是荒草，各种各样的猛兽、凶鸟频频袭击我们的人民，国家统治还不稳定，人们生活还不富足；祥瑞也没有出现，您认为这是封禅的时机么？齐桓公无语，只好将封禅的事作罢。

也曾有鲁国的季孙氏爬到泰山上，搞了一个小型的祭典活动，结果就被我们的孔老夫子给笑了一回，说是他还不够资格。这就说明，当时的泰山封禅活动已经成为齐鲁人心中比较神圣的活动了，是只有建立丰功伟业的帝王才能进行的国家级典礼。也就是说，谁取代了周朝，如不进行封禅大典就不能得到玉帝认可，也不能赢得百姓的尊重，成为天下的新君，这一点成为齐鲁人士的共识，同时也寄托了人们渴望天下统一、长久安定的愿望。

始皇帝怎会接受这一理论，并欣然举行封禅大典呢？这还要从前期的历史讲起，秦国成为诸侯国是因为秦襄王护送周平王向东迁移有功才被封为"侯"的；而其他诸侯国不是王亲就是先代功臣。到了后来，秦缪公打败了西戎，开地千里；秦孝公又在雍州闭关锁国，与其他诸侯国断绝来往。秦孝公觉得其他诸侯国看不起秦国，于是下决心变法图强。六国对秦的歧视就成了秦国励精图治、夺取天下的动力。那么夺得天下，彰显功绩就成了一种扬眉吐气的方式。始皇帝自然也继承了先代秦王根深蒂固的想法，希望得到天下人的敬仰，一方面是为了发泄积压在心中的窝囊气，一方面是要显

示自己的功德，将自己的名字世世代代地传下去。

所以始皇帝不仅不排斥封禅大典，还积极地倡导这一活动，这是由始皇帝生长的环境和心理因素所决定的。另外我们从宗教祭祀的角度分析，祭祀天地的权利实际上是归帝王所有的。先秦的统治者都将祭祀作为统一全国的一种手段。秦襄公被封为诸侯没过多长时间就开始了争取天帝祭祀权利的过程。他自以为承继少昊氏神灵，于公元前770年设置西畤祭祀白帝，秦灵公在吴阳置上畤祭祀黄帝，置下畤祭祀炎帝。这就是说，秦国在争夺天下的同时，也在争夺祭天的权利，这是秦国势力发展的必然。后来，就有了像前文提到的五德王朝轮流执政之说来支持始皇帝封山。其实不管有没有这个学说，始皇帝都是要找到借口来进行封禅大典的。不是这个借口就是那个借口，总之，封禅是必然要举行的。那么封禅活动到底是怎样进行的呢？

《史记》上说，始皇即帝位的第三年，他便率领着他的文武大臣开始跨越千里路途，来到东方封泰山。始皇帝带着人先来到峄山，就是现在的山东邹城。在山上展开了大动作，这块石头上刻刻秦国的功绩，那块石头上刻刻秦国的风土、人情。总之，一边向天下人宣传秦国，一边向世人表示自己已经具备了封禅的资格。这就拉开了始皇帝泰山封禅的序幕。

后来，始皇帝终于来到了泰山脚下，他将齐鲁之地的儒生、博士共70多召集到这里，一起商量封禅大典的具体事宜。有的博士对始皇帝说，要用蒲草将车轮子包起来，这样就不会损伤山上的一草一木，这是对泰山的尊重，也就是对天帝的尊重。然后把山上的土地打扫干净，开始祭拜。这种方式很简单，是古代祭祀山神或祭天仪式的典型代表，始皇帝一听，可不太满意。始皇帝是个爱面子、好奢侈的人，更何况他是想利用泰山封禅来表示他的丰功伟业、地位高贵，这样简单的仪式怎么能够彰显出这样的含义呢？始皇帝开始后悔召这些齐鲁之地的庸人来，于是将这些人辞退了，自己带着他的文武大臣，连同他的"五德王朝"一起到泰山上举行他的封禅大典去了。这也是齐鲁文化与秦文化的一次交锋与融合。我们的始皇帝还真是一个特立独行的人，你说不出我满意的答案我就按自己意思办，我才不管它是不是符合你们的文化呢！那么，始皇帝又是怎么来进行他这个前无古人、后无来者的封禅大典的呢？

始皇帝脑袋瓜很清晰，他把封禅大典分了两步进行。首先，他在泰山的南面开辟了一条道路，从南坡爬上山顶，接着在南坡的石头上刻上自己的功绩，全是歌功颂德的文字。这是为了配合西周以来以德配天的说法，另外也表明自己是有资格来封这个禅的。

其次，从泰山顶上下山。禅礼采用秦国在雍祭祀天帝的形式，接着又命令不得将这个禅礼上所进行的仪式外泄。可见，始皇帝对这样举行禅礼也是没有太大信心的，他怕齐鲁人士笑话他的封禅仪式，所以将这个过程给密封起来。这不光是历代秦王留下的遗传基因，也是嬴政自卑的心理在作怪，嬴政向来就是用自负代替自卑的人。

从始皇帝整个封禅的过程来看，他处在秦文化与齐鲁文化深切的矛盾之中，一方面他想显示秦文化的不可一世，另一方面他又对齐鲁文化有着蒙眬的向往。六国人几乎都尊重齐鲁文化，而对秦文化抗拒心理强烈，面对这种境况，始皇帝请来了齐鲁七十多儒生，为他出谋划策，结果与他所受到的传统教育和意识形态截然相反，这下他心里就更加矛盾重重了。始皇帝考虑再三还是辞退了众儒生，你们哪里来回哪里去吧，我还是得按照自己的想法办。但基于泰山封禅已经不止一次，齐鲁之地的人们一定比自己更了解封禅的礼仪，为了防止成为天下人的笑谈，始皇帝只好将禅礼的过程给封

存了，这是始皇帝自卑的表现。始皇帝在这次封禅过程中也对齐鲁文化有了些了解，相信也会感到秦文化的不足。但是，始皇帝要维持秦国的尊严就不能轻易的承认这一点。随着他一次次巡游，他越发感到秦文化的不先进性，尽管他不承认，但是他的行为却说明了这一点，他后来完全为齐鲁方士所愚弄，至死都没有悔悟就透漏了他的崇齐鲁之心。

始皇帝的担心是不无道理的。他的封禅活动不仅引起了天下儒生的讥笑，甚至连他的功德也被儒生们拿来批判。《史记》中记载了儒生们对始皇帝泰山封禅的态度。书上说，始皇帝到泰山封禅的时候，中途下起了大雨，人们都到树下避雨，没有被采纳意见的儒生们听说了，就开始讥笑起始皇帝来，认为这是上天不同意始皇帝封禅的表现。当秦国灭亡的时候，《史记》上又说，始皇帝泰山封禅才十二年，秦国就灭亡了。每个儒生都痛恨秦国焚书、灭他国文字；百姓全都怨恨秦国残酷的法律，天下没有不心存反感的人，于是便借着秦亡国的事造谣说："始皇帝因为上泰山时遇到了暴风雨，封禅仪式没有举行。"

从司马迁的讲诉中我们不难看出，儒生们对始皇帝封禅的态度经历了一个发展阶段。始皇帝途中遇到大雨，没有被重用的儒生就开始幸灾乐祸，对封禅行为冷嘲热讽，但又找不到什么正当的理由，不管怎么说始皇帝都是凭着君王的身份来进行封禅大典的，当年的季孙氏不能与之相比。另外，这个时候，始皇帝和天下儒生的关系还没有闹僵，始皇帝专制、残酷的作风还没有完全形成和显现出来，刚刚从战乱中走出来的儒生们还没有从向往强秦的心理中走出来。封禅之后的十二年中，始皇帝焚书坑儒、大搞文化专制，这下可激怒了天下的儒生。秦亡以后，儒生们将平时敢怒不敢言的积愤都发泄了出来。这时候，儒生们菲薄泰山封禅的理由就更加充分

了。秦始皇本就无德、无道，泰山封禅根本就没有进行，如果真进行了怎么连记载或传说的禅礼都没有？看来，始皇帝搬起石头砸自己的脚了。不仅如此，儒生们还将秦始皇所有的功绩都一并抹灭了，从开始讥笑到将始皇帝说得一无是处。儒生们是大快其口，人们听着是大快人心。反正嬴政是不得民心的，说他的坏，人们非但不反对，还会拍手称是。其实，儒生们的说法是很夸张的。泰山气候无常，遭遇风雨是十分平常的事。司马迁记载说，始皇帝在大树下躲过了大雨以后，为了表彰这个树的护驾之功，曾经封它为"五大夫"。这说明，这场雨并没有下多大，不然，几棵树怎么能挡雨呢？说不定有雷电还会被劈死。儒生们为了自己的私愤而将秦始皇全盘否认是有失公允的，这也就更显示出了司马迁的难能可贵。司马迁对于秦始皇的评价还是比较公允的，他说，"秦取天下多暴，然世异变，成功大，传曰：'法后王'，何也？以其近己而俗变相类，议卑而易行也。学者牵于此闻，见秦在位日浅，不察其终始，因举而笑之，不敢道，此与以耳食无异。悲夫！"

再继续追讨下去，这些主张把王朝的命运紧紧联系在封禅之上的儒生们，如果不彻底否定始皇帝的封禅，又怎么向新王朝掏售他们的封禅学说呢？儒生们也许当时并没有想到，他们的评论会影响至千年。他们能看到的也只有眼前或比眼前更远一点儿的地方，至于后世那是只有圣贤们才去关注的事情。自儒生骂始皇以后，我们可怜的始皇帝就背了千古的罪名，而有些罪名是不应该背上的。

秦王朝的短命为儒生们提供了一个很好的否定泰山封禅的口实。同样，方士们可以通过否认泰山封禅来向后续的王朝说明：始皇帝之所以这么短命是因为他封禅没有成功，没有得到上天的庇护，否则，后续的王朝也不会尊重这些方士了。

始皇帝泰山封禅后的两千多年里，受到了各种各样的评论，但

总的说来，贬损的多，褒奖的少，尤其是宋代的人更是抨击猛烈。现在的我们又该怎样去看待这一事件呢？泰山封禅有它的作用，是我们不能忽视的。

始皇帝的封禅活动把原生态的泰山封禅说改造成了政教合一的受命就职典礼，这是政治对宗教的一次强有力的借用。尽管这个就职不是人民的意愿，但是毕竟是有人要当全国的国君了，不召开一个就职典礼，没有一个新闻发布会始终是不太像话的。这样泰山就成了新闻发布会的现场，七十多儒生就是记者，不管是不是扔鞋子的记者，总之能将这件事宣扬出去。所以，进行这样一个封禅大典是十分必要的。始皇帝基本上是按照宗教上的受命说来完成封禅大典的，只是这个典礼因为没有现成的礼仪、规矩，不得不用秦国旧礼代替了，但指导思想是不变的，这样比较朦胧的政教合一的形式被嬴政推上了历史舞台，汉武帝、汉光武帝、唐高宗、唐玄宗、宋真宗都举行了封禅大典。始皇帝的泰山封禅扩大了封禅大典的影响范围，提高了封禅大典的神圣性。司马迁的父亲司马谈因为没能参加上汉武帝的封禅大典竟然生了一病，到死还遗憾地对司马迁说，如今太子接掌了国家的统治，到泰山封禅，我不能一起去，真是命啊！后来的魏晋南北朝、元明清也有不少主张封禅的，可见这种政教合一的形式被封建社会广泛接受和应用，似乎还很好用呢！

泰山封禅也是始皇帝求仙的动力，泰山封禅不管能不能安抚天下百姓，都给了始皇帝自欺欺人的借口，同样的也满足了始皇帝内心的成就感与虚荣感。始皇帝的野心在封禅大典之后迅速膨胀，帝王至高无上的权威与尊严，使得始皇帝越来越渴望能长久地享用，这就为始皇帝后来的求仙问药打下了心理基础。再加上齐国方士的大肆蛊惑，始皇帝对生命无限的渴望之火被点燃了。这样下来，我们的千古一帝就在求仙的路上迷失了自己。人们往往把泰山封禅和求仙混为一谈，并且还因为求仙否定封禅。实际上泰山封禅是带有浓重的政治色彩的，而求仙确是实实在在的迷信，它是始皇帝为了满足自己永享尊贵的个人愿望而进行的活动。所以说，泰山封禅不完全出于宗教观念，而是始皇帝一统天下的政治手段罢了。我们也不可把始皇帝的泰山封禅和汉武帝的封禅等同。汉武帝封禅时，动用了大批的方士参与，自始至终带有浓重的神话色彩，延至后来，武帝竟然将封禅受命的概念给破坏了，每五年就封一次禅，简直有点不可理喻！

始皇帝的封禅活动使齐鲁文化开始融入了华夏文化的历史发展进程。"五德终始"让始皇帝初识齐鲁文化的强大，泰山封禅活动成为齐鲁文化走向中华大文化的桥梁，它对于推动中华文化的进程起到了积极作用。

彪炳千秋——秦始皇传

求仙问长生

始皇问仙

公元前 219 年，始皇帝开始了第二次出巡，泰山封禅后，大队人马浩浩荡荡地开赴渤海。始皇帝来到芝罘岛，立刻为眼前的美景所吸引。这是人间么？简直就是仙境啊！烟波浩渺的海上，船与岛屿相映生辉，海鸥不时地鸣叫，这景象令人心旷神怡。谁知，一瞬间，海面上又变换了景象，山川里有行人往来，竟然还有亭台楼阁。始皇帝哪里知道这是海市蜃楼，还以为这就是传说中的天堂。方士们见始皇帝如此痴迷于眼前的景象便迎合他求仙的心理，告诉他说这是海上的仙境。始皇帝一听自己果然料事如神，高兴起来，

秦始皇

【第六篇】恋世贪荣

— 231 —

便找人询问关于海上仙境的事情。始皇帝找到的人就是徐福。这徐福可不是一般的人，他是秦国著名的方士，通晓天文地理，对航海和医学还颇有研究，曾经担任过始皇帝的御医，始皇帝很是信任他。

始皇帝发现仙境以后，找到徐福问其状况。徐福说，始皇帝啊，这是您的福气啊！您一到来就看到了海上难得一见的仙境！是这样的：海上有蓬莱、方丈、瀛洲三座仙岛，岛上有仙人居住，他们那里有世人长生不老的药。始皇帝一听来了精神，我一直渴望能活得长久些，没想到还真有长生不老药，这不是上天的恩赐么？接着就兴高采烈地问徐福该如何得到仙人的药。徐福说，要到茫茫的大海中探访仙山，找到仙人才能得到。他请求始皇帝给他找一千个童男童女，制造可以远航的大船，上面装满粮食，这样便可以去访仙山了。始皇帝一听如果能长生不老，这些要求也没什么大不了的，于是就答应了他。一切准备妥当之后，徐福就带着船队浩浩荡荡地出发了。始皇帝一边在海边等徐福，一边探访齐鲁风情，小日子过得也算自在。这一天终于等到了徐福，谁知，徐福两手空空地归来了。徐福见到始皇帝说，他遇见了海神，海神嫌弃他带的礼薄便拒绝给他仙药。始皇帝一听也是，什么见面礼也没有给啊！于是，始皇帝就增派了三千名童男童女，将船上装满谷物、种子，还带了大批的金银和工匠。这下该够了，徐福又兴致勃勃地上路了。始皇帝心想这次一定能满足海神的要求了。哪里知道，徐福这一去，竟然音信全无。始皇帝在海边苦等了三个多月也没见徐福的影子，只好败兴而归。

在以后的9年里，始皇帝又派卢生去寻找仙药，结果也一无所获。既然找不到，那就先炼一些丹药来应付一下吧！卢生们炼了一些含有汞的仙药给始皇帝吃，始皇帝也就相信了这个可以延年益寿。公元前210年，始皇帝第五次外出巡视。他又一次来到琅琊，说也凑巧，还真的打探到了徐福消息，于是就传来了徐福。这一晃9年过去了，徐福也显老了，人说"马老奸，马老滑"，老了的徐福就更懂得怎样应付始皇帝了。徐福自知出海耗费了始皇帝国库里不少银两，想必没有个交代是不能脱险的。在见始皇帝前，他已经想好了说辞。他是这样对始皇帝说的："陛下呀，蓬莱仙山上确实有神仙居住，他们那里也有仙药，只是我们出海时总是遇到大蛟鱼阻拦，所以我们到不了仙山。我们又没有射杀蛟鱼的工具，只能空手来见您了。"始皇帝此时是有些怀疑了，决定亲自入海去看看，于是，准备了弓箭手，结果真的遇见了大蛟鱼，始皇帝这才又相信了徐福的话。始皇帝射杀大蛟鱼以后，觉得可以让徐福带足了弓箭再访仙山。徐福再次出海，这次出海就再也没有回来。据说，徐福是到了古代的日本。始皇帝直到在沙丘病死前，才幡然醒悟：世间本就没有所谓的长生不老药。

在始皇帝等待徐福探访仙山的过程中，他的求仙行为并没有因此而稍稍停滞。徐福走后，他身边出现了卢生、侯生等人。卢生又是什么人呢？

当然，卢生也是方士。据说，卢生是燕地之人，一直在碣石山中隐居。他有两个生死之交，一个叫羡门，一个叫高誓。他们俩是战国末年有名的方士，人长寿而博学。天文地理不用说，就是生活中难以解决的问题，他们也手到擒来。所以，人们都称他们为"圣贤"。卢生结识了圣贤后，眼界大开，学业不断增长。后来，两位圣贤不知所踪了。有人传说他们得到了长生不老药，成了神仙了。这话传到了秦国，当然也传到了始皇帝耳朵里。始皇帝这么一听内心的波澜又开始起伏了，赶紧命令李斯摆驾碣石。

始皇帝来到碣石，见到碣石的山这个高啊，见不到山顶，像是直通到天庭上去的。始皇帝四处打探仙人的下落，就是没有打听出来。有的人说，仙人去了蓬莱山。始皇帝一听头就大了，徐福还有音信，仙人又跑去蓬莱山！这不是让我扑空么？也有人说，仙人没有走，就在碣石山中。始皇帝下了狠心，天下之大莫非王土，就是把国家翻个底朝天我也要把你们揪出来。李斯是明白人，一看要坏事，仙人是无论如何也找不到的，只是此时的始皇帝已经仙迷心窍，听不进去劝了。但如找不到仙人，始皇帝最先迁怒的就是他手下替他跑腿的人。不行，得找个替死鬼！李斯便四下打听，有没有人认知这两位仙人。终于在人们的口中挖到了认识两位仙人的卢生，于是李斯忙找来卢生。卢生心里琢磨着，这两位前辈都已经故去了，也不是什么神仙，我到哪里给你们讨药去啊！但是，看始皇帝这架势要是实话实说还不把我大卸八块啊！于是就说，两位仙人确实去了蓬莱仙山，我要到那里才能找到他们。我需要和徐福同样的工具才能到达。卢生本想用缓兵之计，拖拖时间，找个机会逃跑算了。结果始皇帝加紧巡逻，卢生根本没有机会逃走。卢生没办法，就将从两位前辈那里学来的天文、地理知识全用到了这里。今天东风就借东风做法事，明天下雨就摆坛酬神，总之就是一个瞎折腾。可是我们的始皇帝就是好这一口，卢生怎么折腾他都信，卢生让他叫自己"真人"他就叫，就连卢生的丹药他也津津有味地吃了。

船也造好了，工具、人也准备好了，该启程了。卢生想，要是能像徐福一样出去了就不回来，找个安静的小岛一住，有这么些人陪着也不孤单，皇帝老儿又找不到，也是很好的生活啊！他哪里猜想得到，始皇帝吃一堑长一智，派人死死地看着卢生，卢生在海上徘徊了很长时间，也没找到所谓的蓬莱仙岛。卢生心里开始着急了，这要是让始皇帝知道我骗他，他还不得将我五马分尸啊！我的

亲朋好友也别想安生了。怎么办？继续骗吧，能骗多久骗多久。这样又在海上绕了几日，终于找到了一个可以落脚的小岛，卢生这下要大展拳脚了，他先是弄好了神坛开始做法事，接着又不知从哪里找来了一本《录图书》，说这是神仙传下的话，不能再走下去了，不然所有的人都会受到惩罚，死无葬身之地，始皇帝也不会长命百岁。并且还警告说，将来能亡秦国的必是以胡为名的。卢生带来的人以及始皇帝派来监视他的人，对这一说法都半信半疑，但是船上的干粮、淡水都不多了，再不回去真的要饿死了，人们都不傻，就算是假话他们也愿意相信。如果无功而返，必然激怒始皇帝，始皇帝那脾气不责问这些人才怪，运气再不好点，小命就保不住了。至于始皇帝派去的人更是认为，监管卢生不利是自己的失职，失职就要受到严惩。卢生的借口和交代刚好是给这些人的一个理由。所以说，卢生是聪明的，这个借口不仅使始皇帝不再要求他出海，还让始皇帝转移了注意力。那《录图书》上的"亡秦者胡也"，让始皇帝的注意力一下子集中到对抗胡人的战争上来。

始皇帝没有太多的时间过问求仙的事情，给卢生逃走制造了机会。卢生、侯生逃走后，再没敢露面。始皇帝杀气腾腾地四下寻访也终不可得。于是气愤难平的始皇帝就进行了前文所提到的臭名昭著的"焚书坑儒"事件。

当然，徐福、卢生求仙的过程是有人工修饰的痕迹的，但徐福、卢生确实是为始皇帝寻求过长生不老药的。始皇帝在统治六国后，为什么执迷于寻仙问药呢？此时的嬴政内心深处到底在渴望着什么呢？所谓生，不过是一种生命的存续状态，而死也不过是这种状态的结束，世人渴望的是这个状态而不是生本身，那么，始皇帝到底有着怎样的生存状态呢？接下来我们将就此展开分析。

缘何痴迷求仙路

始皇帝是中国史上第一封建帝国的缔造者，也是历史上最为杰出的政治家。他统一六国，推郡县，统一文字、货币、度量衡，结束了战国末年诸侯割据的混乱局面，为封建国家机器安装了一整套完备的运作系统。可以说始皇帝为封建社会建立了不可磨灭的功勋，他所开创的事业推动了中国历史的进程。

随着始皇帝事业达到顶峰，内心也发生了一些变化。他开始向苍天借生，为了能达到长生的目的，可以说他不惜一切代价。这个聪明一世的君王，为什么偏偏在这件事上犯起了混呢？他笃信长生有什么深刻的原因呢？

始皇帝渴望长生不是突发奇想，这和他生活的大环境有密切的关系。人，始终存活在社会之中，这个社会对他的影响是不能忽视的；尽管个人能够影响历史，但不代表历史不能反作用于他。

可以说，嬴政在年纪尚小的时候，对于生死已经有了些认识，童年那些随时可能丧命的可怕记忆在他脑海里挥之不去。登秦王位后，嬴政看惯了朝廷上的生杀荣辱。他能在残酷的现实里认清了怎样去生，但是，现实中求生的手段太过激烈，不仅折腾人还随时存在危险。这个时候，神仙思想就乘机而入。

在西方的羌族很早就有了肉体毁尽、灵魂永生的说法。语言向来是不用脚走路，就能至万里的。这个说法很快传到了齐鲁之地，与齐鲁的肉体不死、灵肉并生的观念相结合演绎成了肉体不死的传说。

说到底，神仙之说是来自大西北的。苍凉的黄土高原上，流传着昆仑山上有神仙居住的美丽传说。《山海经》等古书上记载着不死民、不死树、不死药等轶事。周穆公曾西游见到西王母。由此可见，神仙传说在先秦已经很流行了。秦人长期居住在大西北，在与羌族的战争、融合中成长、壮大，深受羌族文化的影响。秦的先人为周穆公赶过马、驾过车，自然也就将周穆公西游的故事留给了他的后人们。这是往自己脸上贴金的事，谁不愿意干呢？沾一沾仙气没有坏处的。先世的人是不会过多考虑这些传说对后世的影响的，有时候，人们吹一点儿牛不过是满足一下自己的虚荣心，借此来为生活寻求一些点缀。这些人还不会像陈胜、吴广那样抱着强烈的目的去故意杜撰一个故事。但是，这样的传说流传到后世就会变了味道。人们对传说中的内容就会添枝加叶，描绘得栩栩如生，进而形成了一个牢不可破的理论，也就有人会去相信这些理论。于是，在科技并不昌明的古代，没有办法解释的事件都会用鬼神的传说来解释。这个解释也确实很管用，当人们将问题追问到鬼神主宰的地方时，便松了口，安服于神仙的安排。秦国历代帝王都曾祭祀过鬼神，在这种文化中长大的嬴政，脑袋里装着鬼神思想一点儿也不奇怪。只是在嬴政年少时期，他有明确的现实目标，也自信自己能实现这个目标，所以，不需要借助鬼神的力量来达成自己的愿望。随着嬴政统一六国，进行一系列的改革后，他越来越感到吃力。这时候，深埋在他心灵深处的鬼神思想跳了出来。始皇帝希望鬼神能赐予自己无限的生命与力量，让他摆平眼前的事。鬼神说这个时候还只是始皇帝内心的寄托。

真正将始皇帝内心的寄托变为诉求的，是那些鼓吹神仙说的方士。他们极力宣传海上的三座神山，给神山搬进了纯白的宫殿、纯白的禽兽，还有纯白的神仙——他们长生是因为他们有长生不老的

仙药，吃了这些仙药，就可以自由自在、快乐美满地生活。但是仙人是不能与凡人来往的，否则就是犯天规，但是他们用一种神奇的方法与人们交流，这种方法就是方术。只要人们掌握了方术，就能见到神仙，得到神仙的药。但是，方术又不是什么人都能掌握的，当然需要有因缘的人才可以。于是，方士们就应运而生了，方士们实际上是这些传说的制造者，所谓的"方术""神仙论"不过是应他们的要求而生罢了，目的就是要人们用他们，他们才可以借此很好地生存下来。但是，传说中的仙药始终是要有实物呈现在眼前才行，画饼充饥怎么能让人信服？于是方士们想到了炼丹，谎称自己有炼制仙药的配方，人吃了可以益寿延年，如果你有这个命就可以永生。

在遥远的古代，这样的说法对人们很有吸引力。尤其是那些平日养尊处优、享受惯了荣华富贵的王侯将相，更是对此怀有深深的向往。《史记》中出现的齐威王、齐宣王和燕昭王等国君都曾是神仙说的牺牲品，到处寻访仙药，结果无一例外地空耗了人力、物力。但统治者们就是不死心，他们坚信神仙确实存在，只是有的人机缘不够，是不能得道成仙的。方士们的蛊惑，大大地提升了始皇帝求仙问药的兴趣。自己成了仙，不但可以长生不老，还可以随心所欲、无所不能，这是多么美妙的事啊！始皇帝几次出游几乎都与寻仙有关，这种轰动全国的行为更加鼓舞了方士们的士气，他们将神仙学说进一步推广，求仙之风越演越烈。始皇帝尽管在求仙路上屡屡跌倒，但还是发扬了跌倒爬起的光荣传统，将求仙活动进行到底。

脑袋里本就装着神仙思想的嬴政，在方士的鼓动下大踏步向他的仙药迈进。而促使始皇帝迈出这第一步的事件就是他在渤海上见到了海市蜃楼，海市蜃楼的出现使嬴政为之一震，他真正地相信了

世间有神仙的存在，踏访仙居就成了他的人生目标。海市蜃楼促使嬴政迈出了寻仙问药的第一步。

以上讲的都是外界环境对他内心世界的影响，这些社会环境为嬴政求仙问药做了很完整的铺垫，那么，嬴政如此笃定地追求长生不老有没有其他方面的目的或原因呢？当然有，如果嬴政只是一个昏聩、迷信的帝王，那么他也就不是秦始皇了。

实际上，始皇帝求仙也是怀着深刻的政治目的，这个目的就是集天下权力于一身。嬴政完成统一大业以后，享受到了以前从没有过的至高无上的皇权。世人都仰视他，群臣不敢反驳自己的意见，多少优秀的人才只是自己手下的喽罗，这样的地位与荣耀让始皇帝飘飘然起来，他不再是虚心纳谏的秦王，而是一手遮天的始皇。既然自己所开创的事业是前无古人的，那么，自己的寿命也应该是长久的。如果能让自己的生命无限地延续下去，那么，世人就会相信我始皇帝统治他们是必然的，我的权力也是天赐的。始皇帝越想越兴奋，不由得自我陶醉起来，能求得仙人的支持，自己的统治就会永世长存了。

另外，六国刚刚平定没几天，战争留下的乱摊子还没能好好地收拾，自己实行的政策又不得民心，六国余孽随时可能东山再起，这种危机四伏的局面岂是没有经历过大风浪的小孩子们能应付得来的？自己如果真的走了，丢下这风雨飘摇的局面，后来人怎么控制？为了能治理好这个国家他也要再活上个百八十年的。始皇帝时常对自己说这样的理由，说着说着连自己都相信了。

而更重要的一点是，始皇帝没有选出合适的继承人来接管自己的事业，始皇帝本就是个不把别人放在眼里的人，对于自己孩子那半斤八两的能耐，他也看在心里。他希望秦帝国能传万世，但是，这群不争气的孩子，很难担当起这个大任，只有长子扶苏还勉强是块料，但他信儒家那套东西，还当面顶撞我。我怎么能将国家交给一个和我志不同、道不合的人呢？哪怕这个人是我儿子。小儿子胡亥虽然可爱，但是毕竟不是长子，又没经历过什么风浪，无功、无德，大臣们必定不会服从于他。其他的儿子都不怎么成气候，别再像自己一样，来了太后与权臣辅政，到时，我大秦国的基业落在谁手里都不知道了。嬴政绝不愿意把尚不稳固的江山交到自己不满意的人手里，所以，求得长命也是现实的需要。

其实，所有原因里最重要的还是他自身的原因。马克思说，内因是基础，外因通过内因起作用。不管什么需要也好，始皇帝自身若不需要就无法使求仙变成行动。

中年以后的始皇帝身体状况并不好，年轻时他日理万机，没日没夜地工作，加上本人又骄奢淫逸，纵欲无度，提早地透支了自己的身体。始皇帝身体虚弱下来，不得不面对生死问题，他希望能有一种途径可以帮他摆脱死亡的威胁，至少可以延长自己的寿命。求仙恰好切合了嬴政的这个心理需求。这是嬴政求仙的一个内因，另一个内因也不容忽视。

始皇帝统一六国后所享受的华衣美食、臣喝妾拥的生活，使他忘乎所以，内心的欲望不断膨胀。这样的齐人之福，这样的光辉荣耀如果能长久地享有该是多么地惬意啊！要想长地的拥有这一切，就要有足够长的命，所以他拼命地追求长生不老。但是始皇帝也不是傻子，虽然对长生的渴望已经冲昏他的头脑，但几次求仙失败的经历使他不能再完完全全地相信神仙学说，所以，还是两手准备：一边进行他的骊山陵墓，一边进行他的求仙活动。说穿了始皇帝始终是个贪恋权势的人，说什么不放心别人掌权，说什么国家尚不稳定，说什么后继无人，统统都是因为他迷恋自己的地位以及这个地位带给他的威严和利益所致。华盛顿回弗农山庄时，美国独立战争

刚刚完成，国家百废待兴，但华盛顿知道有人能管理好这个国家，他不迷恋总统的权力，毅然离开了能给他带来尊严与利益的权位。当时不也是政局初定么？不也是急需能人掌控政局的时候么？但对权力的追求让嬴政死死地抱着帝位不放。要想长久地拥有这权位，不长生怎么行？那就找仙药吧！始皇帝沿着寻药之路，一路狂奔，直奔到沙丘病死。

求仙谜团

徐福入海求仙，最终消失在茫茫的大海上。据说，徐福带着童男童女到了日本群岛，将秦朝先进的文明传到了日本，使日本社会飞速发展。徐福也因此被日本人尊为农耕神、蚕桑神和医药神。至今，日本还将祭祀徐福的活动放在每年的大节之中。但《史记》一出，却为这段传说带来了诸多谜团。关于徐福，关于徐福的东渡，留给后人更多的猜想。

《史记》中并没有提及徐福是否去了日本；只是说他到了平原广泽，这个平原广泽在哪里，人们也不知道。有人认为，徐福确实去了日本；更有甚者提出，徐福到日本后建立了日本王朝，徐福就是日本的神武天皇，这些观点至今也没能得到证实，也可能是国人一厢情愿的说法。对这个说法进行否定的也不少，他们认为徐福只到了海南岛或朝鲜半岛。奇怪的是也有人认为徐福去了美洲。种种猜想使徐福方士成了无主的漂根。说徐福到美洲似乎有些夸张了，徐福就算再有本事，再有航海经验，恐怕也到不了太平洋彼岸的玛雅文明地。当时北美还是一片荒芜，平原广泽也只有南美的玛雅文明地才可能有。从太平洋东岸，折腾到太平洋西岸可不是闹着玩的，徐福可能还没到就命丧大海了。徐福到达的地方只能是比较近的地方。因为日本有徐福的传说，所以认为徐福到了日本的说法最能令人接受，也流传得最为广泛。

《史记·淮南衡山列传》上说，徐福到了平原广泽就再也没有回来，人们推测，徐福到达的很可能是平原地区。日本有3000多个岛屿，总面积是37.67万平方公里。全国有24%的土地是平原，比较有名的平原有关东平原、畿内平原、浓尾平原等几个大平原。除了日本列岛以外，"平原广泽"不存在在其他岛屿上。所以，徐福很有可能到的就是日本。史料上也不断地出现，徐福到达日本的事。《后汉书》里把徐福求仙入海的事，归到倭国之事里。《义楚六贴》中也说，日本又叫倭国，在东海之中。秦朝的时候，徐福带着五百个童男童女到这个国家。此外还有很多书籍也是这样记载的，但总归是没有明确的说法也没有物证存在，人们是不是以讹传讹还无法确定。日本对于徐福到达日本的境况记载得比较翔实一些。有《神皇正统记》、《林罗山文集》、《异称日本传》、《同文通考》等文献，林下见林在《异称日本传》中说，夷洲、澶州都是日本。据说，纪伊国熊野山的山脚下有徐福墓，熊野新宫东南有座蓬莱山，山前有徐福祠。类似记载还有很多，不足一列举。

在日本流传着这样的说法，日本人是徐福的后代。日本前首相羽田孜就说自己是徐福的后人。他这样说："我是秦人的后人，我的姓在很早以前写作'秦'，我当首相时，考古学家和历史学家对我的家族进行了探查，并在祖墓碑上发现了'秦'字。"羽田孜是不是姓秦我们不知道，他是不是徐福的后人我们也不清楚，他是不是因为要笼络日本人的心也不关我们的事，但是有一点我们是肯定的，那就是徐福到达日本的事是深入日本人的心的，他们对徐福的

尊重就像我们对炎黄的尊重。按照这样的说法，似乎当年徐福到的就是日本，但是有些学者提出了异议，他们认为徐福到达日本只是一个美丽的传说，日本记载的关于徐福传说的事，最早在《神皇正统记》上，也就是1339年；其他的记载要到17、18世纪了。1339年是中国的宋元时期，这个时期中华文化在世界上，至少在东方是最为先进的，日本人或许是受了宋元文化的影响，才将徐福尊为圣贤。因为，在隋唐时期，日本就频繁地与中国往来，鉴真东渡将中国文化广泛地传向了日本，但日本文献中却罕见"徐福"。所以说，"徐福"之说，可能是当时的日本人仰慕中国的文化，寻求身份认同的一种说法，徐福并没有真正地到过日本。

徐福是否到过日本，成为一个疑团。徐福如果没到过日本他又去了哪里？这又是一个疑团。这个疑团需要新的出土文物来解，也需要新的文献来解。

人们都认为，徐福是因为始皇帝派他出海寻找长生不老药才远走海外的。《史记》上说，始皇帝花费了大量的金银来支持徐福东渡，寻找他心目中的不老之药。后代的书籍也多支持这种说法。《十洲记》也说，秦始皇的时候，大宛死了很多人，尸横遍野。后来又很多只鸟衔来仙草，放在人的脸上，一瞬间人就活了。有人把这件事告诉了始皇帝，始皇帝就派人买这种草，于是问到了鬼谷子，鬼谷子说，这是东海祖洲岛上的不死草，接着又把这种草描述了一番。于是始皇帝就派徐福来到了祖洲岛。可见，很多人都认为徐福出海是始皇帝派去的。

也有人认为，徐福出海是想要逃避始皇帝责问仙草之事。《汉书·郊祀志下》这样说："徐福、韩终之属多赍童男女入海，求神采药，因逃不还，天下怨恨。"《后汉书·东夷传》说："又有夷洲及澶洲，传言秦始皇遣方士徐福将童男女数千人入海，求蓬莱神仙不得，徐福畏诛不敢还，遂止此洲。"说徐福为避祸而东渡，是可以解释得通的。徐福料想始皇帝不会放过他，逃得越远越好，逃到始皇帝武力所不能到达的地方是最安全的，所以徐福就来到了日本。在日本新宫市徐福墓碑文上也写着"盖徐生之避秦……"。支持这种观点的人也大有人在。但是有人提出了另一种避难说，这就是徐福是为了躲避秦朝残暴的统治而自主东渡的。这个说法有些不太科学，徐福虽然懂得天文、地理知识，也喜欢航海事业，但是他怎么敢保证自己就一定能逃到没有凶险的地方生活下去呢？再说，这个时候正是始皇帝对方士最热的时候。

后来又出现了一个比较新鲜的看法，那就是始皇帝英明神武，雄才大略，他并没有相信神仙之说，他派徐福出海是想要徐福开发海外。因为《吕氏春秋·为欲篇》上说始皇帝想要"北至大夏，南至北户，西至三危，东至扶木，不敢乱矣"。"扶木"就是"扶桑"，也就是日本的先称。始皇帝派徐福出海不单是为找长生不老药，更是开土拓疆，始皇帝一生四次到东海巡游就是因为他对东海诸岛虎视眈眈，他的根本目的不是仙药，而是东海诸岛。但从始皇帝后来笃信卢生，为求仙药不惜代价的行为来看，这种说法似乎也站不住脚。

人们不但对徐福是否到过日本，徐福为什么出海存有争议，就连对徐福从哪里出海也莫衷一是。有的人说，是从河北的秦皇岛；也有人说，是从慈溪和舟山；还有人说，是从江苏省海州一带；说山东青岛、龙口、徐山的也有。

有人认为，徐福入海是从河北盐山县，无棣沟入海处即徐福入海的地方。公元前219年，始皇帝东巡到琅琊，徐福第一次请求入海，因为入海地点选择不对，中途受到阻碍没能成行。公元前210年，始皇帝再次派徐福出海，徐福按照始皇帝的指示，换了个地方

出海，这个地方就是河北盐山县旧县镇，经无棣沟入海。这次出海后，徐福一去不复返。古秦台旧址就是见证，

被大家广为认同的，也是最有可能的是琅琊出海说。徐福的渡海求仙，与琅琊的关系最为密切。始皇帝三次巡游琅琊，在琅琊召见徐福两次，这个地点是徐福上书的地方也是徐福做准备工作的地方，最有可能在这里入海。司马迁很明确地说，始皇帝和徐福从琅琊起航，向北行进，绕过成山来到了芝罘，射杀了一条大鱼之后继续北上，结果到沙丘就病倒了，不久便一命呜呼。这样看来，徐福出海的地方应该就是琅琊港。

直到现在，人们也无法断定徐福出海到了哪里，为什么出海，在哪里出海。烟波浩渺的大海是不是在徐福没有到达某一处时，就将他吞没了呢？这个谁都无从知晓。这是徐福，或者说是始皇帝求仙问药留给我们的疑团，这个疑团又够我们猜想多久呢？

帝王家事

第七篇

　　始皇帝的家是个谜。从他出生到他死去，他的家就是由错乱复杂的谜团构成的。我们不知道他的亲生父亲是谁，不知道他的正妻是谁，也不知道他的妻妾都去了何方，更不知道他的儿女怎样……始皇帝来时带给我们疑问，死后依然留给我们一个模糊的背影。

长安君倒戈

　　始皇帝，不，是历史学家，留给我们的最大遗憾就是自嬴政出生到执掌秦国大权这段最为重要的人生轨迹没有记录下来。嬴政的青少年时期史学家几乎都是一笔带过，人们大谈特谈始皇帝的功过得失时，只把重点放在他亲政以后的事情上。人们基于对历史的严谨性态度，不能随便杜撰始皇帝的青少年生活。这样，始皇帝的青少年就成了后人眼中的一段空白。然而，我们都知道：一个人的成长经历对于一个人的人生观、价值观的形成有着极其深远的影响。我们能看到始皇帝的成长环境，却难以看到他青少年生活的细枝末节。至于为什么史书上没有记载嬴政人生的这段经历，可能与嬴政自身有莫大的关系。嬴政是个内心极其自卑、好胜的人，这段经历并不光彩，加上身世迷乱，始皇帝一点儿都不愿意别人知道或提及这段往事，这是他内心最深的隐痛。秦国人为了不触及到皇帝的威严，也绝口不提此事。也或许有人曾经书写过这段历史，但是被始皇帝给禁止发行了。总之，这段记忆极有可能是人为的抹杀，而不是人们的疏忽。

后人搜集了所有信息，也只能找到始皇帝青少年时期的两个玩伴。一个是前文提到的公子姬丹，也就是后来派荆轲刺杀嬴政，却引爆秦国灭燕导火索的燕太子丹；另一个就是他的弟弟成。这两个儿时的玩伴就成为嬴政少时仅有的一点儿温情。太子丹我们已经谈过，这里就不余缀，下面我们来看看嬴政的弟弟成。

成是嬴政同父异母的兄弟，年纪与嬴政相仿。嬴政和赵姬被接回秦国后，成就和嬴政成了玩伴。成和嬴政在父亲异人宽大的羽翼下过了三年的美好生活。这段时间或许是他们俩个最快活的日子，读书写字、玩耍嬉戏，年纪还小不懂忧虑。然而，幸福的时光总是短暂的。异人没当上秦王几天就带着满腹遗憾离开了人世。嬴政便顺理成章地继了秦王位。嬴政在朝堂上迅速地长大了，成也水到渠成地成了朝中的重要人物，被封为"长安君"，很有权势。

嬴政八年的时候，成带兵去攻打赵国。谁知，在屯留打着打着竟然投降了敌军，历史上称之为"成之乱"。此时的嬴政已经21岁，离正式接管秦政权只有不到一年的时间。成偏偏在这个时候叛乱，这仅仅是个巧合么？面对成的叛乱，秦国只好平乱。最后参与叛乱的军吏全部被斩了首，参与叛乱的民众被发往临洮。成侥幸逃脱来到赵国，赵国还算对得起成，把河北饶阳封给了他，使他有了安身之所。后来成的命运如何史书上再没有记载。那么，成为什么会发动叛乱呢？这两个同父异母的兄弟之间到底发生了什么事呢？这一场叛变仅仅是兄弟之间的水火不容还是另有外部势力的干预呢？国君的弟弟要做出叛兄的行为可能容易理解，但要做到叛国可就没那么容易了。到底是什么促使这位长安君叛国投敌呢？

历史上对这次叛乱的原因只字未提，这更引起了人们无限的遐想。成这样暗淡地退出历史舞台，会不会有些不甘呢？既然史书上没有明确的记载，我们只能自己分析这段历史。

要找出成叛乱的原因还要从他的身世和所处的利益关系入手。当年异人在吕不韦的保护和斡旋下回到了秦国，把嬴政和赵姬留在赵国六年之久。六年里，异人做成了太子；六年里，异人再结新欢；六年里，异人再得贵子。六年里，嬴政与赵姬东躲西藏；六年里，嬴政在欺辱中成长；六年，发生了很多事情。这六年不仅影响了始皇帝的一生，也直接关系到成的出生。

异人回到秦国后，除了见他的干妈华阳夫人外，还要见他的父亲、爷爷，自然也不能不见自己的母亲夏姬。夏姬，我们前文曾经提到过，她本就不是一个受宠的妃子，多年被人冷落，只能与儿子异人相依为命，母子的感情是很深厚的。异人认华阳夫人为干妈后，夏姬自然也母以子贵，有了出头之日。夏姬不是个很有城府的人，对于眼前所得到的一切，她心存感激。所以，她对吕不韦，对华阳夫人，对老天爷都是千恩万谢的。夏姬的渊源、出处，史书上没有提，史学家们分析她是韩国人。她是不是韩国人不重要，重要的是，她是异人的生母，是决定成能否来到这个世上的关键人物。异人回秦国时只有二十五岁，血气方刚。留在赵国的赵姬和嬴政生死未卜，按照秦国的传统以及现实的需要，异人也需要再选侧室。按照惯例，孩子的婚姻多是由生母做主的，华阳夫人虽然是异人的干妈，在政治上能干预他，但在婚姻上，夏姬才是起决定作用的人物，她自己的儿媳妇是要她来指定的。一般母亲选儿媳妇都是选自己娘家一方的人，一方面她比较熟悉，另一方面也比较可靠。胳膊肘始终是向里拐的多。另外，秦国的传统也是这样，秦武王的母亲出生在魏国，结果她就给儿子物色了一个魏夫人；秦昭王的母亲宣

太后是楚国人，她就为秦昭王选定了楚夫人。夏姬选的也是自己娘家一方的人，这个人就是韩夫人。与异人成亲的第二年，韩夫人生下了成。对于这个孙子，夏夫人是很喜爱的，毕竟是自己选定的娘家人所生。夏姬喜爱成多过喜爱嬴政。嬴政回到异人身边时已经9岁了，9年里没有接触过一次自己的奶奶，祖孙俩是陌生的。浓的是血，不是亲情。嬴政和这位奶奶也不很亲近。随着成一天天长大，夏姬、韩夫人相处越久，逐渐就形成了以夏姬、韩夫人和成为中心的政治势力。

嬴政与赵姬回到秦国，嬴政是嫡长子。因为吕不韦的斡旋，华阳夫人成为异人血脉上的干妈，政治上的亲妈。华阳夫人受吕不韦之利，对吕不韦很是亲近。赵姬和嬴政与吕不韦有着千丝万缕的联系，所以，赵姬与华阳夫人走得要近些。异人继承王位后，尊干妈华阳太后为太后，自己生母为夏太后。这样，两宫就形成了相互对峙的微妙政治局面。

异人在位时，华阳太后与夏太后没有明显的势力之争。她们有关系的连接点，这就是异人。在支持异人这一点上两宫保持着一致，但在对待赵姬与韩夫人的态度上两宫却有明显的不同。吕不韦凭着三寸不烂之舌，早将赵姬和嬴政的事情透漏给了华阳夫人，华阳夫人也认可了异人在赵国的家庭。这样，华阳夫人就不会反对赵姬做正室，嬴政做太子。但夏姬不同，他替异人选的是自己娘家一方的韩夫人，她自然希望成能成为将来王位的继承人。她虽然不是个很有心计的女人，但是，就个人的好恶来说，自然偏向于成。如果没有嬴政的出现，或许成就会被立为太子，在异人死后，接替异人的王位。成实际上是始皇帝潜在的政敌。

按照秦国的惯例，王在位，王后一般不参与政务，所以异人活着的时候，赵姬与韩夫人还相安无事。或者说，华阳夫人与夏姬风平浪静。

异人死后，十三岁的嬴政做了秦王，两宫均衡的势力被打破了。华阳夫人为首的政治势力有抬头的趋势，夏姬一派自然不甘落后，权力之争不可避免。嬴政登位，自然要封赵姬为太后，但，韩夫人也是自己父亲的夫人，所以也是有实无名的太后。在各位太后势力的角逐中，嬴政与成的关系开始恶化，明争暗斗不可避免。

嬴政初登帝位时，还是个黄头发的小子，无法理政，那么，政务的处理就要交由大人处理。大人有权处理政事的只有太后和重臣。重臣当然要属异人最为倚重的人——吕不韦了。但是，这个能帮嬴政处理政务的太后要选哪一个呢？有资格参与政务的太后就有三个：华阳夫人、夏姬、赵姬。按照秦国的传统，男子死后，继承权的顺序是：第一位，儿子；第二位，父母；第三位，妻；第四位，女。异人死后，嬴政是第一位继承人，紧接着是两宫太后，再下去才是赵姬。三位中最有实力和权利来摄政的就是华阳太后。华阳夫人是嬴政爷爷的正妻，异人的干妈，根正苗红；且在朝中有一批亲信，如阳泉君、昌平君、昌文君。就赵姬来说，她是嬴政的生母，但是因为久不在秦国，除了吕不韦，她没有任何可以依靠的人，甚至她还要依附于华阳夫人。从继承顺序、辈分和势力上来看，赵姬都没有能力摄政。再说夏姬，她是异人的生母，有摄政的权利。但是，夏姬如果不是有韩夫人和亲戚权臣的怂恿是没有争夺摄政权的野心的，她不是个很会权谋的人，否则也不会长期失宠。况且她对华阳夫人多少有些畏惧和感激，所以，她没有能力也没有强烈的愿望去摄政。在嬴政登王位到成人礼的这十年，秦国的政务实际上在上是交由华阳夫人、在下是交由吕不韦处理的。吕不韦因为为华阳夫人与异人牵线，得到了华阳夫人的信任。华阳夫人多将政务交给吕不韦处理，所以，吕不韦权倾一时。

夏太后虽然有一定的政治势力，但是，在争夺摄政权的过程中明显处于下风。韩夫人和成的日子自然也就没那么好过了。嬴政继位时只有十三岁，成也不过十岁，他与嬴政之间的关系受到三位太后关系的影响，渐渐疏远、敌对起来。

年轻的成，虽然是异人的儿子，嬴政的王弟，但是，按照秦国的法律，王子没有功劳是不能获得爵位的，所以，这让身为成生母的韩夫人很是忧虑，夏太后也觉得这样下去不行，没有爵位，将来成靠什么生活？于是，两人商量商量还是帮成先建立个功业比较符合现实。接着，她们便利用自己的关系网帮十五岁、刚懂事的成到韩国争取土地。韩国迫于秦国军事、外交的双重压力，将百里土地交给了成。于是，成得胜还朝，被封为"长安君"。有人说，成不费吹灰之力得到韩国百里之地是因为夏太后和韩夫人都是韩国人，与韩国有着莫大的利益关系，这个是不是事实还有待推敲。但我们不难推断，夏太后与韩夫人为了成能获得一官半职是费了苦心的，就算没有与韩国的关系，她们也会向朝中的重臣活动。朝中的重臣深谙此道，也可以理解，又不是什么作乱犯上的事，做个顺水人情也不错，反正能不能立功就看成的造化了，朝中重臣运用手腕到韩国要一点儿土地不是什么难事，结果成便得到了夏太后和韩夫人所希望的"长安君"。

总之，夏太后、韩夫人是成的保护伞，她们尽自己的一切努力保护着成。但是，不幸的是，夏太后在嬴政七年死去了，夏太后的死，直接影响到成在朝中的权势。赵姬本就不是一般的女人，看准了这个时机大力打击成在朝中的势力。嬴政就差一年便可掌权，这个时候最容易出现纷争，所以，要防患于未然。这时，赵姬的情人嫪毐已经在朝中有了一席之地，是可以办事的人。赵姬利用嫪毐打

击成的势力，领兵在外的成料想自己难以在朝廷中立足，必会遭到迫害，便投降了赵国。

成的叛乱，实际上是后宫争权的结果。成，生不逢时，只不过是政治权谋的牺牲品。

秦始皇

末 代 秦 王

始皇帝死后，二世胡亥即位。胡亥受他的老师赵高的蛊惑，赐死了公子扶苏，杀掉了一批支持扶苏的大臣。当年，胡亥要杀死蒙恬时，子婴曾经劝过他说："赵王迁杀死了李牧后，用颜聚；齐王建杀死了前代的忠臣后，用后胜，结果都导致了亡国。蒙氏一族是秦国的忠臣、谋士，陛下您情急之下想杀掉他们，我认为是不太妥当的。诛杀忠臣启用没有德行的奸人，会使朝廷里大臣们互不信任，也会使在外的将士们意志丧失！"二世一听也有道理，就想赦免蒙恬，结果又被赵高给忽悠了，毅然地杀死了蒙大将军。

赵高是有政治野心的人，秦二世三年的时候，赵高杀死了胡亥，想自立为王，结果大家不都支持他，他只好退而求其次，想要挟天子以令诸侯，于是拥立子婴为王。注意，是"王"而不是"帝"，赵高声称："国民暴乱后，秦国的疆域小了，不能再称为

— 255 —

【第七篇】帝王家事

'王'。"而赵高的目的是想将"帝"留给自己。

赵高杀死胡亥后，要将胡亥当做平民来埋葬，还要子婴斋戒，以便入太庙祭祖，接掌传国玉玺。子婴和两个儿子和宦者商议说："赵高这个贼人在夷望宫杀死了二世，害怕大臣们讨伐他，就虚情假意地立我为王，实际上是拿我当挡箭牌。我听说，赵高与楚国商定好了，灭了我们的宗族后，瓜分我们的土地，在关中自立为王。他要我去斋戒，再到宗庙去，一定是想趁机杀了我。我到斋宫后称病不去，他定会来找我。等到他来找我时，你们就把他杀了。"他的儿子和韩谈都做好了准备。斋戒的时间到了，赵高几次派人来请，子婴都称病不能去。赵高一想：你这是跟我玩拖啊！我可拖不起，你不来我架着你来！于是亲自跑去子婴那里。子婴见鱼上钩了，便让韩谈杀死了赵高，接着把他的家人也处死了。赵高，终于作茧自缚。

子婴接管秦宫，起义军的势头凶猛，已经打进了关中。子婴派遣将领率兵到峣关阻击刘邦军队，谁知，刘邦带军绕过了峣关，越过蒉山来到蓝田与秦军大战，结果秦军两度惨败。

公元前 206 年 10 月刘邦进入武关，到达灞上后派人劝子婴投降，子婴见大势已去就同意投降。子婴和自己妻儿将自己用绳子捆绑起来，坐在白色的马驾驶的马车上，身上穿着葬礼上所穿的白色葬袍，这是说明：我大秦国已经亡了。他们拿着皇帝的玉玺和兵符亲自到刘邦的军前投降。刘邦这个乐呀，没费力气就招降了秦王，最重要的是他还得到了传国玉玺，而项羽什么都没有，刘邦的王是坐定了的。子婴也笑了，他一辈子都生活在宫廷，最后还做了 46 天的王，宫廷对于他这个厌倦了斗争的人来说，就是一种束缚。在将玉玺转交给刘邦那一刹那，子婴也得到了解脱。这过眼的浮云又将在怎样的朝堂之上上演？那无刃的厮杀又将在哪里轮回？子婴潇洒地退出了历史舞台。

刘邦是个奸诈之人，他知道他把子婴处死会招来骂名，还不如利用项羽来个借刀杀人。项羽进入咸阳后，基于秦国的仇恨杀死了子婴。子婴被埋在了始皇陵西北角一个不起眼的角落里。墓没有堆筑封土，没有筑城垣，连墓的方向都和其他人不一样，这是因为埋葬比较仓促造成的。

人们都知道项羽进咸阳杀死了子婴，也都以为子婴是公子扶苏的儿子。关于子婴的身世自古至今有三种说法。一种是，子婴是公子扶苏的儿子。《史记·秦始皇本纪》上记载，二世子想要成为平民，但赵高不同意，硬是逼着胡亥自杀。胡亥没有办法只有自杀。赵高逼死胡亥后，"立二世之兄子公子婴为秦王"。后来的史书也是这种说法，一致认为，子婴是扶苏的儿子，嬴政的嫡孙。另一种说法是，子婴是胡亥的哥哥。在《史记·六国年表》中说，赵高谋反，二世自杀。赵高"立二世兄子婴。子婴立，刺杀高，夷三族"。这里，"子婴"是个名词，后面有"子婴立"，不能把"子"与"婴"分开来讲。子婴是嬴政的儿子，胡亥的哥哥。还有一种就是说，子婴是始皇帝的弟弟。《史记·李斯列传》中说，赵高自己知道大臣们不服他，"乃召是始皇弟，授之玺。子婴即位……"这个写得很明了。那么，子婴到底是谁的儿子呢？哪一种说法更可信呢？

子婴是扶苏儿子的说法，自东汉到现代都被史学界认同，很少有人提出异议。但仔细探究就会发现，这个说法存在着纰漏。

从年龄上来看，始皇帝只活了51岁，古人早熟，就算嬴政15岁与人结婚，16岁生子，因为比这再早就生不出孩子了。那么，扶苏在16岁生子。那么，嬴政死的时候，子婴也只有19岁，子婴再在16岁生子，那么，此时他的儿子也不过3岁。到赵高杀死胡亥，

要他斋戒时，他最大的儿子也不过6岁。而《史记》中却几处提到子婴与自己儿子商量怎么对付赵高。这么小的孩子要是知道怎么对付赵高，不是小孩是佛陀转世就是大人疯了！另外，子婴在胡亥要杀蒙恬时，曾劝过二世子一番深明大义的话。如果，子婴真是扶苏儿子，二世怎么会留他在身边并听他说这些话？胡亥即位后，曾经杀掉一批支持扶苏的人，斩草除根，他怎么能留下扶苏的亲儿子？

再从社会地位上来看，如果子婴是始皇帝的孙子，胡亥的侄子，胡亥即位时，他不过19岁，19岁的少年很难在社会上享有崇高的声誉。《史记·秦始皇本纪》上说，赵高对他的女婿咸阳令阎乐和他的弟弟赵成说："吾欲易置上，更立公子婴。子婴仁俭，百姓皆载其言。"如果子婴只是19岁的年轻人，以他的阅历，就算再有品行也达不到"百姓皆载其言"的地步。

另外，说子婴是扶苏儿子的只有《史记·秦始皇本纪》里这一处，而《六国年表》中所记载"高立二世兄子婴。子婴立……"，"子婴"作为名词不拆分，又和这个说法有出入。其他文献再没有提到子婴与"二世兄"的关系。说子婴是扶苏的儿子，是缺乏证据的。

种种迹象表明，子婴不是扶苏的儿子。那么，子婴是不是胡亥的哥哥呢？

《史记·六国年表》中的意思是，子婴是胡亥的哥哥，但仅凭这一点是不能下定论的。虽然在年龄上说，胡亥的哥哥一定在20岁以上，但最大的可能是32岁，也会有可以商量对策的儿子，但是，二世和赵高是一定要铲除这个祸患的，不会留着他，更不会还差点听了他的意见放了蒙恬。司马迁记载，始皇帝有二十多个儿子，长子是扶苏，胡亥是少子，但没说胡亥是二儿子。也就是说，胡亥前上可能还有几个哥哥。南朝的宋骃在《史记集解》中说，有

隐姓埋名的人流传下来秦将章邯手写稿'李斯为秦王死，废十七兄而立今王也'。二世是始皇帝的第十八个儿子。按照正常的即位顺序，即使是始皇帝喜爱他，胡亥也没有资格继位。所以，赵高和胡亥只有篡改遗诏了。胡亥登上皇位之后，在咸阳杀死十二个公子，在杜地十个公主、六个公子，还有公子将闾昆弟三人和公子高自杀。这样算下来，胡亥的兄弟被杀的包括扶苏在内有22人。如果，子婴是胡亥的哥哥，那么他怎么会幸免于难呢？况且他是为蒙恬求情的，蒙恬可是扶苏的人，为蒙恬求情的兄弟胡亥更不会放过。所以，子婴也很不可能是胡亥的哥哥。

就剩下子婴是始皇帝弟弟的说法了，这种说法能讲得通么？我们试试看。

子婴在《史记》中出现了三次：第一次，胡亥要杀大臣蒙恬时，子婴说了一句公道话，结果也没起作用；第二次，子婴被立为秦王后，与自己的儿子商量对策；第三次，刘邦攻入关中，子婴受降。

第一次出现，子婴向二世进谏。如果子婴是始皇帝的弟弟，这是讲得通的。子婴若是始皇帝的弟弟，那么就是胡亥的叔叔了。长辈向晚辈提建议是理所应当的，也会受到不同程度的重视。从他说的话上看也是符合这一身份的。他说："杀蒙恬，我认为不妥。"还说："诛杀忠臣启用没有德行的奸人，会使朝廷里大臣们互不信任，也会使在外的将士们意志丧失！"这样的话，如果不是长辈，谁敢说呢？这样的语气，如果不是他的叔叔，谁敢持有呢？传统的传位顺序是子继父，作为始皇帝的弟弟，子婴对胡亥的威胁是很小的，胡亥也就不会将自己所有的宗亲赶尽杀绝。如果从年龄上讲，子婴是始皇帝的弟弟的话，子婴的年龄就会偏高，有个年纪稍大的儿子商量事务是情理之中的事，也可以满足赵高杀死二世后，假立子婴

为王的条件；同时，也符合"百姓皆载其言"的现实。

赵高逼死胡亥后，把子婴作为挡箭牌继承王位，说明子婴在当时的统治者中间，是有一些号召力的，能办成赵高办不成的事儿。子婴当然不愿意做赵高的傀儡，于是将计就计地杀死了赵高，夺回了统治大权。在刘邦攻入关中之际，子婴透析局势，放弃王位。到后来参加鸿门宴，足见子婴的谋略和经验，这些不是一般年轻人能做到的。所以，子婴是始皇帝弟弟的身份更符合子婴的这段经历。

另外，秦室本来就是颛顼的后人，传到非子就是秦襄王的时候，周孝王看他们善于饲养牲口，就划了一块地给他们，成了周朝的附庸。公元前770年，秦襄公护送周平王东迁有功，被封为秦伯成为诸侯，秦国成为诸侯国。在始皇帝统一六国之前，秦国一直是地处西部边陲的远国，他们长期与西戎战争，在战争中形成了尚武的风气。同时，他们的宗法制度也与其他诸侯国有别，秦国君主的位子可以不由长子继承。自秦襄王建国到秦穆公执政，九代国君中，哥哥死了弟弟继位的就有德公、成公、穆公三人；以小儿子身份继位的有襄公异人；有孙子直接继位的有两人；不明身份的还有一人；秦国只有两个人是以长子身份继位的。所以，二世死后，子婴继位，秦人不会太排斥。

从种种迹象表明，子婴是始皇帝的弟弟的说法是很靠谱的。不管子婴是谁，他是秦王朝最后一个皇帝是事实，他是嬴政的家人也是事实。风风雨雨的秦王之家，在子婴手里画上了休止符。当然这不是子婴的错，但子婴作为秦国最后时刻的一家之主，在历史上同样抹不去那白马白衣的暗淡。

秦始皇

始皇的女人

始皇无皇后

始皇帝的后宫一直是个谜，没人知道他的正宫娘娘是谁。人们推断他本就没有立皇后，否则史书上不会一笔没有。历朝历代的皇后都会连同她的丈夫一起被载入史册，就算没有一点儿功绩或罪行，按照制度规定也是要浓墨重写的。但是，我们这位千古第一帝夫人却完全没有影踪，两千年过去了，依旧沉于海底没有浮出水面。皇后不存在也就罢了，更奇怪的是，始皇帝的后宫竟然集体失踪了，茫茫史海难以找到始皇帝女人们的半点儿足迹。这种不正常的历史现象引起了历史学家们的关注。常理讲不通的事情，必然引起人们的关注，这是人类社会的群体心理特征。

始皇帝难道没有后宫么？当然不是，不然他怎会有二十多个儿子，十几个女儿。看他成群的儿女就会知道，他的后宫充盈。没有后宫记录的史书为人们推测始皇帝的后宫提供了广阔的想象、推理空间。人们藉着历史留下的痕迹，努力地探寻着始皇帝后宫的蛛丝马迹。

所谓历史的痕迹，自然包括史书和古建筑遗址、历史遗迹等等。在始皇陵的坟墓中，始皇帝的爷爷孝文王和干奶奶华阳太后，父亲异人和母亲赵姬都是合葬在一起的，龙凤和鸣，阴阳相配，合乎法理人情。另外的太后和夫人墓，因为不是正室，所以葬在其他的地方。一切安排都妥当、完美，没有丝毫有偏于礼教的地方。我们再看看始皇帝的坟墓，孤零零地横卧在地下，没有皇后相伴。始皇帝一生风流，死后却无一人相伴，称得上是名副其实的"孤家寡人"了。也正是这座没有皇后相伴的寡人墓地，使得人们做出了种种猜想。这些猜想如果没有确切的证据来证明它们的不合理性，那么，它们还将持续地进行下去。

始皇帝身边不可能没有女人，但是死后没有皇后在身边的最大可能性就是他没有册立皇后。也就说，皇后的位置一直是个空缺。关于始皇帝为什么不设立皇后的事，人们又有不同的解释。初时，人们猜想他是后宫佳丽太多，始皇帝又是见一个爱一个的风流人，看着这个也好，那个也不错，便无从抉择了。不过，这个说法很快就有人提出了质疑。秦代以及以后的历朝历代，后宫的多少与否，与是否立后没有什么太大关系。况且，后宫再多总要有主事之人，这个人很可能成为以后的皇后，也不至于因为夫人多便不立皇后了。设立皇后又与王位的继承顺序有直接关系，始皇帝是个有决断力的人，就算再怎么风流也不会糊涂到因为看花眼而不立后的地

步。所以说始皇帝因为挑花眼拿不定主意立谁为皇后的观点是很值得商榷的。

人们也猜想始皇帝自统一六国之后，开始追求长生不老。因为总是想着能够长生不老，所以预料不到自己英年早逝，因此也就迟迟不立后。这种说法也存在疑点，始皇帝统一六国的时候，已经近四十岁了。他二十二岁亲政，按照秦王室的传统应该是亲政不久即立后。就算始皇帝因为某些原因不能立后，中间有近二十年的时间，这二十年里始皇帝是没有热衷于求仙问药的，他应该有时间和想法去立后的，但他并没有立后，这说明立不立后与追求长生也没有什么关系。

也有这样的传说：始皇帝因为爱上一个女子，而这女子不愿做皇后，所以始皇帝终生未立皇后，这个女子就是黎姜。黎姜是赵国工匠的女儿，从小和嬴政一起长大，两人青梅竹马，两小无猜。后来嬴政被接回秦国，两人的联系就此中断了，但始皇帝始终没有忘记黎姜。后来黎姜一家到秦国修兵马俑，机缘巧合之下黎姜成了六国公主的婢女，伴随公主参加选妃。结果始皇帝偏偏选中了黎姜做妃。她是嬴政的最爱，但因为出身和政治原因，黎姜不能被封为王后。始皇帝多次想册封她为后，她都拒绝了。后来，她为救扶苏，缓和始皇帝与扶苏的矛盾而自杀。因此，始皇帝就不再立后。这只是个传说，没有任何历史根据。况且立后是关系王位承袭的大事，不会因为谁愿不愿意做就搁置的。黎姜确有其人，但不能因此就说始皇帝不立后就因为黎姜的关系。这种说法不存在科学性，但也没办法完全否定。这个传说是否真实还是个谜。

被更多人所接受的说法是，始皇帝不立后与他的经历有关。始皇帝母亲生活不检点给始皇帝的心理蒙上了很深的阴影，更让他难以接受的是，他母亲还和那个叫嫪毐的男人生下了两个孩子，要篡

彪炳千秋——秦始皇传

夺他的江山。他由怨恨自己的母亲变成了不信任任何女人。他不立后，就是因为害怕像赵姬一样的事情再次发生。这一点心理因素一定是存在的，但始皇帝不立后的原因不能就这么简单，毕竟立后不仅是关系后宫由谁做主的问题，还是关系到王位继承的大问题。始皇帝的父亲也是因为认了华阳夫人这个干娘才得以顺利继位的。所以，单是因为始皇帝的心理因素也不足以成为他不立后的原因，几十年的时间，始皇帝不至于一个女人都不能入眼。始皇帝是个精明的政治人物，有着政治人物统筹全局的思维，不可能单单在立后的问题上短了见识。

公元前210年，也就是始皇帝在位三十七年的时候，始皇帝第五次出巡，结果回来经过沙丘宫的时候，始皇帝的病情急剧恶化，没治好，死了。胡亥、赵高大做文章，伪造诏书，谋杀了公子扶苏。接着就发生了《史记》上记载的，始皇帝死后葬在了骊山，之后，胡亥迫害皇室，下令说："先帝的后宫没有子女的不能释放出宫。"于是全部处死，因为这一道命令后宫死了很多人。从这段记载中我们隐约可以窥见始皇帝后宫的情形。始皇帝的后宫一定有不少人，从秦以及秦以后的制度上来看，首先，始皇帝应该有一个主事的准皇后，这个人未必有皇后的名分，但是一定行使着皇后的权力。她或许是始皇帝第一个妻子或是他所信赖的人，这我们不得而知。其次，始皇帝的侧室很多，秦时有一整套的后宫管理制度，侧室称夫人。夫人的名号有美人、良人、八子、七子、长使、少使等数种。她们身份的高低，俸禄的多少都有明文规定。如果每个名分有一个人对应，那么始皇帝的后宫就要有十来人。胡亥将这些后宫们又分为有子女的和没子女的来处理，没子女的被杀，杀了很多人。这就说明始皇帝的后宫充盈得很，能立为皇后的人也不少。始皇帝不立后定有更深层次的原因。

　　始皇帝知道自己的父亲是靠干奶奶的势力登上王位，干奶奶又在多种势力的角逐中岿然不动地守住了自己的地位，且有足够的力量左右朝中政务，尽管吕不韦几乎独揽大权，但华阳夫人的意见也不可小觑。另外，自己娘亲所宠爱的嫪毐，没什么能力竟也能在朝中形成一种气候。可见，后宫力量的强大。始皇帝如果立后，就要平衡后宫在朝中所渗透的势力，这个势力平衡不好，就要出乱子。在立后之前，大臣们一定也会紧锣密鼓地展开势力之争，这是嬴政不希望看到的。嬴政是个深谙法家帝王之术的人，而法家的帝王之术是不到决策时刻，一般人猜不出帝王的想法。嬴政不立后，大臣们的势力均衡是不会被打破；不立后，外戚就不会借助后宫的力量一枝独秀。始皇帝的政治算盘一向打得是叮咣响的。另外，王后的册立是关系到后续继承人的问题，在没有确定确切的继承人之前，始皇帝是不会轻易地去立他的后的。

　　实际上始皇帝不立后，不是单纯的心理因素所能解释的，他同时也要受到现实状况的制约和羁绊。所以说，始皇帝无皇后也是奇中无奇的事。

　　也有人猜想，始皇帝是立过王后的，或许后来因为什么不光彩的原因废掉了，始皇帝不准史书记载，于是就没流传下来。这种说法也不太可能，就算再不光彩的事，即使正史没有收集，野史也会有所沾顾；而始皇帝的皇后连传说都没有。

　　总之，始皇帝是否立过后，如果立了，立的是谁，始皇帝的后宫都有谁，全成了历史的悬案，等待后人去猜想与求证。

准王后推为楚夫人

　　始皇帝什么时候结的婚，什么时候立的后，史书上没有一点儿记载。但是我们可以从先秦的王室体例上推测一下。嬴政的祖爷爷秦惠王十九岁即位，二十二岁行成人礼，二十三岁娶魏夫人为王后成婚。嬴政沿袭秦王室的做法，在二十二岁行成人礼。如果他能依照传统成婚，那么，他可能在二十三岁时娶妻。嬴政娶妻之前，嬴政的奶奶夏太后已经过世，华阳夫人占据后宫的统治地位，嫪毐叛变后，赵姬被赶出咸阳。所以，能决定嬴政婚姻的只剩下华阳夫人一个人。华阳夫人是楚国人，按照约定俗成的规矩，华阳夫人会从楚国的亲系中找到合适的人选作为始皇帝的王后。当然，始皇帝未必答应。但出于面子和权谋的考虑是要娶回来的，所以，也不封为"后"。但这位娶回来的楚夫人是不能太怠慢的，可以跟从华阳夫人管理后宫大小事务，就是准王后。

　　准王后应该是华阳夫人一派的人物，与同是华阳一派的昌平君可能有血缘关系。昌平君是战国末年楚国之子的儿子，实际上也是楚国的王子。从华阳一派选出的夫人必定与昌平君站在同一战线上。华阳夫人死后，华阳一派的势力开始衰败下来，昌平君被赶出咸阳，迁徙到了郢陈。准王后楚夫人的地位也会受到很大的冲击，本就不被嬴政看重的楚夫人因为失了华阳夫人这个保护伞，渐渐地地位被动摇了。直到后来，昌平君上演了一场反秦复楚的大戏后，秦国将其定为叛臣，楚夫人受到株连，退出始皇帝后宫的舞台，关于楚夫人的生平事迹也被消档了。

再推理下去，如果楚夫人是嬴政的第一个夫人，那么，扶苏就该是楚夫人的儿子。始皇帝在死之前没有明确自己的继承人，直接给了赵高篡改遗诏的机会。他最看重的是长子扶苏，却没有立楚夫人为王后，想必一方面受到华阳系势力衰落的影响，一方面受到了昌平君叛乱的刺激。始皇帝统一六国后，实行的一系列暴政激起了六国人民的不满，书写人们气愤心情的书籍也不在少数，始皇帝在统一文字、焚六国之书的时候，想必也将这些不满的书籍和六国历史一起毁灭了。

战国时期，经常是王室与王室之间相互通婚，这个传统一直保持到嬴政统一六国。交往是双方面的，六国历史同样记载了各自国与他国通婚的情况。六国之书已经毁灭，如果不对自己国家关于彼此交往的记录做适当修改，那么人们就会对秦国的历史产生怀疑或疑惑，所以，秦国也会对王室交往的历史做些修改，楚夫人的历史也将做适当的调整。到始皇帝死后，赵高、李斯、胡亥篡改了诏书，逼死了长子扶苏，所以楚夫人是准王后的历史怎么能让天下人知道呢？这样不代表着扶苏是皇帝的继承人么？他们大逆不道的罪行不就公诸于世了？所以，就将楚夫人的历史都删除算了，反正，六国之书已经毁了，死无对证。

于是，始皇帝非但没有皇后，就连准皇后都没有了。千古一帝生前莺燕环绕，死后却冷冷清清，是悲哀还是干净？只有泉下的始皇帝自己知道了。

谁是胡亥的母亲

在古代，年纪较小的孩子受宠，一般是因为年纪大的父亲偏爱年纪小的母亲。前文传说，胡亥是嬴政的第十八个孩子，那么，胡亥应该是始皇帝中年时期得到的儿子，胡亥的母亲必定还很年轻。老夫少妻，爱屋及乌，始皇帝疼爱这个孩子也是情理之中的事情。

秦以前的王后行事都是比较低调的，很少干预政治，丈夫死了，儿子即位，自己当上可以摄政的太后，才积极地参与了政治。

秦国有宣太后主政41年，华阳太后摄政的历史，这些都是在她们丈夫死后，儿子年幼继位的情况下发生的。胡亥即位时，并没有太后摄政的记载。别说是摄政，就连听都没听说过，这是非常怪异的现象，就算自己母亲出身再寒微或做出了有失自己颜面的事，做了皇帝的儿子也不该一字不提的。

胡亥对自己的老师赵高是非常信任的，李斯一批老臣曾上书请求胡亥清除赵高，但是，胡亥却回复说："朕少失先人，无所识知，不习治民，而君又老，恐与天下绝矣。朕非属赵君，当谁任哉？"也就是说，你们这些老臣要能容人，不要怀疑、加害自己的老师，你们现在老了，不能教我怎样管理国家，我身边能指望的也就只有我的老师赵高了。可见，胡亥给了赵高怎样的信任，可是到最后，就是这位被他当做父亲来相信的人竟然逼死了他。在这里我们要注意一点，胡亥说"少失先人"。"少失先人"，不可能指失去的是始皇帝。始皇帝刚刚去世，就不是"少失先人"而是"初失先人"。那么这个先人就是指少儿时代自己的母亲了。另外，如果他的母亲还活着，那么必定也会有自己的一方势力来作为胡亥的外援，怎么就只有自己的老师赵高可以依靠呢？所以推定，胡亥的母亲早亡，因此史书鲜有涉及。也正是基于此，始皇帝才对他格外疼爱吧！

关于始皇帝的女人，民间有流传的阿房女的故事，也有孟姜女、黎姜、公孙玉的故事。前面我们或略有提及，就不再余赘了。

公 子 扶 苏

　　始皇帝开创了中国历史上第一个统一的大帝国，他的儿子扶苏也是人中龙凤，只可惜这个德才兼备的儿子却在宫廷政变中成了牺牲品。李清照写项羽："至今思项羽，不肯过大江。"我们也可以这样说："至今思扶苏，不肯反二世。"如果当年扶苏肯带领蒙恬灭掉二世，秦朝是不是会走得更久远一些呢？然而历史没有假设，我们只能回看它的足迹，在这铁一般的时光通道里感叹。

　　扶苏，始皇帝的大儿子，最有资格继承始皇帝衣钵的人。据说，他的母亲是郑妃，郑国人。因为喜爱当时非常流行的一首名叫《山有扶苏》的情歌，而将孩子的名字取名"扶苏"，就是树木枝繁叶茂的意思。可见，始皇帝是对扶苏是寄予了厚望的，希望他将来能给国家带来繁荣昌盛，也希望自己子孙满堂。所以，少时的扶苏是受过良好的教育的。

关于扶苏的母亲郑妃是郑国人的说法是存在错误的。嬴政执政时是公元前 238 年，而公元前 375 年郑国为韩国所灭，之间相差 137 年，也就是说，嬴政如果娶的是郑妃，那么郑妃至少是 130 多岁的人妖了。所以，扶苏的妈妈不可能是郑妃，而是我们前面所说的楚妃。楚妃虽然不见得是嬴政喜爱的夫人，但是扶苏怎么也是自己的第一个孩子，初为人父的始皇帝还是对扶苏很疼爱的。楚妃自然爱自己的儿子，这是她下半辈子的依靠啊！扶苏在父母的关爱下度过了幸福的少年时光，他的人格也得到了较为健全的发展。

少年时的扶苏就显示出了他的聪颖和仁爱，对待手下人宽厚、仁慈，能体谅他人的难处。宫中的人都很敬重他。随着年纪的增长，这种仁爱的性格为始皇帝所排斥了。始皇帝是彻头彻尾的法家思想的执行者，在他眼里扶苏的仁爱是对自己的残忍，很难管制住别人。在始皇帝的眼里，没有铁血的手腕是没办法管理好国家的，把政权交到扶苏手里多少有些不放心。始皇帝最大的错误不是他在统一六国时使用冰冷、残酷的铁蹄，也不是统一初期的专制作风，而是他始终没有明白：得天下靠武，守江山靠仁。扶苏在能够参政的年纪，上朝与秦国群臣一起讨论政务，但最让嬴政受不了的是，自己的儿子竟然多次在朝堂之上反对自己的意见。父子俩常常是政见不合的，嬴政心里很不痛快：老子养了你，给你吃、给你穿，最重要的是还给了你参政的机会，你竟然屡次的反对我的政令，我难道养了个敌对分子么？扶苏在始皇帝这里越来越不受待见。

父子俩思想观念上的冲突最终在"焚书坑儒"的事情上爆发了。在李斯的煽动下，嬴政欣然地接受了"焚书"的建议。扶苏曾劝过始皇帝，始皇帝认为扶苏是妇人之仁，不予理睬。接着，始皇帝因为痛恨方士的欺骗，要把四百多名儒生在咸阳活埋了。扶苏预料到事态的严重性，便劝谏说："父皇，现在天下刚刚平定，四周

【第七篇】帝王家事

— 271 —

的百姓还没有完全归附于我们，这些人都是孔子思想的追随者，我们若是要用重法来制裁他们，恐怕会引起百姓的惊恐。希望父皇您明察秋毫。"嬴政一听就火了：你个毛头小子，你不赞同我的做法也就罢了，还在群臣面前摆我阵，我皇帝的威严何在？你小子这样心慈手软能有什么出息，把你弄到下面去吃吃苦头，让你知道什么是现实，你就知道什么是举政为艰了。于是，一声令下：发配到边疆陪蒙大将军修长城去吧！就这样，扶苏一下子被贬到边疆反省去了。

现在我们再来看看扶苏的劝谏内容，哪一点显示了他的治国之才，却触怒了始皇帝。扶苏说，天下刚刚平定，百姓还没有归心，这样做会引起百姓的恐慌，人心不稳，怎么样能稳住国家呢？确实如此，秦皇刚统一六国不久，六国遗民本就不服管制，加上秦实行的强制性管制，人们只是被迫地在强权的统治下生存，再有什么风吹草动便会引起他们的恐慌，逼他们走上绝路。实际上这完全符合秦统一之初的国情，百姓正是亟待安抚的时候，你再搞一出坑儒事件，民心就更加不稳。扶苏已经看到了秦面临的局面，说明他是有政治嗅觉和眼光的。扶苏还有第二层意思，那就是儒生没有大的过错，你这样制裁他们太狠了。就是这一点彻底激怒了始皇帝：还说这些儒生没错，他们骗我为我求长生药，结果一个个席卷了我的财产全都跑得无影无踪了，我要制裁他们倒是我错了？你扶苏是什么脑袋？结果，扶苏正好撞在枪口上，窝了一肚子火没地方撒的嬴政刚好把愤怒全泼到扶苏身上。伴君如伴虎，这句话真是一点儿没错。扶苏就这样被赶到边疆和蒙恬大将军做伴去了。

事实上，扶苏类似的劝谏不止一次，只是这一次比较激烈而已。我们可以根据后来陈胜所说的话推测出扶苏与嬴政政见的分歧。陈胜说："扶苏以数谏故，上使外将兵"；赵高伪造的将扶苏赐

死的诏书中，也称扶苏"乃反数上书直言诽谤我所为"。也就是说，扶苏曾多次向始皇帝进言。忠言逆耳，一次两次尚可接受，多次的如鲠在喉必定引起"唯我独尊"的始皇帝的不满。父子的关系随着政见分歧的加深，逐渐地疏远、淡薄。

扶苏在蒙恬的军队里做监军，一边帮助蒙恬修建长城，一边戍边。两年里，他吃了不少苦，也经历了一些战事，逐渐地成熟起来。他还是一样地仁爱待人，与蒙恬结下了深厚的友谊，将士们也多爱戴他。始皇帝是个有心眼的人，他表面上没有过问扶苏的任何情况，实际上也派人打探扶苏在边地的表现。当听说扶苏得人爱戴时，心里也是颇为高兴的，只是还不是调他回来的时候，让他多吃些苦，知道些政治的残酷也少一点儿顶撞。气消了的始皇帝感到自己的一时冲动也会带给扶苏一些好处，所以也就迟迟没调扶苏回来。

始皇帝没想到的是，他还没有来得及等到扶苏锻炼成帝王的心狠，自己就命归西天了。始皇帝一直都知道扶苏是个帝王之才，只是他一味地反对自己，又面慈心软才将他下放进行锻炼。现在自己眼看就要不行了怎么的也得招他回来，于是"乃为玺书赐公子扶苏，上写'与丧会咸阳而葬'"。意思是将传国玉玺赐给他，命他来主持自己的葬礼。能将传国玉玺给扶苏就是在明示扶苏是自己的接班人。始皇帝万万没想到的是：自己一直宠爱的小儿子会在奸臣赵高的怂恿下，将自己的遗诏给篡改了。一般性的篡改也就罢了，最毒的斩草除根，一点儿活口不留，利用始皇帝之口，将扶苏彻底解决。篡改后的诏书的内容是：我巡游天下，祭祀各地的神灵祈求他们帮助我增寿。现在扶苏在蒙恬那里驻守边疆，已经三年了，没有作出什么成绩，也没有立下半点功劳，反而多次上书诽谤我的所做所为，又因为不能解职回京当太子，日夜怨恨不满。扶苏作为人子是不孝顺的，赐剑自杀！将军蒙恬和扶苏整日在一起，不但不纠正他的错误，还帮助他说好话，作为人臣是不忠的，现在一同赐死，把军权交给王离。这道圣旨可够狠毒的，一下子将扶苏全盘否定不说，还将扶苏与可能支持他的蒙恬将军一起送去见阎王。

扶苏接到始皇帝的遗诏后，傻了眼：自己没有犯过什么错，就是多进了几次言，怎会招致自己父亲如此的怨恨？父亲难道真的如人们口中传闻说的那样心狠手辣？人说"虎毒不食子"，我父亲竟然连老虎都不如？罢了，身体发肤受之父母，既然我的身体、骨肉都是你给的，那么你就拿回去吧！他哪里知道这是他同父异母的弟弟的杰作。扶苏犯了糊涂，蒙恬还是有一些清醒的，他劝阻扶苏："皇上在外地，没有立太子，而我带着三十万大军被派到这里驻守边关，公子你被派来当监军，这是多么大的信任啊！现在要杀我们却只派来一个使者，其中定是有诈的。我们再请示一下去赴死也不晚啊！"扶苏的糊涂劲上来了。"既然父亲要我死，我还有什么请示的？"说着拿起剑就自杀了。扶苏在政治面前是个失败者，他的仁爱成就了他"贤德"的美名，也断送了他的性命；同时也被起义军利用，成为揭竿而起攻打他父亲王朝的口实。扶苏作为政治人物是可悲的，始皇帝的担心也不是一点儿道理也没有，扶苏太缺乏政治斗争经验了。

人们一直奇怪的是，为什么赵高就这么有把握扶苏会听从命令自杀？这可是一招险棋，弄不好扶苏就会倒戈而起，这时候，他可是手握三十万大军的将帅啊！况且朝中老臣都很拥戴扶苏的。这就是赵高的高明之处，他太会洞察人物心理了，对始皇帝这么难以摸透的人，他都能应付得来，何况是涉世不深的毛头小子。他太了解扶苏的个性了，他这样评价扶苏：刚毅而武勇，信人而奋士。说扶苏容易相信别人，就是因为这个弱点，才使得赵高的奸计得逞。张

居正曾经这样评价扶苏：扶苏是个仁慈而懦弱的人。

嬴政辞世，扶苏别国，蒙恬枉死，之后，秦末农民揭竿而起，大秦帝国的光辉历程走到了末路。扶苏的死对秦帝国来说是个巨大的损失，它不仅是失去了可以将秦朝延续下去的王子，更失去了天下百姓的民心。二世的无德、无为为农民起义做了最好的铺垫。

是的，历史往往是惊人的相似。仁爱却没有政治经验的皇子们经常被那些心狠手辣的家伙算计，最后，成为政治的牺牲品。确切地说，这不是历史的相似而是人性的相似。对权力的向往与追求，常常让人们迷失了作为"人"最本性的东西，他们牺牲掉善良、仁慈、宽容、博大为的只是赢取一世的繁华显贵。值得么？或许这个问题人们到死那一刻才能真正回答自己。

后世对于扶苏的死，看法有两种：一种是完全否定的，像张居正，他说扶苏的死完全是愚孝，不明原因，让你死你就死，结果害得自己枉死，大秦江山落入奸佞之手，这不是愚孝是什么呢？而另一种说法就是苏轼所持有的：父让子死，子不得不死才叫真的孝。这两种看法被后世的人争论不休。他们争论的实质已经不是孝不孝的问题，而是在封建正统社会里，怎样做才符合封建礼教的问题。就现代人的观点来说，扶苏是愚孝，也是不得不做出的决定。扶苏太了解自己的父亲，他知道以自己父亲的性格会做出"食子"的决定。于是，即使在没有足够正式的赐死诏令的情况下，他也遵从这个决定。始皇帝的寡恩薄施连自己的孩子都深信不疑，这是不是也是一种悲哀？

人们在秦陵兵马俑博物馆的三号坑西侧，发现了一座古墓。这个古墓的规模和气派比其他陪葬墓都要大，显然这个人在秦皇室中的地位是很尊贵的。有人推断这是一位享有较高地位的公子，再加上墓地处在兵马俑指挥部后方重要位置上，人们推断这个人生前与军事有着很深的渊源，这个人最大的可能就是公子扶苏。这个墓是不是扶苏墓尚不能断定，因为胡亥是不是允许扶苏葬在这个位置上还是未知数。人们一般认为扶苏墓是在陕西绥德城东的疏属山上，上面有墓冢，还立着"秦长子扶苏墓"的石碑。绥德城内还有扶苏巷和扶苏庙，城北还有扶苏赏月的月宫寺。总之，公子扶苏的墓真正在哪里还不能确定，或许只有到始皇陵全部重现人间之时才能揭晓。

秦二世子

　　前面，我们已经不止一次地提过这个谋朝篡位的胡亥，却没有对他进行正面的介绍。据计算胡亥是始皇帝的第十八个儿子。小时候，很是乖巧，因为性格较为随性、柔弱，所以颇得始皇帝怜爱。始皇帝经常在出游时，将他带在身边。胡亥也是个读过书的人，说他不学无术大概是从指鹿为马的事情上来的。但指鹿为马是不是有更深层的原因还有待探讨。一般来说，胡亥从师赵高，还是很听赵高的话的。就这点而言，他读书应该是很用功的，不然始皇帝也不是傻子，干嘛喜欢一个不学无术的人？

　　前文说过，胡亥少时丧母，身为父亲的始皇帝对他格外地宠爱。在始皇帝的宠爱下，胡亥同样过着幸福的生活。只是母亲不在人世，多多少少让少年有孤苦无依之感，否则，也不至于如此信任赵高。赵高几乎与年少的胡亥形影不离。赵高又极会逢迎，胡亥怎会对他不信任呢？

　　胡亥的继位可以说是赵高一手策划的。在嬴政的儿子中，胡亥可能是最顽劣的一个。也或许就是因为他率性而为，才赢得了嬴政的欢心。

　　一次，始皇帝大摆筵席，款待群臣，按照规定，大臣们进殿之前都要将鞋子脱在殿门之外，摆放整齐。大臣们脱掉了鞋子，整整齐齐地摆好后，进殿饮酒。胡亥坐了一会儿就坐不住了，他不愿意一板一眼地进行宫廷礼仪，吃饱后，便跑到殿前去踢大臣们的鞋子。大臣们的鞋子被他踢得东倒西歪，大臣们见了直摇头，而始皇帝却哈哈大笑。始皇帝对胡亥的溺爱，放任了胡亥任性而为的性格。随着年龄的增长，胡亥越来越妄为。

　　自从赵高当上胡亥的老师之后，在赵高花言巧语的唆使下，胡亥变得越来越胆大妄为了。在始皇帝第五次出巡时，胡亥也一同出行了。就在行进途中，始皇帝病重。始皇帝临死之前，下令召回扶苏主持葬礼，就在这千钧一发之际，变故发生了。赵高，这个乱臣贼子，狠狠地钻了一下政治的空子。这个空子直接导致了秦王朝瘫痪。赵高异常积极地说服胡亥篡改遗诏，杀死皇兄。开始时，胡亥并不同意。他认为：明智的君王能够识别他的臣子；同样明智的父亲可以了解自己的儿子。始皇帝走了，他不封儿子为王，没有什么可说的，父亲的安排也是天经地义的。结果，赵高弄了一鼻子灰。但赵高不甘心，继续游说，现在天下就掌握在你、我、李斯之手，只要你一道命令，天下可就是你的了！做皇帝还是做臣子就在您一念之间了。胡亥有些动心了，但想到：违抗父命、废兄捣乱社稷的事，还是摇头拒绝了。这个时候你不得不佩服赵高的死皮赖脸了，不管用尽什么办法，都要将胡亥说动，这样的乱臣贼子还真不找，算是老天赐给嬴政的"礼物"了。赵高接着蛊惑胡亥说，这不是什

么大逆不道的事，商汤不是杀了夏桀么？周武王不是灭了商纣么？卫君不是也杀了他的父亲么？没见人骂，倒见人人称颂呢！这一招还真是奏效，小胡亥就这么被拿下了。当然，外因要通过内因起作用。如果不是胡亥真的想当什么九五之尊的皇帝，赵高也没办法扶一把烂泥。胡亥多多少少都是有称王做帝的野心的。

在摆平了胡亥之后，赵高又积极奔走说服李斯协助完成遗诏的篡改。像前文所讲，李斯也抵不住赵高的诱惑，终于松口同意将始皇帝的遗诏修改。于是，就发生了后来的扶苏自杀、蒙恬冤死的悲剧。本以为一场血雨腥风就此告于段落，谁知好戏刚刚上演。胡亥为铲除异己，将自己的兄弟姐妹纷纷处死，胡亥这个时候已经杀红了眼，一不做二不休，既然做了就做彻底点儿，赵高这个名师真就教出了高徒，古今难得啊！胡亥将能找出罪名的都杀了，没找出罪名的也不能轻易放过。将间等三人行事比较沉稳，胡亥找不出借口，但还是逼着他们自尽了。将间曾经问过胡亥派来的人："宫廷中的礼节，我们哪一点没有遵守呢？朝廷规定的礼制，我们哪一点违背了呢？听命应对，我们更没有过失，凭什么说我们不是忠良，要我们自裁？"派来的人却说："我不知道你们为什么被定罪处死，我只是奉命行事。"兄弟们没有办法只好仰天长啸，拔剑自刎。

在始皇帝的儿子中，死的好看一点儿的就是公子高了。公子高看着自己的兄弟一个个地被胡亥杀死，并一个个地冠上了恶名，料定自己也难逃厄运。他怕逃跑累及家人，于是决心以死保全家人的性命。他上书胡亥说，愿意到骊山为父亲陪葬。胡亥一听好么，正愁找不到理由杀你呢，可巧你自己送上门来了，那就送你个人情吧！于是，就埋了他，并说他孝顺，赐予他家人十万钱。

手足都不肯放过的胡亥，对待臣子就更不在乎了。先前提到的蒙家兄弟刚死，他又在赵高的唆使下设法逼死了右丞相冯去疾和将

军冯劫。同时赵高的人也一批批地安插到朝廷中来，赵高的党羽遍布朝廷。昏庸的胡亥竟对此不闻不问，只管享乐。赵高并不满足朝中是自己的人，他还借机向胡亥进谗言，杀死了不少地方官。公元前209年，胡亥像自己的父亲一样，巡游天下。在巡游的途中，赵高向胡亥说：“陛下您应该趁巡游天下的机会，树立自己的威望，杀几个不听话的官吏来树立自己的威信。”于是，胡亥便找了几个看不顺眼的官吏，杀鸡儆猴了。这下弄得大臣们更加诚惶诚恐。

对于李斯，当然是“狡兔死，走狗烹；飞鸟尽，良弓藏”了。当然这个做法不能太低下了。赵高对陷害人的事一向拿手得很。赵高先是告诉李斯说：“李丞相啊，现在全国各地农民暴乱，形势危急，皇上还在修建阿房宫，我地位低微不敢进言，这话由丞相说才合适啊！”李斯一听，可不是嘛！早想说了，只是没有机会。赵高像是吃了摇头丸一样兴奋地说：“如若丞相真想进言，我帮丞相安排。”就这样，李斯中计了。接下来赵高安排的机会都刚巧赶上胡亥寻欢作乐的时候。李斯坏了胡亥的三次好事，胡亥对李斯不厌其烦。赵高看出胡亥对李斯的反感之后，便向胡亥状告了李斯的三条罪名：一是，李斯是胡亥取得天下的功臣，却得不到重用，他想与胡亥同分天下。胡亥一听这还得了，怪不得老是看自己不顺眼！二是，李斯包庇陈胜。李斯的儿子是三川郡守，陈胜在三川郡做乱时，李斯的儿子没有镇压，听说是李斯告的密。胡亥这一听就更信以为真了。赵高接着对胡亥说李斯的第三条罪状，李斯的权力太大了，甚至超过了胡亥。胡亥本来就害怕大臣们对自己的统治不满，一听这个就更坐不住了，于是想办法铲除李斯。李斯听说这件事后便上书胡亥揭发赵高的罪行。胡亥这个昏君竟然拿给赵高看，赵高与李斯的战争爆发了。赵高进一步陷害李斯，欲加之罪，何患无辞？李斯终于在严刑逼供之下，屈打成招。赵高拿着李斯的供词上报胡亥。胡亥将李斯"具五行"，李斯一家也连坐被杀。一代名相就这样惨死在奸臣之手。

胡亥是个贪图享乐的人，没有治国的抱负。他对赵高说："人生就像飞奔的马过墙的缝隙一样快，做了皇帝，我想尽情享乐，爱卿你看如何呢？"赵高心里高兴了，这可不正合他企图专权的心思么？于是他千方百计地向胡亥推荐享乐的方法。胡亥不满足这些，他希望能长久地享受安乐。他对赵高说："我曾经听韩非子说过，尧做君主的时候，住茅草做的房子，喝野菜做的汤，冬天裹鹿皮当衣服取暖，夏天穿麻衣；大禹治水，三过家门而不入，最后还死在了外地。做帝王就是这样的么，难道这是他们一开始的愿望么？清贫的生活大概是穷书生们所提倡的吧，不是帝王所希望得到的。既然得了天下就该用来满足自己的愿望，这样才叫做富有天下啊！自己一点儿好处都没有又怎么愿意去管理国家呢？我想要永远享有这份安乐，该怎样做呢？"胡亥倒真是率直呢！这一番言论若放在其他君王那里，是断然不敢说的。

李斯听到赵高这么说，害怕他听了赵高的话，自己失宠就实行了加强皇权、镇压百姓的方法，胡亥也听从了，于是加重了赋税和徭役，最终导致了秦末农民起义的爆发。

胡亥不愿意听天下大乱的话，只喜欢粉饰太平的语言。在一次讨论是否发兵平定农民暴乱的时候，胡亥不愿意接受有农民反叛的事实，认为发兵没有必要。近臣叔孙通太了解胡亥了，他对胡亥说："事实上天下并没有反叛，始皇帝已经拆了城墙，收缴了天下的武器，谁还反叛呢？有像您这样圣明的君主在，天下太平，人们安居乐业，怎么会有反叛的事情发生呢？陈胜几个贼子不过是盗贼罢了，地方官正在追捕，请陛下安心好了。"这话说得胡亥那叫一个舒心，直赞叔孙通说得好。然后他就问其他人，有的说陈胜是贼

人，有的说是造反，结果说造反的被治了罪。这样堵民之口，还是开帝王统治之先河呢。别的赶不上他父亲唯有愿意听好话这一点，有过之无不及。

不知胡亥吃错了什么药，对赵高却没有丝毫怀疑，对他说的话也言听计从。公元前207年，赵高为了试探朝中还有谁敢不听从他的意思，就找来一只鹿，说是马。胡亥看看大殿上的鹿，就说这明明是鹿，怎么就说是马呢？丞相你是在开玩笑么？大臣们因为忌惮赵高，都不敢说是鹿。有的不知道赵高玩什么把戏，便说这是马，结果被杀了。此后朝中再也没有反对赵高的声音，赵高成了独揽大权的人物，自然二世也就成了傀儡。

这件事让赵高彻底铲除了异己，也让二世蒙了头脑，明明是鹿怎么成了马呢？他以为自己邪病入体，于是叫人卜卦、算命，忙得不亦乐乎。胡亥开始在上林苑斋戒，开始还能坚持着做下去，渐渐地耐不住寂寞又开始享乐起来。胡亥在上林苑中误杀了人，赵高便对胡亥说："皇帝是天子，杀了没有罪的人是要受到惩罚的。"胡亥听了后更加害怕，就将行宫改在了别处。宫中只剩下能发号施令的赵高了，二世糊里糊涂地将政权让与他人。

直到这个时候，胡亥还不知道他的天下到底发生了什么事。等知道陈胜、吴广快打到咸阳城下时，他才着急地听从了章邯的建议，释放骊山刑徒平息暴乱。刑徒们因为长期劳作，很有力气，接连打了几个胜仗。项羽破釜沉舟与章邯决战，章邯失利，于是向二世搬救兵。这时，又是该死的赵高出面阻挠，二世迟迟不肯发兵。走投无路的章邯只好投降了项羽，大秦江山岌岌可危。

此时的胡亥才猛然惊醒，哦，原来赵高说了天下第一大谎言，天下大乱得已不可收拾了。胡亥对赵高颇为不满，赵高看在眼里，也不放在心上。此时，有没有二世已经不重要了。于是，他先胡亥一步解决了他，赵高命令自己的女婿领着上千人，假说抓捕盗寇，却逼迫胡亥自杀。

胡亥死时只有二十三岁，没有子嗣。胡亥的一生是碌碌而迷失的一生。如果没有赵高他不会当上皇帝；如果没有赵高他也不会死，他会是个逍遥自在的秦国公子，或许还会是个辅佐扶苏治理国家的臣子。然而，不巧的是他碰上了赵高，最终应验了"亡秦必胡"的谶言。胡亥，这个毁掉了大秦基业的无能公子，致死会发出怎样的哀叹呢？历史终究成了历史。

秦始皇

【第七篇】帝王家事

大 秦 儿 女

　　始皇帝一生有不少女人，这一点是可以肯定的。至于多少，我们暂且不管。但是始皇帝的儿女至少有二十以上是有据可查的。从前面胡亥残害亲兄弟这一情节中，我们可以看出：胡亥杀了的兄弟就有十二个，姐妹也有十几人被杀。始皇帝死后，除了被杀的二十几个儿女，其他的儿女们下落不明，千年来为人们所猜测。

　　关于始皇帝儿女的记录，有文字可考只有扶苏、胡亥、公子高、公子将间几个人，而女儿们绝大多数没有留下名字。专家考证，始皇帝共有 33 个子女，几乎全部死于非命。长子扶苏被胡亥害死，其他儿女大部分也惨遭胡亥毒手。就是害了一家子兄弟姐妹的胡亥也没能苟活下来。前面我们说的公子将间昆弟三人被迫自杀；六公子戮死于杜地；十公主也在杜地被杀。胡亥以为杀了这么多兄弟就没有人在跟他争皇位了，可是万万没想到的是，怂恿他登上皇位的赵高最后竟然逼死了他。

人们通过对秦陵的考古，发现了不少线索。20世纪70年代中期，在秦皇陵的东侧上焦村附近，人们发现了一组陪葬墓群，一共有十七座，考古工作者对其中的八座进行了勘察。八座坟墓中都有棺木，其中7座中各有一具人骨：五具男骨，二具女骨；而剩下的一座墓中却只有一把青铜剑，没有人骨，也就是说，这里面没有安葬尸体。而令人惊奇的是，棺木中的尸骨七零八落。有的躯体和四肢分离了，这很可能是曾经受过刑罚造成的；有的竟然头骨和躯干骨分离，可以想见死亡时被斩断了头；而有的尸骨上还画着箭头，这说明了墓主是非正常死亡的。墓中的陪葬品多到了令人瞠目结舌的地步，有金、银、铜、铁、陶、玉、蚌、贝、骨、漆器及丝绸残片二百余件。这些陪葬品说明这些死去的墓主都是有身份地位的人，不然不会如此地富有。这些被残酷杀害的墓主，都葬在陵园附近，这说明这些有身份、有地位的墓主与始皇帝有莫大的关系。符合这一条件的，除了始皇帝的儿女们便再难找到其他人了。据此，人们推断这些被杀害的墓主便是始皇帝可怜的儿女们。在发掘过程中，有一个细节引起了人们的注意，这就是挖墓人烤火的痕迹。能活着在墓坑里烤火的人，大概就是公子高了，他是被活埋在里面的。这一现象还说明一点：杀死这些人时，天气已经很冷了，而这和二世杀害兄弟的时间是吻合的。因此，专家推定墓主就是始皇帝的儿女。不但如此，人们还在墓中发现两枚个人的印章。一个在男墓中发现，上面刻有"荣禄"；另一个在女墓中发现，上面刻有"阳滋"。人们推定"荣禄"是始皇帝众多儿子中的一个，而"阳滋"是始皇帝一个女儿的名字。

除此之外，始皇帝的儿女们再没有现身，史料也没有任何记载。电影《秦颂》中说，始皇帝的女儿乐阳公主爱上了刺杀赢政的

秦始皇

【第七篇】帝王家事

高渐离，两人产生了感情，后来始皇帝为了让王贲效忠于自己，就将乐阳公主嫁给了王贲，结果乐阳公主惨死，高渐离也殉情死了。显然这是后人杜撰的故事。但是，把女儿作为政治工具控制大臣或求得和平是帝王们惯用的伎俩。始皇帝虽不是始作俑者，但是他运用这个手段也丝毫不会逊色。李斯的儿子基本上都娶了始皇帝的公主，要不是这样，始皇帝怎么能对李斯稍稍安心呢？要不是这样，李斯又怎能全力辅佐嬴政成就一番伟业呢？始皇帝头里向来不对政治短路。始皇帝那些缺失的儿女们或许已经作为政治手段用来安抚大臣了，也或许在二世大开杀戒之时被放走或逃离了。

　　这些大秦的儿女们，踏着嬴政的光辉走来，却迎着二世如血般的残阳走向了大秦的暗夜。那些遗落民间，不能守成的儿女在江山易主之时，又会发出怎样的感慨呢？

始皇之死

第八篇

千古一帝死于沙丘，生前身后皆为谜，始皇爷绝对称得上中国历史上的异类。这样一个人，一代君王，用他波澜壮阔的一生书写了中华文明的传奇，他的千秋功过，他的是是非非任由后世人评说。始皇魂已成烟，嬴政笑看风云。

死 因 成 谜

星象的迷惑

我们先前已经多次提过始皇帝的死，大家都知道他在巡游途中，突然暴病身亡。始皇帝在完成了他的江山一统的大工程之后，便头脑发胀地想要享有万世尊贵，于是，求仙问药，探问长生。然而，就在他执迷于对长生的追求时，谣言四起，怪象环生，这让他寝食难安。为了祈求安宁、保住他所构想的万世江山，他便踏上了他人生旅途的最后一段巡游，始皇帝万万没有想到这竟是他的一条不归路。第一帝在遗憾与担忧中，依依不舍地告别了这个世界。那么，是什么促使我们的始皇帝走上这条不归路的呢？到底是什么样的想象像催命鬼一样，催着我们的始皇帝走向他的终点站的呢？

在遥远的古代，人们对天文知识知之甚少，所以，天在人们眼里是神秘而强大的。人们把天象看成是天意，哪一颗星星陨落，哪一颗星星角度发生了变化，哪一天天狗吃月……都要讨论个半天，非要找个符合想象、顺乎天意的解释才算显示了自己的聪明，完成了上天交给的任务。解释人的解释完了，没事儿了；听着解释的人却刚刚开始行动。他们要应天而行、趋利避害。古代帝王，绝大多数都对天象之说信以为真。在天象之说里有两极：一极极好，另一极极坏。极好的是五星连珠，即金、木、水、火、土五颗行星连成直线。如果这五颗星连在一起就说明国家出现了圣主，国泰民安、百姓安居乐业，那么这位圣主就会被万人传诵。帝王们眼巴巴地盼望着这样的景象产生，可是没有几个帝王能得此厚爱，但治世之士也不见少。还有最坏的一极，就是荧惑守心。所谓荧惑守心就是，火星运行到天蝎座的三个星附近，并在这个地方逗留一段时日。人们将二十八星宿里的"心"定义在现代星座里的天蝎座上。天蝎座中最亮的那个代表皇帝，旁边的代表太子和侧室之子。荧惑守心就是说，如果火星靠近最亮的皇帝星，那么皇帝要失位或死亡；如果火星靠近太子星，太子将遭遇不测；如果火星靠近侧室之子星，侧室之子就将遭殃，总之，是对皇室不利的。帝王们对此很是忌讳，千方百计地避免星象所指的事情发生。

星象之说，不知何时开始兴起，先古就有人神互通的占卜之术。自周以来，《周易》就开始盛行，春秋时期进一步发展、完善。《周易》的占卜之术，被君王们广为接受。《周易》之后，占卜之术更为流行。荧惑守心的天象是帝王们最为忌讳的事情，谁也不愿意赶上。始皇帝这样骄傲自大又贪世恋荣的人，更是极度反感这件事情的发生。

不幸的是，该发生的还是会发生，谁也逃不脱自然的规律。公元前211年，接二连三地发生了三件让我们始皇帝吃不消的天象，这三个天象直接促成了始皇帝的第五次巡游。那么是哪三件事呢？一件就是我们提到的"荧惑守心"，据说，荧惑守心可不是容易出现的现象，只有那些无道的昏君要接受上天惩罚之时才会出现。始皇帝听到这个消息时，差点没把鼻子给气歪了，心里这个堵啊！而且，这件事还没完，一颗流星又从东郡坠落了。东郡可不是一般的地方，它是始皇帝掌权之时打下来的，这是不是意味着秦国要开始衰落呢？当时的人纷纷议论。更可气的是这个该死的石头落了就落了，上面居然还刻了"始皇帝死而地分"的字样。始皇帝怕极了：我这正求着长生呢，你给我来了这么一个谶言，这不但说我会死，还预言我好不容易打下的江山要崩溃！这该如何是好？始皇帝定了定神，沉思了良久，终于做了决定：派人逐家逐户地查找刻字的人，找不到就杀了所有居住在陨石旁边的人，接着把这块陨石给毁了。始皇帝这样做有两个目的：一方面，他并不完全相信这是人为的，如果不是人为的，就预示着这个预言可能会实现，天下就会人心惶惶，这样对自己的统治十分不利，派人查是谁刻的字就会掩天下人的耳目，让人们相信这是人为不是天意，其实始皇帝这是自欺欺人；另一方面，倘若真是人为的，这样做就可以起到杀一儆百的作用。所以说，始皇帝尽管气惧交加，也没有完全丧失理性，他作为一个政治家是出色的。

官员们按照始皇帝的吩咐，杀了陨石周围的人，并把陨石捣毁了。但这样也没有平息始皇帝内心的恐惧，秦帝国以及自己会亡的预言还时时刻刻笼罩着这位祈盼长生的信徒的心。接下来的沉璧事件让始皇帝站不住脚了。《史记》记载，一位使者在夜里走到华阴时，前面有一个人突然拦住了他的去路，这个人手里拿着一块玉。

他对使者说："请把这块玉交给滈池君，今年祖龙会死。"说完就走了，使者追问不及只好带着这块玉来到京城咸阳。使者向始皇帝报告了这件事。始皇帝一听，登时无语，他知道使者所说的祖龙应该就是自己。他沉吟了良久后，对满朝文武说："山鬼知道这件事也不过一年罢了！"退朝后，他说："祖龙是自己的先人。祖龙死指的不是自己。"其实谁都明白：使者所说的祖龙就是指始皇帝。不然怎么是'今年死'呢？始皇帝自己也知道，这样说是没有狡辩的狡辩。始皇帝把这块玉交给御府查验，结果竟然是始皇帝十年前巡游，祭祀鬼神时投入江中的玉。这玉被不明来历的人送回是什么意思呢？始皇帝此时的心情沮丧到了极点。

这三件事，样样桩桩都预示着始皇帝的死亡，秦帝国的崩溃，这是始皇帝最不愿意面对的问题。为此，始皇帝找来占卜的人询问解救的方法。占卜的人说："陛下您要迁徙百姓，同时外出巡游才可幸免于难。"始皇帝一听，这个简单，那就迁吧！于是，三千户百姓迁徙到北河、榆中。这次始皇帝还算可以，将迁徙的三千户人家封了一级爵位。当然这并不是始皇帝仁慈了，而是始皇帝太敬畏鬼神了。在命人迁徙的同时，始皇帝开始了浩浩荡荡的大巡游。

这次巡游的目的并不为做什么，只是为自己避除灾难。始皇帝带上了自己最为宠爱的儿子胡亥，以及自己的宠臣李斯，最要命的是他带上了大秦帝国的一个灾星——赵高；这三个人对秦国帝业具有毁灭性的影响。重臣不能完全带走，怎么地也得留个看家护院的，于是右丞相冯去疾负责守卫咸阳。

这次巡游始皇帝从十月出发，经过了浙江钱塘，在会稽祭奠了大禹，并刻了石碑宣传自己的丰功伟业。接着北上到了琅琊。琅琊，这个寄托始皇帝无限梦想的地方，给了他太多希望和失望，始皇帝对它爱恨交加。就是在这里，始皇帝遇见了九年前失踪的徐

福。于是就发生了徐福再次求仙一去不返的故事。

就在始皇帝走到平原津的时候，始皇帝突发了重病。这一病可不轻，坐也坐不下，吃也吃不下，始皇帝一天天消瘦下去。随着病情的加重，始皇帝越来越相信先前的三个预言。于是急急忙忙地让赵高给扶苏写诏书说：把军队交给蒙恬大将军吧！你回来主持丧事，将我埋在咸阳；并把传国玉玺给赵高，让赵高转交扶苏。写完诏书没几天，始皇帝便垂下了他那双没有看够江山的眼睛，撒手人寰了。知道始皇帝死的只有胡亥、赵高、李斯和几个宦官，其他人都不知道。胡亥嚎啕大哭，一下子失去了最宠爱自己的人，像处在茫茫大海的孤岛上，没有依靠，没有指望。胡亥此时只顾着伤心，并没有顾及到谁来继承皇位的问题。这时，赵高这个披着羊皮的狼出现了，他用花言巧语劝动了胡亥，胁迫了李斯，让他们参与谋朝篡位。

始皇帝在病危之时，将诏书和玉玺交给赵高保管是最大的错误。始皇帝写完诏书后并没有立即将诏书发出去，而是由赵高代为保管，这就为赵高谋朝篡位创造了良好的条件。这位赵高真是绝天下之绝，竟然将始皇帝的尸体生生地放在豪华车上，放了近两个月！直到公元前210年四月才将始皇帝的尸体入土为安。

在回京的途中，凡是始皇帝车子经过的地方，都能闻到刺鼻的臭味。这些车里满载着腐烂的鲍鱼，连同始皇帝身体发出的腐臭一起，弥漫了整个车队。随行人员中只有几个人知道车上装满鲍鱼的原因，其他人都在默默地埋怨赵高的馊主意。

叱咤风云的一代帝王，在死后两个月里都未能入土为安，是不是一种悲哀？这还算，在他死后的两个月里竟然与臭鱼为伴。没人知道始皇帝已经死了，更没人知道始皇帝已经腐烂了。始皇帝所奢望的死后的荣华富贵，竟首先由鲍鱼开始。始皇帝的魂灵是该笑，

还是该哭呢？

　　始皇帝这样突然地离世，给人们带来了种种猜想。一个五十岁的男人在正值壮年的时候突然谢世，必然引起人们怀疑，更何况始皇帝的死竟然在两个月以后才被人们知道，这就更为这种死蒙上了神秘的色彩。《史记》中关于始皇帝的死写得很简单：始皇帝病重之后，随行的大臣们预料到始皇帝会死，但因为始皇帝一向忌讳别人说他会死，所以，群臣们都不敢言语。就算是知道始皇帝死亡将近的时候，人们也没有对这即将到来的死做准备。所以，始皇帝在死之前都没来得及安排身后事，所以，大臣们对始皇帝的死即使怀疑也不敢做声。待到真正得到始皇帝死亡消息的时候，赵高已经掌握了局面，于是，就更不敢做声了。没人提及，当然就很少人知道。始皇帝的病史书上没有提及，只是寥寥几笔地说病重。种种原因使得始皇帝的死变得扑朔迷离，难以参透。始皇帝的死又给后世人们的茶余饭后留下了谈资。

始皇帝之死

　　一般人的死有这样几种：病死，老死，自杀，他杀。始皇帝死的时候才五十岁，不可能是老死；始皇帝对长生的祈求远远超过常人，所以也不可能是自杀；剩下的两种是最值得猜测的死。司马迁说是病死，但是又没有记载是什么病。之前也不曾听闻始皇帝有什么不适，这突然的病，让人们浮想联翩。有人说始皇帝自幼体弱多病，累积而亡；有人说始皇帝是积劳成疾而死；也有人说始皇帝是酷暑高温致死；还有人说始皇帝有遗传病史，总之一句话：始皇帝是病死的。

尉缭曾经这样描绘始皇帝的长相：秦王为人蜂准、长目、挚鸟膺，豺声。"蜂准"就是我们现在所说的马鞍子型的高鼻梁；"长目"就是说始皇帝有一双大眼睛；"挚鸟膺"就是类似禽类的胸脯；"豺声"则是像豺一样的声音。这些话是尉缭想要逃离秦国时，对手下人描述始皇帝的冷酷个性时说的。这里尉缭是不是对始皇帝的长相做了夸大处理，我们不了解。但是如果真长成这样，也够难为始皇帝的了，鸡胸脯的人可是不好找的。人们根据尉缭所说的始皇帝发出豺一般的声音判断，始皇帝有支气管炎的病。当年荆轲刺秦王，嬴政绕着柱子跑了很久，却还有力气刺杀荆轲，如果是支气管炎患者，恐怕早就气喘吁吁地蹲在地上等死了。另外，嬴政应该是个武林高手。如果嬴政是个手无缚鸡之力的文弱君王，那么，燕太子也不会大费周折地找到武功高强的荆轲来刺杀他。就是这样一等一的高手都无法将他置于死地，说明嬴政的身手还是足够敏捷的，而有支气管炎病的人是练不到这样的武功的。所以说，嬴政不可能自幼患病。

对于高温致病的说法是基于原来就有病的基础之上的。高温致病，如果不是始皇帝本身有病，那么为何单单始皇帝染病而其他人还生龙活虎地活着？况且他的车马是当时最为豪华的乘舆，里面安置了消暑的设施，高温致病的可能性很小。

始皇帝的家族都不长寿，始皇帝的爷爷的爷爷算是活在世上最长的了，他七十六岁离世。剩下的都不到六十岁就驾鹤西归了。嬴政的爷爷死时五十多岁，父亲死时也不过四十几岁，所以并不排除始皇帝家族有遗传病史的可能性。但合理没有确切的证据来证明这一点，所以后人对此也颇多疑问。难道始皇帝的爷爷是隔代遗传？毕竟始皇帝的曾祖父活了近八十岁。

还有一种就是积劳成疾的说法。始皇帝是个工作狂，每天的工作量相当大。前文我们已经提到过始皇帝为了独揽大权，大事小情都要亲自过问。中央集权的统治形式又是史无前例的，他没有经验可循，只好拼命地完成自己所指制定的目标。这样，无论是身体还是精神都承受了巨大的精神压力。再加上屡次的外出巡游，耗费了大量的精力，车马劳顿之苦很容易让身体有隐患的人，病如山倒。人们还认为，始皇帝的房事太多频繁也使他透支了身体。这些说法不是没有道理，始皇帝很可能积劳成疾。但是有一点却让人们想不通，既然说积劳成疾，那么，在始皇帝死之前的相当长的一段时间里，应该有所征兆才是。至少先要感到身体有不适，才会慢慢演化成病重。史书上却没有一点儿关于他之前有哪里不舒服的记载。这是史官们的疏忽，还是始皇帝并非积劳成疾？一般来说，只要不涉及皇帝生死问题，史官们是会如实记载帝王的饮食起居情况的。身体有所不适的人，饮食起居肯定会受到影响，而史官们却没有这方面的记录，这就很有可能是始皇帝的病不是积劳所致。

最有可能是始皇帝有某些隐疾，这种隐疾可能是遗传病，也可能是后来染上的病，只是这种隐疾在一般情况下不会发作，在几种综合条件的影响下会突然显现。始皇帝第五次出巡九个月，经受了寒来暑往的折腾，身体的隐疾在严寒酷暑和舟船劳顿中发作并迅速恶化，来不及治疗和调养便一命呜呼了。

人们对于始皇帝的病死总是不能确实的相信，除了《史记》上说始皇帝突然发病外，几乎没有任何资料或迹象可以表现始皇帝是病死的。这样的死因太过蹊跷，人们便往深处去探求始皇帝的死亡之谜。这一探就要想到人心的险恶，就要想到始皇帝是被谋杀而死的。从某种意义上来讲，人们对一件事情能想多深，就证明了人心有多深。

始皇帝无病无灾的表象使得人们不得不怀疑，这样一个身强体壮的年纪，怎可能突发身亡？这死亡的背后一定藏着一个更大的阴谋。人们希望故事是这样的情节，这样一波三折、层层推进的情节才会引人入胜，让人欲罢不能。如果始皇帝就这么病死了，怎叫人心甘？但历史终归是历史，它不会因我们的愿望而改变。我们能做的只是按照现有的线索去追问事情的因果，作出合理的推断。这推断是不是真相要等到有十足证据那天才会揭晓。始皇帝是不是遭遇谋杀而死，我们也只能按照一般的逻辑关系推断。

谋杀就要有凶手、被害者、谋杀动机和谋杀手段。这里我们能确定的就是被害者嬴政。凶手我们只能称为犯罪嫌疑人。那么始皇帝死的沙丘宫，我们姑且称为犯罪现场。在犯罪现场只有三个人有最大的嫌疑，这三个人就是胡亥、赵高和李斯。

杀人是要有行为动机和凶器的。郭沫若的小说里说始皇帝犯了癫痫病，头撞在了青铜器上，昏迷不醒。到达沙丘宫的第二天，赵高、李斯发现始皇帝的右耳有黑血流出，耳孔内有寸长的铁钉。郭老的意思是胡亥利用铁钉杀死了始皇帝。胡亥有杀人动机，说那就是怕扶苏即位后，自己没有地位。他心中对始皇帝把传国玉玺交给扶苏十分不满，于是下起了黑手。这个情节是有些牵强的，就胡亥的杀人动机来讲，似乎也不合情理。如果要谋杀也不必等到始皇帝下了遗诏之后吧，始皇帝一旦下了遗诏，那么知道遗诏内容的就不止胡亥一个人了，胡亥想杀人就会被人怀疑。他犯不上在既成事实的情况下，干这种让人怀疑的勾当。再说杀人凶器，这根铁钉如果插入人脑必定引起撕心裂肺般的疼痛，这疼痛即使是昏迷的人也不会毫无知觉，始皇帝不会一声不出地死去，只要一出声就会被人听见，胡亥的行为就会被人发现，极有可能抓个现行。另外，始皇帝的玉玺和诏书都在赵高手里，他如果要谋杀亲爹，必须取得赵高、李斯的支持或默许，要不然不但杀不成人，反而会被砍掉头，背上个弑父的恶名，遗臭万年。胡亥是不会干这种此地无银的事情的，他也没有这个胆量。

如果是谋杀，胡亥也绝不可能是主谋，就算没有书上说的，胡亥当初不同意赵高篡改遗诏的说法，以胡亥软弱、骄纵的个性也不可能做出这种惊天动地的事情来。他最多只是个从犯。况且此时的胡亥年纪尚轻，根本没有这种心计和胆量，否则也不至于被赵高玩弄于股掌之间，丢了性命。换句话说，主谋另有其人，这个人可能是赵高也可能是李斯。

李斯是始皇帝较为信任的老人，久经江湖，知道趋利避害，尤其他的老鼠哲学为他设立了人生的标杆，他的人生是利己的。始皇帝死后面临着帝位易主，他的主子就是扶苏了，而扶苏一直与自己政见不合，料想难以受到重用，于是拥立二世，杀死始皇帝。这样他就是二世的功臣，可以永享富贵，但这一点杀人动机也有些说不过去。李斯知道扶苏仁爱的性格，即使扶苏当上皇帝，也不会对老臣大打出手，最多当个闲人养着他，他是安全的。如果他做出了大逆不道的事，一旦事情败露，不但性命难保，还会留下千古骂名。两者相较取其轻，李斯是不会做出谋杀亲主的事情的。有人会问，那他不是也篡改遗诏了么？是的，他是默许了篡改遗诏的事，但他也是在一再的威逼利诱下无奈地妥协的。如果有人说，你做是以后被骂，你不做是现在死，你会选择哪一个呢？你或许会为道义而死，但李斯不是你，他没有这样的境界。如果有人威胁李斯谋杀始皇帝，那么李斯也就不是主谋，而是从犯了。

主谋最大的可能性就是赵高，他是胡亥的老师，十分了解胡亥的个性。胡亥对他言听计从，把他当成再生父母，胡亥即位就等于他掌握了天下的大权。赵高狼子野心，见到始皇帝奄奄一息，反正

都是死，就让他先走几天。赵高是谋杀始皇帝的最大嫌疑人。但是，这种猜测也存在纰漏。赵高当时是始皇帝身边的大红人，虽然可以随时在始皇帝身边出现，但也不是要下手杀人就杀得了的。况且，赵高也没有这个胆量。杀人可不比改遗诏，况且你杀的人可不是寻常百姓，而是统帅一国的君主，事成胡亥未必买账，说不定还会对他起疑；事败小命不保，这样吃力不讨好的事，赵高也是不愿意干的。改遗诏就不一样了，改遗诏就说明了自己对胡亥的忠心，胡亥对自己就更加信任和依赖。所以说，赵高也不一定会谋杀始皇帝的。

关于始皇帝被谋杀的事，只是人们的猜测和推理，没有一点儿证据可以考证。至少始皇帝病死史书上有记录，那就权当他是病死吧！

始皇帝离世的传说，从来都没有因为他帝国的土崩瓦解而戛然而止，始皇帝的死在民间传说中更富有传奇色彩。

传说，始皇帝死之前曾经听到过这样的歌谣：秦始皇啊！秦始皇！你逞什么强？你开了我的窗户，占了我的床，喝我的酒，吃我的饭，收了我的粮，张我的弓，射东墙，走到沙丘就会亡。始皇帝听到这首歌谣的词后，感到十分晦气，于是处处留心、时时在意，出游时特意吩咐手下绕过沙丘行走。始皇帝病入膏肓时，经过一条路，前方有孩子在玩耍，始皇帝派人问孩子们在干什么，孩子们回答说："在堆沙丘。"始皇帝仰天长啸：这就是我的劫数，命该如此啊！几天后，始皇帝不治而亡。当然，这种说法只是人们出于对秦国暴政的愤恨编造出来的故事。始皇帝统一六国后，不断地向人们征收赋税，大修长城、建宫殿……这些劳民伤财的工程和举措给人们造成了沉重的负担和深重的苦难。人们刚脱离狼窝又进了虎口，怎么会没有怨恨呢？人们的歌谣只是对始皇帝的诅咒，只是给始皇

帝的心里添了更多的堵。真正给始皇帝打击的是，前面提到的三个天象事件。天象不仅使始皇帝怀疑自己的生命和帝国受到威胁，更重要的是人们更加确信天意要秦国亡，这是始皇帝最为恐惧的事情。人们笃信始皇帝是造了天谴的，所以及其揭竿而起也是顺应天命的。始皇帝明白这一点，所以他终日担忧着这件事情，心情抑郁加重了他的隐疾。

公元前210年，始皇帝不得不放手他的河山，匆匆谢世。就大秦帝国而言，始皇帝犯的最大错误不是焚书坑儒，而是没有立后、立太子。历史不惧怕意外，意外往往铸成新的历史，但是秦帝国怕意外，始皇帝的意外过世，闹得秦帝国人仰马翻。没有来得急发出的诏书，落到了奸佞手里，始皇帝的意外就是大秦帝国的意外，始皇帝没有想到他死后他最疼爱的儿子和最信任的大臣会联合起来篡夺他的江山。这一招棋错，满盘皆输。二世上台，大秦帝国马蹄声乱。

始皇帝死后，丞相李斯就成了表面上唯一可以主政的大臣，但李斯却一直对始皇帝死去的消息封锁着，不外发，依然按照设定好的路线一路巡游。这样问题就出现了，在炎热的夏季，时间一长尸体就会腐烂，腐烂了就会发出难闻的气味，人们就会猜想是怎么回事。嬴政又是个工作狂，每天都要批阅公文，这样长时间地没有动静同样会引起人们的怀疑。秘不发表只能做一个缓兵之计，如果长时间运用定会引发一系列问题。李斯不会连这点常识都不懂，他秘不发表的背后一定是另有隐情的。

《史记》上说，丞相李斯与始皇帝一起巡游，途中始皇帝突然驾崩。李斯害怕始皇帝死的消息一传开，就会引起各公子争位，天下百姓借机造反；又因为生前没有设立真的太子，所以就将这一消息给封锁了。基本上，李斯的秘不发表是出于国家安定的大局考虑的。

公元前 218 年，也就是始皇帝第三次巡游的时候，走到阳武县博浪沙遭遇到了一场意外事件，这个事件让李斯记忆犹新。这是始皇帝有史以来第一次遇到刺客。当时的场面让李斯一想起来就不寒而栗，始皇帝差点就到阎王那里去报到了。虽然始皇帝最后得以安全脱身，但是受到了不小的惊吓。刺客没有行刺成功，却安全离去，这说明这次的行刺是一场安排好了的行动。后来我们知道，这次行刺的主谋就是张良。张良又是什么人呢？

张良是韩国的贵族，老少五辈都是韩国的国相，所以，张良对韩国有很深的感情。秦国灭掉韩国后，张良家中三百多人被杀，张良的亡国、亡家之恨积聚心头。他没有将家人埋葬而是把家里的金银财宝全部搜集起来，又变卖了家产用重金收买了一批亡命天涯的刺客，准备为家人报仇、为国家雪耻。在张良收买的刺客中有一个力大无穷的人，他能将六十斤的大铁锤投到很远的地方。张良很是看重他，让他行刺始皇帝。始皇帝的车马经过博浪沙时，埋伏在附近的大力士，将六十斤的大铁锤扔向了始皇帝的车，始皇帝也算命不该绝，大力士的铁锤砸在了始皇帝的副车上，结果副车被砸得七零八落。这还了得，惊魂初定的始皇帝大发雷霆，全国范围内缉拿凶手，结果折腾了十天也没抓到人。张良行刺失败后，隐姓埋名到了江苏。

这次的刺杀行动让秦国朝野震惊，虽然始皇帝并没有受伤，但是留给李斯的印象却是深刻的，始皇帝一生杀戮不断，灭六国过程中对六国贵族、大臣绝不手下留情。灭魏后杀魏王和魏太子；灭燕后，杀太子丹；灭齐后又将投降的齐王给骗上山饿死。接着又是修墙铺路、盖房子，没日没夜地折腾人。六国残余势力对始皇帝恨之入骨，一旦知道始皇帝驾崩的消息就会兴风作浪，百姓们也会揭竿而起，这样一来就会天下大乱了。这可不是闹着玩的事，也不是危言耸听，公元前216年，始皇帝微服出宫，身边带了四大高手，刚走出宫没多远竟然遇到了强盗。四大高手奋力保护嬴政，杀退了强盗。好嘛！强盗都抢到京城来了，可见皇城之下的治安也好不到哪里去。

在这个天下初定、民心不稳的年月，秦国统治者几乎四面楚歌。张良流亡，盗贼不断，六国余孽随时可能卷土重来。这是一个极度敏感的时期，国不可一日无君，这个时候爆出始皇帝的死讯，那些做着复仇准备的人就会逮到这个机会，制造事端，局面必将难以控制。李斯想到秦帝国所面临的危机四伏的局面不禁打起了寒战，这丧是发不得的，能做的只有等，等回到咸阳，新君继位才可发丧。于是，为了掩人耳目，李斯带着巡游的队伍继续前行。

始皇帝是在巡游途中病故的，身边没有集体领导班子，应急能力不强。万一人们趁着这个机会袭击他们或哄抢始皇帝的尸体以及传国玉玺，他们肯定应付不来。为了自身的安全和天下的安危，不发丧是明智的选择。

李斯担心的还不止是这个，他最担心的是始皇帝的死讯会引起王室争端。始皇帝没有明确立后，也没有明确立太子，这样公子们各个都有机会做太子，你争我夺就会引起朝廷的动荡。在这个政权没有着落的特殊时刻，自己只身在外又受人牵制，无法发挥作用，所以，秘不发丧是最好的做法。

上面也说了，秘不发丧是要引起怀疑的，李斯这么精明的人，当然预料到这一点。万一走漏了风声，后果可是不堪设想的，所以李斯对始皇帝的车队做了些安排。第一个安排就是，要像什么事都没发生一样，照常安排宦官为始皇帝执勤。该吃的时候吃，该喝的时候喝，该往出送奏折的时候送奏折，这样做下来，就像始皇帝还

正常地生活一样，没人会怀疑。只是吃得、喝的、批的人就不知道是谁了。最难解决的就是尸体腐烂的问题，如果车上有异味，人们一定会请示观看，这样什么事都露馅了，所以要利用现有条件使当地做些防腐处理。始皇帝的车虽然是豪华车，但也挡不住细菌的侵袭。只要始皇的身体一腐烂，味道就会无孔不出，盖是一定盖不住的。于是，胡亥、赵高、李斯几个人一合计，干脆弄来几车臭鲍鱼拉着，用鲍鱼的臭来掩盖尸体的臭。

我们的始皇帝就是这样一路鲍鱼护送着走向设定了好的路线。在到达始皇帝江山的最北端时，车马停了下来。始皇帝在死后还看了看自己国家的边界，览了览大好的河山，这或许是他的宝贝儿子给他的最好的礼物了。在观望了北部边境之后，始皇帝的车队急急忙忙地掉转马头向咸阳赶去，迎接那帝国的落日的光芒。

始皇帝的一生就这么结束了，风风火火、匆匆忙忙。儿时颠沛流离，少时身不由己，壮时披荆斩棘，晚来迷乱悲凄。据说，人死之前会看到很多以前的景象。在始皇帝死去的那一瞬间他是否看到自己母亲那曼妙的舞蹈，父亲那遗憾的笑？他偌大的后宫可有一张脸让他做短顺的停留？远在边关的大儿子会不会出现在他的眼前？万里长城、阿房宫、骊山陵……这大秦的河山是不是在他脑中盘旋？结束了，一切都结束了！他要的河山，他要的仙，统统成了云烟。闭上眼，始皇帝停止了他的心跳，停止了他在世间的一切活动。山河依旧在，始皇终做尘。然而，历史并没有因为始皇帝的离去而停止它的脚步，大秦帝国的厄运才刚刚开始。

正说始皇

　　始皇帝走后，对他的评价就没有中断过，他是中国历史上最富争议性的帝王。历代对他褒贬不一。有人称他是"千古一帝"，有人骂他是"一代暴君"。人们知道始皇帝所作所为，却对始皇帝有着截然不同的看法。始皇帝本就是懂得帝王之术的人，他生前叫人摸不着头脑，死后也让人对他难以盖棺定论。这是法家的成功还是始皇帝的成功？这是为人的失败还是为人的荣耀？对于始皇帝所做的大事人们是怎么看待的呢？我们又该怎样认识呢？

　　这就需要我们回头看一看他来时的路：嬴政，十三岁即帝位，二十二岁主掌秦国大权，他挥令平天下，终于在公元前221年，平定六国，完成了"四海归一"的历史使命；接着他派人到南方开灵渠，攻打南方的越族，吞了八荒之地；完成后又派兵攻打匈奴，修建长城阻拦匈奴侵犯，这样初步稳定了大秦的江山。江山一统之后，始皇帝开始组建他中央集权的配套设施：皇帝制、三公九卿制、郡县制、统一文字、货币、度量衡；制定大秦律；焚书坑儒。他在位期间，秦国人们的生活是苦难的，但是他建立的中央集权制度却给后世带来了深远影响。

　　始皇帝做过的事，很容易让人肯定或否定，这与始皇帝的作风有关系。始皇帝只做他认为对的事，而且很有原则地按照自己的想法迅速地解决问题。所以，事情的结果一般也不会模糊不清，只是人们站的立场和角度不同，对始皇帝的评判也就不同起来。赞扬始皇帝的人多数都站在历史发展的角度来说，而谴责始皇帝的人多站

在人道的角度去说。事实上，不光是帝王，就是一个人也有好坏两方面，他所做的事也可能有不同的影响，我们很难将他们泾渭分明地划分开来。始皇帝成为极具争议性的人物也就在于此。他十年征战，建立了赫赫战功，却死伤了无数将士。秦帝国的统一是靠着这些士兵的鲜血建立起来的。统一推动了历史进程，但站在人道上来讲，他破坏了无数家庭的幸福和快乐。再说"焚书坑儒"确实对文化造成了难以言说的打击，但始皇帝也是出于统一国家的愿望。所以，传统的道德评判标准很难界定一个人的功与过。两者相较，取其利。当我们把始皇帝做过的事放在历史的长河里去检验的时候，我们会发现一些我们平时不曾注意的问题。

嬴政是中国历史上的第一个封建帝王。在他的统治下，中国成为一个幅员辽阔、多民族的中央集权制国家。人们习惯于把这个功劳记在始皇帝的功劳簿上，认为这是始皇帝雄才大略的结果。没错，秦国统一六国确实与始皇帝决胜千里的雄才伟略密不可分。但是，说到底，还是生产力发展的结果。历史发展到统一阶段是必然的，但是历史选择嬴政来完成这个使命却是偶然的。换句话说，就算嬴政不统一六国，也会有后来人统一六国。战国末年，生产力已经发展到了新的阶段，铁制农具开始使用，农业、手工业、商业都有了进一步的发展。土地在当时还是割裂的，随着经济的发展，越来越多的人要求扩大土地的种植面积，释放部分奴隶作为农民劳作，但是诸侯割据的局面阻碍了历史发展的势头。就像人长大了，衣服却是两三岁的一样，我们必须重新裁制自己的衣服。经济基础决定上层建筑，既然经济已经长大了，那么，作为上层建筑的"衣服"就该有所改动，打破诸侯割据的局面就成为历史赋予战国英杰的历史使命。秦国适应了历史的潮流，进行了商鞅变法。藉此秦国强大起来，有足够的力量去战胜其他国家，成为历史选中的国家。

当然，秦国能完成这个使命也要靠自己的努力。如果秦国之前的王稍有什么差池可能就与这个使命失之交臂，幸运的是，秦国没有出现阻碍秦国担任这个使命的王。始皇帝应时而生，他抓住了历史赋予他的时机，努力地完成了统一六国的任务。当然他自己并不知道这个使命是历史赋予他的，他只知道他要六国在自己的脚下臣服，他要完成秦王们未完的志愿。如果说，统一六国是个厚积薄发的过程，那么，秦的先王们已经为嬴政做好了铺垫，嬴政需要的就是振臂横扫。嬴政不辱使命，十年里先后灭掉了韩、赵、魏、楚、燕、齐六国，终于在公元前 221 年，完成了历史赋予他的使命。

为巩固国家集权的统治，嬴政对统一后的秦国进行了一次大开刀。他首先改名号，前无古人的名号"皇帝"一出，后世趋之若鹜，后来者没人再称自己为"王"。他颁布了较为完备的封建制大法典，后世不能望其项背。虽然法典太过残酷，但它确立的法律框架却是较为系统的、完备的。后世法典基本上是在这个框架上搭建、丰富起来的。他在全国推行封建制度，使封建制度广为人们熟悉。大秦帝国的江山没有持续几年，在当时始皇帝的统一制度也没有完全发挥出它强大的作用，但他的一整套中央集权制度却为后世帝王所运用和丰富。始皇帝为后世封建君王的治世提供了最明确的方案，在此基础上，封建制度蓬勃发展，各民族经济、文化进入同一进程。

始皇帝是中国历史上非常出色的政治家。敢吃螃蟹的人并不少，第一个敢吃螃蟹的人却没有几个，始皇帝就是第一个吃螃蟹的人。他对中国历史的发展作出了不可磨灭的贡献。在统一的大背景下，中华民族以日新月异的姿态走上了另一个发展轨迹。秦以后的两千多年里，偶尔也会出现分裂割据的局面，但统一却成了时代发展的主流倾向。中国封建文化同样走向了灿烂和辉煌。中国封建社

会的发展状态始终处于世界的前沿，这与秦王朝的统一是密不可分的。

　　始皇帝作为封建统治的杰出领袖，不仅创建了中国第一个统一的封建王朝，更因为他顺应了中国历史的发展方向，成为封建地主阶级的排头兵。他废除了中国封建领主制，使中央集权制为后世所效仿和发扬，在当时的社会背景下绝对是一种社会的进步。从此，中国走向了封建专制的历史时代。

　　中国封建专制的确立，可以说是社会生产力长期发展的结果，生产力的发展要求有人来为它鸣锣开道。始皇帝很幸运地被历史选中，成为为生产力发展扫清障碍的先锋。始皇帝瓦解了中国封建领主经济，土地所有权由封建贵族世袭所有，转为新兴地主阶级所有。土地关系的改变，改变了农民与土地的关系。原来从属于土地的半农奴式的农民，可以获得小片土地的所有权，这在很大程度上调动了农民的积极性，始皇帝撼动了封建领主制的统治基础，瓦解了封建领主的统治基础，为后世封建集权专制奠定了统治基础。秦国统一，是时代的要求，嬴政是将时代的需求性变成了现实性。一个巴掌拍不响，时机不到，嬴政难以改变历史；相反的，时机成熟若没有像嬴政这样的人出现，也会将这一进程拖延。历史需要继续寻找合适它的鞋。如果说时代呼唤一个专职的统治者，那么，嬴政也算是适应这个时代的枭雄了，他在历史需要变革的时候，应时而生。

　　封建专制在今天看来是令人鄙夷和唾弃的统治方式。不错，始皇帝肆无忌惮地将一切大权紧握在自己手中，天下成为以他为首的一个集团的天下，他的集团的遮天之手随着这个集团的意愿翻云覆雨。后世的封建帝王也学会了他这一手，养成了独裁的习惯。至今中国的某些领域还残存着这种官僚作风，不能不说历史在它行走的途中也沾染上了细菌。但是，就秦到大唐这段时期来说，这个细菌还是良性的助动器。独裁在它特定的历史时期发挥着它的活力，也在另外的历史时期，成为禁锢健康的杀手。始皇帝集团的独裁，代表的是整个新兴地主阶级的独裁，它是封建制在政治上的表现形式。

不管什么阶级想要掌权，都要经过权力集中的阶段，这似乎成了历史的必然。新兴地主阶级也不例外。战国末年旧有的世袭贵族，走到了穷途末路。在生命垂危时刻，他们依然拼命地做最后的挣扎。他们利用手中的政权大搞政治、军事活动，甚至动用了不见光的暗杀手段，目的就是维护已经濒于破产的腐朽统治。在这种境况之下，如果新兴的地主阶级不集中权力，统一组织、指挥自己的武装去击垮封建世袭的抵抗，那么，旧有的贵族就会继续占据原有的位置，作威作福。有谁愿意自动走下历史舞台呢？就连昏庸的燕王哙也是被忽悠下台的，旧有贵族不是一个人，也不是一个统治集团，这个庞大的统治集团也不会有几个像燕王哙的人物，他们必定与新兴的地主阶级展开殊死搏斗。新兴地主阶级只有集中权力推翻旧贵族的政权才能走上历史舞台。始皇帝努力地完成了这个使命，大秦王国的马蹄卷起的尘土将六国贵族一扫而光，旧贵族在夕阳下倒地而亡。但，城郭依在，始皇帝怕六国余孽卷土重来，便来了一个一不做，二不休：将六国城墙捣毁，河流连同，开交通要道，彻底摧毁封建割据的物质基础。

始皇帝挥舞着他那把青铜剑，所向披靡地指点江山，将大江南北的封建领主制彻底送往西天。在旧贵族曾经统治的废墟上，嬴政建立起了他梦想中的封建中央集权专制的国家。

但是，嬴政扫平六国后，突然失去了方向。他开始迷茫了，一段新的历史问题摆在了他的面前，面对这样一个大换血的国家，该

怎样去操作这个国家机器，成为嬴政迫不及待要解决的问题。这样一个新时代，不但在中国史无前例，就是在同时期的国外，也不曾有过，始皇帝没有任何蓝本可以借鉴。既然是首创的国家制度，就要建立起一套全新的政治、经济、文化体系来运行这个国家机器。经济决定政治，摆在始皇帝面前的首先是经济问题。全国性经济制度的建立，是统治江山的重中之重。于是，始皇帝一声令下"全国百姓自己开垦自己的土地"，这一招很是奏效，土地私有制立即盛行。原来在秦国的制度，一下子遍布天下。这一措施为新兴地主阶级展开全国规模的阶级统治奠定了雄厚的物质性基础。接下来便是政治的改革。政治改革也同样是大动干戈的，统一郡县，统一文字、货币、度量衡，车同轨……从上到下开始了一番轰轰烈烈的政治体制改革。但凡改革，革命就不用说了，必然带来阵痛，而始皇帝极端的政治手段又加重了这种痛楚。于是人们开始反感。不管人们怎样灾难深重或是反感，始皇帝为首的新兴地主阶级就是横下一条心，将统一与中央集权贯彻到底。终于，始皇帝建立起了西至临洮、羌中，东到辽东，南到南海，北到长城的统一性封建国家。除此之外，始皇帝又在云南、贵州开了五尺道方便交通，开凿灵渠把湘江之源分开，从此，岭南和西南到达中原地区有了通道。一般来讲，不管哪一个朝代，修桥铺路都能够给老百姓带来方便，便于地区间经济、文化的交流。始皇帝修路开道同样也起到了这样的作用，使南方各民族渐渐接触到了中原的文化，加快了后世的统一进程；边疆文化也很快地为中原大文化所吸收，纳入了中华文化体系。

始皇帝为了阻止匈奴的南犯，在一句谶言的影响下，大规模修建长城。主观上讲，他是为保住自己的江山万世得传，永享富贵荣华；客观上讲，他使中原百姓免受匈奴侵扰之苦。但是，任何事情都有正反两方面，长城的修建，也加重了人们的负担，人们被赋税和徭役压得喘不过气来。况且长城作为军事防御的工具并没有起到它应有的作用，反而也在一定程度上阻碍了匈奴文化与中原文化的交流。匈奴的一部分后裔——蒙古族的一支长期没有得到中原文化的熏陶，文化上颇为落后。作为统治者从感受国家安全的考虑是可以理解的，但同样也是不可原谅的。

如果说修建长城是为了确保大秦的江山不被篡夺是可以理解的话，那么，始皇帝所修建的宫殿与陵墓就难以让人理解了，这纯属他个人贪世恋荣华的做法。他在关中修建的宫殿就有三百多所，在关外也有四百多所，其中最负盛名的就是我们提到的阿房宫和骊山陵墓。外界传说，骊山陵墓珠光宝气，阿房宫里美女如云。就是这些浩大的工程让人们对始皇帝产生了极度的厌恶情绪。阿房宫没有盖好，始皇帝不可能日日笙歌。他巡游天下五次，也说明了阿房宫没有盖完的事实。阿房宫等一系列工程的建造在人们心里留下了不可磨灭的伤痕。所以，有的人出于对人们的深切同情在道义上对始皇帝持有批判态度。

封建领主制在向封建专制主义过渡的过程中，始皇帝起到了很大的作用，他推动了封建制向更高一层迈进。伴随着秦国以及后世改革的深入，农民与土地所有者的隶属关系开始松弛。而这种农奴制的废除，也是建立在农民尸横遍野的基础之上的。灭六国，血雨腥风，古来征战几人还？土木徭役累人千万，农民用自己的尸体为始皇帝的工程添砖加瓦。新的剥削制度建立了，农民一定程度上得到了自由，但是被剥削的地位却没有改变。王朝的更迭与制度的更改都是肉食者谋之，农民只有为鱼肉的份。

王侯将相们，在民间的名声一向不太好，有很多都是反面人物的代表，如夏桀、商纣、周幽王、秦始皇等等，尤其是商纣王因为

— 311 —

秦始皇

【第八篇】始 皇 之 死

一个封神榜更是臭名昭著。民间流传的始皇帝的故事并不多，这与他的焚书坑儒有一定关系。读书人所记载的有关始皇帝的故事很可能已经在这次大劫难中当做诽谤朝廷的材料给毁掉了，只有孟姜女哭倒长城以及焚书坑儒的故事作为始皇帝暴政的典型流传下来。焚书坑儒本身是对读书人的残害，而它对当时文化发展的阻碍作用也显现出来。后世人们找不到战国末年六国的资料，也找不到分裂割据时期的大混乱局面，只剩下秦帝国的一家之言。

近年来，人们对历史人物的评价趋于中庸化，能够站在比较客观的立场上，全面地看待问题。人们在大节上权衡事情的轻重，主要看他对历史发展有无推动作用，对人民有无贡献。如果站在这个立场上来讲，始皇帝确实做出了不可磨灭的贡献。而且始皇帝所做的事，基本上都是利不在当世、功却在后世的大事。

首先是秦国的统一，秦国的统一是符合历史发展要求的。先秦时期，中国的领土几乎都分散在各个部落和诸侯国，国家没有统一的组织形式。夏商周三代虽然建立了统一的国家，但是区域并不大。到了东周时期，周天子根本没有实权，权力落在诸侯国的君主手里，结果国家实际上处于四分五裂的状态，这种状况一直持续到始皇帝灭掉六国为止。真正的统一帝国是从秦开始的。因为春秋时期铁器的使用，生产力有了长足的发展。人民借助先进的生产工具，加快了对土地的开垦力度。但是，封建割据的现象和贵族专有土地的制度使得人民得不到大片的土地。生产力遭到阻碍，人们依然被严格地束缚在土地所有者封建领主那里。随着农业的发展，商业、手工业也发展起来，各地的经济、文化需要密切的联系。然而，又是这种分裂的局面使得这些联系无法畅通。这种情形之下，亟待统一局面的形成。始皇帝的大一统局面打破了割据势力对生产力的阻碍，给经济和历史松了绑。

所以，始皇帝的统一事业符合了历史要求，同时也满足了人们渴望安定和希望得到属于自己土地的要求，是历史的进步。所以这一点是值得肯定的。

公元前3世纪，大秦帝国成为世界上最大的统一的封建国家。要管理这个史无前例的大国是十分不易的。战国时期各诸侯国的王权得到加强，为适应这些封建王国所建立起来的官僚制度和郡县制度也初步建立起来，逐渐地取代了世袭的贵族制和封邑制。但当时的郡县制并没有大规模推行，只有少数诸侯国在少数地方使用。秦统一以后，将郡县制推到了全国，郡县制为全国人民所熟悉，为后世沿用和完善这一制度做了很好的铺垫。文字、货币、度量衡的统一也给人们的生活带来了方便。

战国末年，战乱纷纷。战争给人们带来了深重的灾难，人们希望得到和平、安定的生活。一些有识之士已经预料到统一是历史的必然。孟子就说："天下定于一"只有以暴制暴后的统一，才能使人们得到长久的安定。统一符合人民的利益和志愿。只有统一了人们的生产才能正常进行，只有统一了农业、手工业才能发展，城市才能扩大。嬴政之所以这么自大、傲慢与他统一符合人们愿望的事实不无关系。在琅邪、芝罘和碣石上，反反复复地出现始皇帝的"功"与"德"："禽灭六王，阐并天下，甾害绝息，永偃戎兵"；"黔首安宁，不用兵革，六亲相保，终无寇贼"；"男乐其畴，女修其事。事各有序……莫不安所"。

大秦帝国的统一，不仅符合历史发展的要求，也符合了人们的根本愿望。对中国历史的发展起到了积极作用，也对后世的封建制国家的建设产生了深远影响。虽然人们在这次平六国的战争中死伤无数，但从长远来看，统一是大势，也符合人们的根本利益。这是始皇帝的功。现在，我们的中华民族，有着同样的语言、同样的习

惯、同样的民族情感，以及强大的向心力。这个民族的形成不是短短几个时日就能完成了。它需要经过风霜雨雪的打磨，需要历史的错综交融。秦帝国的统一是这个统一民族的开端和契机。先秦，在黄河流域和长江流域居住着很多民族，他们拥有自己的语言、自己的习惯、自己的服装样式。春秋、战国是这些民族大融合、大发展时期。进过一段时间的融合、发展，各民族渐渐地接受了其他民族的风俗习惯和文化，为秦统一后形成统一的大民族奠定了基础。秦统一后，采取的一系列的统一措施，很好地将这些民族文化统一到一种大文化上来。对后世大汉族的形成发挥了重大的作用。秦以后的统一国家制度几乎都沿袭了秦制。人们渐渐地拥有了同样的风俗习惯和民族情感。秦的统一为同一民族的形成做出了不可磨灭的贡献。

从历史发展、人民利益和民族统一的角度上来看，秦国的统一具有绝对的积极作用。始皇帝在统一方面的功绩也是不可否认的。他对整个中华民族的发展、壮大都有积极的影响。

当然，历史不是一个人的创造。秦统一也不是嬴政一个人能完成的。他只是沧海里引浪的大风，推动着统一的历史向我们走来。先前所说的真正创造历史的人，是人民大众。是人民大众发明了铁器，是人民大众开垦了土地，进行买卖交换，也是人民大众修建了城市、开辟了道路。这些无名的英雄才是最值得赞扬的。始皇帝的功绩并不能抹杀他们的光辉。

秦国的统一是始皇帝一生最大的功绩。

前面我们谈的是秦始皇的统一，统一中当然也包含了统一战争和统一措施。始皇帝的大部分功绩就是这个时候做出的。那么，对于始皇帝的暴政我们又怎么认识呢？

首先是嬴政所制定的大秦律，制定法律是没有错的。但是法律的制定标准和量刑是要把握尺度的。始皇帝的赋税、徭役制度，以及严酷的刑罚体系，就像一把越勒越紧的绳索，把人们捆绑的喘不过起来。随着这种捆绑越来越难以让人忍受，人们的愤怒终于在大泽乡爆发了。苛政猛于虎，人们为了求得生存不得不与虎作斗争。可以说，大泽乡起义最直接的导火索就是始皇帝的苛刻的法律制度。人民是用来统治的，但人们不是用来鱼肉的。你这样不把人当做人来看，人又怎么能把你当神来供养？官逼民反，总是存在着深刻上下层矛盾的。就算你在统一之初为稳定国家局面制订了这样的政策，也不能因此就磨灭你给人民做带来的灾难。凡事又都有两面，始皇帝所制定的法律虽然在当世有激烈的抗争，但也形成了后世法典的框架，这一点上是值得肯定的，只是这个量刑的标准太过残酷了。

接着我们在返回头看看焚书坑儒事件。淳于越耍了一次酒疯，始皇帝在李斯的建议下一把火烧了六国之书，这还不算，不管哪一学派的书都加以毁灭，只留医书、农业书和占卜书。这给中华文化带来了巨大的损失。始皇帝因为惧怕人们的评议和诽谤而将天下之书尽毁的行为实在有些说不过去。虽然是一场顺应历史的人与阻碍历史的人之间的一场斗争，但，这种斗争根本用不着以焚书的方式来解决。始皇帝的残暴、易怒的性格使他犯了这个无法弥补的错误。要坚持统一而进行铲除异己的手段有很多，始皇帝偏偏选中了最自毁根基的方式。"事不师古就不能长久"是历史的反动，但是你烧掉书能烧掉人们的思想么？人们做事不怕争议，怕的是用极端的、无厘头的方法来解决争议。防民之口，甚于防川。高压手段只能让人们更加的反对。民间的腹诽并没有因此决断，始皇也没有高枕无忧。他虽有进步思想，却没用进步的手段。我们不能因为一个人为了救一个人而给他吃错药死了就说他没杀人。最多我们给他一

些道义的同情，量刑时从轻处理。但是我们不能完全肯定他的进步性而忽略他的错误性。

坑儒是焚书的续曲。坑儒的原因是因为方士对始皇帝的欺骗和诽谤。始皇帝的目的有两个。一个是，报复方士，让天下人知道欺君是怎样的后果，杀一儆百。另一个目的是跟焚书一样，防止人们继续议论，以古非今。虽然始皇帝也留了一个渠道给人们识字、走仕途。但是，寻常百姓有几人能走进是这样的官府学堂？的确，说始皇帝坑儒也是言过其实了。他杀的主要是方士，但是方士也是读书人。况且有的方士只是简单地评议了你几句，你就大开杀戒，这也不是一个理智的帝王该干的事。不管怎么说，不是战争、不是叛乱，一次性杀死这么多人总归是难以向世人交代的。

接下来，我们再看看始皇帝贪世恋荣的事件。始皇帝是个名副其实的"工程皇帝"。他在位期间，除了战争、改革、求仙、就是建工程。所有工程中最有名的就是长城。长城的修建阻碍了匈奴的侵扰，符合当时人们的愿望，可以说还具有一些意义；因为长城的长度和作为中华民族象征的特殊意义使得它成为独特的文化符号标记在世界的东方。人们因此也就给了它一个较为正面的评定。实际上，长城的作用并没有我们所传诵的那样伟大。在秦国，匈奴一个劲地讨打，始皇帝因为刚刚平定六国以及热衷于求仙活动，还没来得及搭理他们，便暂时将他们搁置在那儿，没管。卢生一句"亡秦者必胡"让始皇帝拍案而起。大力打击匈奴。赶跑匈奴后，为了保险起见，又修筑了长城作为防范。始皇帝的不聪明之处是，他只知道用强大的工具来守着他的江山，他不知道国富兵强才是抵抗外辱的最大武器。长城修好了，如果没有蒙恬三十万大军的镇守，匈奴恐怕早就跨过了长城向南进军了。后来汉朝屡次早匈奴骚扰也说明了这一点。长城只是抵御外敌的辅助手段，不能把它作为根本手段来用。长城作为中华文明的符号是有它的意义的，但是，作为军事手段还欠缺火候。况且前面也提到了，长城一定程度上阻碍了蒙古族融入中华文化的步伐。长城并不像人们所想象的那样值得引以为傲。

长城同样也是一项劳民伤财的工程。如果没有长城的修建，秦帝国是不是可以将收缴的赋税用来做武器，征用的民工做士兵，来大举灭掉匈奴我们不知道。但是我们知道的是，修建长城大大加深了人民对秦王朝统治的不满，长城也是人民血泪的控诉。

秦帝国对人民的过分奴役，使得陈胜、吴广的起义一呼百应。"富者田连阡陌，贫者无立锥之地"，小民"或耕豪民之田，见税什五"，董仲舒的一番话，道出了大秦统治的最深层矛盾。秦帝国在这种矛盾激化的情况下走上了末路。

始皇帝的一生是轰轰烈烈、辉煌璀璨的一生。他所做的事不管是对是错，都发出了巨大的声响。我们在评论始皇帝的一生时，怎样做到尽量客观是我们最该把握的度。

功过任人说

汉儒说秦

后人对秦朝的评论，主要以汉和唐为代表，因为汉是距离秦最近的国家，它所知道的秦国历史虽然未见真实，但必定较为翔实；而唐是封建制最为鼎盛的时期，对封建制度有足够的认识，所以这两个王朝对秦更有发言权，也最为激烈。

汉朝人在评论秦朝时，归纳了几点秦亡的原因。当然归纳这些原因是为了给汉朝统治者们提供可以借鉴的经验。在他们眼里，秦国的灭亡主要是帝王的失误，不实行仁道，不得民心，和大臣不敢谏言所造成的。

我们先看看汉朝人认为秦国的灭亡是由哪几个帝王的失误造成的。汉儒认为，秦朝三个帝王都有失误，始皇帝和胡亥应该负主要的责任。始皇帝的主要责任是狂妄自大、自以为是；胡亥的错误是坚持始皇帝所犯的错误；子婴没有能力挽狂澜。所以，三个帝王都有错误。

　　这样的评论到底是不是公允呢？这样的评论有一定的道理，但是有些偏颇的。始皇帝的错误不是自以为是、狂妄自大，始皇帝的错误是他没有认清统一后要用什么样的方式治国，他没法摆脱根深蒂固的法家思想的束缚，实行仁道的统治策略，始皇帝对秦国的亡是要负主要责任的。而胡亥本来就是个庸才，没有治国的头脑和策略。在胡亥执掌政权的三年里，他所做的决定几乎都是赵高的主意，他除了享乐似乎没有其他的爱好，不理朝政，偏信奸臣，加重赋税、徭役，没有哪一样是做得对的。所以说，秦帝国的崩溃该负最大责任的就是二世胡亥。至于子婴，他没有足够的时间来解决大秦帝国所面临的四面楚歌的状况，他最大的错误就是没有组织起有效的平乱军队；但是四十天里，他除掉了赵高这个奸臣，子婴的责任是很小的。

　　汉人说三王都有失误是对的，但是，他们所说的失误却是不够透彻的，他们只是从帝王性格上的缺陷去界定帝王对与错，而没有从他们的思想上去分析他们的错误。

　　汉人对大秦王朝的第二个评论就是没有实行"德政"。秦国经历了三个阶段，实际上也是历朝历代都会经历的三个阶段：夺取天下，守江山，失去天下。夺天下表现了秦国的强大，守江山表现了秦的不仁义，失天下表现了秦国的脆弱，这是秦国灭亡的主要原因。这个评论是否有道理呢？是有道理的。的确，秦国的灭亡多半原因是因为秦国的暴政。嬴政统一六国后，制订了严酷的刑罚制度，同时又大规模修建工程：长城、驰道、阿房宫、骊山陵……还不断地发动对外的战争，平南越、伐匈奴。哪一样不耗费人民的血汗？哪一样不给人民带来无尽的痛苦？百姓在水火中生活，臣子们却一味地附和，这就是始皇帝的役人之术，这是标准的法家行事风格，这种独裁且苛刻的理论完全附和嬴政的要求。始皇帝虽然没有将儒家灭绝，但是他将儒家的文化压制得难有喘息的机会。另外，对于儒家学说的不了解，使得始皇帝没有认识到儒家学说对于中央集权的巨大作用。他先入为主地一味崇尚法家学说，他不知道打江山用法家，守江山是要讲仁道的。还有一点就是人们所说的"五德始终"误导了始皇帝的思想。"五德始终"中讲：秦是水德王朝，在阴阳中主阴，在仁义与杀戮中，主杀戮。始皇帝坚信这一点，所以也不肯改变以往的作风。他用严酷的刑罚来统治天下，用苛刻的政策来规理人民，结果闹得人心惶惶，民怨四起，大秦江山暗涌浮动。

汉朝人还认为秦国的亡国是因为秦国统治者尽失民心。在秦朝，不管是王公大臣还是平民百姓整日都提心吊胆，诚惶诚恐。他们内心极度缺乏安全感，大臣们恐说错话，办错事；百姓们怕今天征兵，明天服役。人们期盼着改弦更张，迎来新的世道，就算自己不敢揭竿而起，有人倡导时，也会全力响应。秦帝国只要有人敢站起来，那么，就会一呼万应。这跟后来唐太宗讲的"失民心者，失天下"如出一辙，只是分析得比较肤浅。贾谊曾经拿六国和陈胜与秦国势力进行了一番细致的比较。他先讲六国之中不乏实力雄厚的国家，却被秦国打得落花流水，统统下马，这仗打的叫一个漂亮。而陈胜起义之时不过九百人，缺兵短将。没有出色的将领，也没有出色的谋士。赵国有廉颇、蔺相如；魏国还有个信陵君……陈胜能用的将才实在不多。六国文臣多谋士，陈胜几乎没有可以商量大计

的人；六国战备物资充足，军队训练有素，而陈胜是临时组建的军队，几乎没有粮草。在战争上陈胜与六国就没法比。样样不如六国，但是就是这样的陈胜却把灭了六国的大秦给灭了。

那么，疑问就此产生了：陈胜凭什么就灭了大秦帝国呢？秦国对于六国来说，是强大的。而六国对于弱小的陈胜来说不知强上多少倍。大秦怎么就被最弱的陈胜给吃掉了呢？贾谊在这样写陈胜：陈胜，是寒门之子，家里不是普通的穷困。住的房子没有窗户，只能在墙上挖了一个洞，将水缸打破了一个洞塞进去。门没有门轴，用一个草绳吊了一个门板。可见，陈胜是没有读过什么书，看过什么兵法的。也是没有足够的能力去结交贤人能士的。陈胜家里世世代代给人做雇工，他后来参了军，也不过是个当兵的，没有什么太大的才能，连圣贤的中等水平都达不到。什么老子啊，墨子啊，范蠡啊……一点都赶不上，但就是这样一个人，竟然从散兵的队伍里脱颖而出，率领着精疲力尽的士兵，号召起百姓，向大秦统治者发起了猛烈的进攻。他们揭竿而起，天下人一呼百应，背着自己的粮食跟随着他冲锋陷阵，各地的俊杰也纷纷起来响应。秦国就这样在百姓的反抗中灭亡了。

贾谊的意思就是说，陈胜是个什么也没有的人。他没有才能，没有德行，没有地位，没有财产，没有名声，没有依靠，他什么都没有。这样一个什么也没有的人能将看似铜墙铁壁的大秦江山给摧毁了。是因为陈胜在大秦帝国民心尽失的情况下创造了奇迹。这是相当有道理的话。所谓"领导"，你要有人领，才能导。谁都不听你的你领导谁啊！大秦帝国不但是人们不愿意听从这么简单，是人们从心里往外的恶心这种强权统治。这还谈什么领导，差的就是一声怒吼，赤膊上阵。陈胜说得好："天下苦秦久矣"，六个字，足见秦国统治不得人心。刘邦、项羽也都是在这种情况下，顺应形势愤夺天下。六个字足见秦国得罪的不是某个集团，而是整个天下。这天下人受秦统治之苦太久了，人们的愤怒随时有可能爆发。贾谊确实是击中了秦统治者失败的要害。大秦帝国的不得民心确实是大秦帝国的致命伤。

汉朝人觉得秦帝国灭亡的原因还有一个，就是大臣的不敢进谏。秦国大臣成了摆设，就是做个样子，没有实际用途。秦王朝是个人才济济的大朝，绝对有人看出政治统治的弊端。只是这些大臣们没有人敢犯上进谏。如果大臣们敢冒死进谏，秦始皇就会避免很多错误，挽回很多民心。大臣们的不敢直言是导致秦朝灭亡的又一重要原因。就这一点来说，始皇帝的前期并没有犯太大的过失，只是到了始皇后期，创立了君主专制的中央集权制度后，开始了独裁的倾向。大臣们不敢乱说话也是从焚书坑儒开始的，焚书坑儒的严重后果对秦帝国来说，不是文化的缺失，而是政治上大臣的不敢言语。到了秦二世就更加的变本加厉，赵高的一招指鹿为马，群臣就成了吃闲饭的木偶。大臣们甭说是进言，就是多一份不惬都会毛骨悚然，这就是所谓的白色恐怖。子婴还算不上三世，我们就当他是三世，三世来不及听人言语就已经被赶下历史舞台。实质上大臣失语更多的过失在于君王，而不是臣子。就算是有死谏之臣，君王也未必因为你死就听你的。而三个君王之中最闭塞言路的就是二世。所以说臣子失语是秦灭亡原因的说法只看到了表象，没有看见实质的观点。

汉朝人对于秦帝国的评论还有很多，积极评价寥寥无几，多数都集中到对秦的批判上。这是可以理解的，汉朝是继秦之后的第二个统一的封建王朝，他接了秦朝的班，也相当于夺了秦的江山，它在批判秦国为自己正名的同时，也注意到吸取秦亡的教训。

唐人评秦

　　唐朝人对秦的评论呈现出异彩纷呈的形式。唐朝是比较开放和拥有大胸怀的朝代。它是封建社会的最鼎盛时期，人们对封建制度和封建社会的组织形式都有了全面、深刻的认识。所以会有人站在历史发展的角度来看待秦国的一系列问题。

　　因为大唐的繁荣昌盛，思想、文化也空前的绚烂。诗歌、辞赋、奏疏、骈文……成为人们抒发情感、表达意见的主要形式。唐朝人运用这些形式来评论秦朝也颇为带劲和灵活。唐朝人眼中的秦朝统治者有过也有失。从一些文学作品和史料中看，虽然秦朝去大唐已远，但是大唐人并未将这段泛黄的历史尘封，人们还记得开封建制中央集权先河的鼻祖。他们不仅记得这位传奇人物，还对他的生平格外关注。当然，人们多数还是把他当做反面教材来对待。但是，和唐前不同的是，肯定的声音渐高。

　　在唐代，人们不需要为自己夺得江山正名，所以，对始皇帝的批判也不那么严苛。只是下面的人出于对上层统治者警示的目的来讽谏皇帝。唐人的文学造诣是历代最为深厚的，唐诗在中国文学史上，乃至世界文学史上都是赫赫有名的。当然，写唐诗的李白就更广为人知了。这位大文豪是怎样书写我们的大秦帝国的呢？李白有一首《秦王扫六合》非常有名。我们不妨来看看：

　　秦王扫六合，虎视何雄哉！挥剑决浮云，诸侯尽西来。

　　明断自天启，大略驾群才。收兵铸金人，函谷正东开。

　　铭功会稽岭，骋望琅琊台。刑徒七十万，起土骊山隈。

尚采不死药，茫然使心哀。连弩射海鱼，长鲸正崔嵬。

额鼻象五岳，扬波喷云雷。鬐鬣蔽青天，何由睹蓬莱？

徐市载秦女，楼船几时回？但见三泉下，金棺葬寒灰。

从这首诗中我们不难看出，李白将始皇帝统一六国时的威猛刻画得淋漓尽致。这场面是何等的壮观！这场景是何等的威严！统一六国在李白眼里是功绩。后来，李白写了始皇帝修建骊山陵墓，写了始皇帝派徐福出海求仙药，以图长生。结果怎么样呢？结果也不过是一死。躺在寒冷的金棺材里任人评说。李白到底想表达什么意思呢？李白的意思是说，始皇帝有统一六国的功绩，但也难免一死，这不是求仙拜佛就能消除现象。他是想告诫玄宗不要搞求仙问长生那一套。即使求仙数年，也难逃一死。这是当时李白拿始皇帝跟上面说事儿的做法。拿始皇帝说事儿的当然不止李白一人。那么，这些人的讽谏到底有没有效果呢？遇到明君当然有。唐太宗李世民就是接受了警示，才停止了一些劳民伤财的举动的。

我们翻看史书就会发现有这样的记载：唐太宗本来想建一所规模宏大的宫殿。石料、木材、辅料都准备得妥妥当当了，忽然就说不盖了。为什么呢？因为李世民听从了属下的建议。属下又是怎么说的呢？属下说，始皇帝大修宫殿，他是为满足自己的私欲而不是建设公共设施。所以，搞得民怨沸腾。太宗听后，认为言之有理，便放弃了修建宫殿的想法。这是君主的圣明，也是始皇帝历史教训的警示作用。所以，唐朝人评论秦朝站的立场和角度都要比汉朝人高远一些。

晚唐时期，因为政治的不清明和不稳定，人们对君主的讽谏就更加的尖锐和多了起来。杜牧写过一篇《阿房宫赋》。将阿房宫的富丽堂皇和奢华无度描写的色香味俱全。《阿房宫赋》一出，一下子让人们对大秦帝国的充满神奇的幻想。人们因为看了杜牧的诗所以以为阿房宫已经建成投入使用了，其实阿房宫并没有真正的建成，这只是杜牧的想象而已。我们知道，阿房宫建成的只是前殿。整个阿房宫还没有真正建完，又怎么会有美女如云、珍宝无限呢？杜牧想表现的是什么呢？杜牧是想告诉大家：秦帝国迅速灭亡的原因是秦始皇骄奢淫逸，只注重自己的享乐。

《阿房宫赋》里有这样一段议论：“嗟乎！一人之心，千万人之心也。秦爱纷奢，人亦念其家。奈何取之尽锱铢，用之如泥沙！使负栋之柱，多于南亩之农夫。架梁之椽，多于机上之工女。钉头磷磷，多于在庾之粟粒。瓦缝参差，多于周身之帛缕。直栏横槛，多于九土之城郭。管弦呕哑，多于市人之言语。使天下之人，不敢言而敢怒。独夫之心，日益骄固。戍卒叫，函谷举。楚人一炬，可怜焦土。

呜呼！灭六国者，六国也，非秦也。族秦者，秦也，非天下也。嗟夫！使六国各爱其人，则足以拒秦。秦复爱六国之人，则递三世可至万世而为君，谁得而族灭也。秦人不暇自哀，而后人哀之。后人哀之，而不鉴之，亦使后人而复哀后人也。”所谓的“一人之心，千万人之心也”就是说，你在享受人生的时候，人们也想要享受自己的人生啊！秦王你喜好奢华，人们也要顾及自己的家啊！你怎么可以锱铢必较地克扣他们的劳动成果，却挥金如土地运用呢？用男人给你建工程，用女人给你织布做衣，宫殿、音乐比人说的话还多，大家只是敢怒不敢言罢了。这些都是因为始皇帝骄奢淫逸的心。所以说，灭六国的不是秦，是六国自己。而灭秦的也不是陈胜，而是秦朝自己。如果六国的人爱自己的臣民，那么六国就可以与秦国抗衡；如果秦国爱大秦的子民，那么，传万世又怎么能灭呢？秦人没有时间哀叹，后人却看在心里。后人只是悲哀不去借鉴经验的话，那么后人就会重蹈覆辙。这一番话说的是有道理的，

秦国的暴政使秦国大失民心，所以，当陈胜一声高呼举国响应。但是有一点杜牧没有弄明白：那就是中央集权的国家制度最容易滋生腐败，也最容易产生独裁。独裁和腐败的后果就是人民的反抗，没有哪个封建国家可以与世长存，有的只是长时间、更长时间统治。他说如果秦能爱民就能传万世，就把问题想得简单化了。当然，这个受阶级和时代的局限性影响。那个时代的知识分子能认识到这一点就已经不错了。

杜牧最有道理的说法是，秦国灭亡的历史教训，秦国人没有来得及吸取就灭亡了。后人不能不吸取，如果后人只是感叹秦国的灭亡却不吸取秦灭亡的教训，那么也会像秦国一样亡国。确实如此，每一个王朝都有每一个王朝失败的教训，这就是历史给我们的最大财富，也是我们学习历史的最重要的原因。

唐朝人有很多人都把嬴政看成暴君，秦始皇坑杀方士，被唐朝人夸大到坑杀大批儒生，而且用的不是什么光明正大的手段。秦始皇坑杀方士的直接导火索是方士对始皇帝的欺骗。始皇帝费了九牛二虎之力想要找到仙药，而这些人不但找不到仙药，还要诽谤朝廷。这些行为惹恼了始皇帝，始皇帝下令坑杀了他们，当然也连累了一些儒生。但是有的唐人却把事情给扩大化了。东汉人卫宏说：始皇帝把天下文字统一成小篆，惹恼了天下读书人。始皇帝想到一个办法就是将人骗上骊山，然后杀掉，就是我们先前所提到的那个传说。卫宏的说法没有交代史料的来源，道听途说也不一定。这两种说法差别很大，一个是事出有因，一个是故意戕害，这对人的定性是不同的，坑方士与坑儒生是概念，坑方士罪过要轻些，就是量刑也要比坑儒生判得轻。后人多采用了卫宏的说法，写始皇帝坑儒生。尤其是唐朝多是以卫宏的传说来评论始皇帝的残暴。为什么这么多人都用卫宏而不用司马迁呢？原来，中国文字发展史上有这样一个断层。就是秦国的书籍，汉人读不太懂；汉人书籍到了后世，后世的人也读不太懂，这就需要有注解。而人们对这些书籍的理解不同，所作出的解释也就不同。这样出现了不同版本的传说。后人依据不同版本进行的书写与评议，自然就会有差别，这样的差别随着时间的推移越来越大。相信大家都玩过传话游戏，传话游戏传到第二个人的时候，还有一些轮廓，到了第三个、第四个就走了样，越往下传越离谱，所以唐朝人得到的秦始皇焚书坑儒的史料存在差异也在所难免了。卫宏在司马迁之后，接近后世的语言，后人更容易理解和注释，这是唐人更容易使用卫宏学说较为直接的原因。更深层的原因恐怕跟唐代知识分子的切身需要有关系。唐代已经是封建社会的鼎盛时期，儒家思想深入人心。始皇帝的坑方士，不管是什么原因终究是坑了大批的读书人，这些读书人又多信儒家学说。为了避免哪个帝王再抽一次风来个效仿始皇帝，就更愿意支持秦灭亡是有迫害儒生的原因。这样，儒生的地位就能很好的巩固。总之，不管是什么原因，唐朝人多数都认为始皇帝是个暴君。实际上始皇帝也确实是个暴君，但是暴君不等于昏君。唐朝人更多的是看到了始皇帝的残暴亡天下的后果，所以借此讽谏当时的统治者。

当然，也有人对始皇帝有比较正面的看法。这就是柳宗元。柳宗元在评价秦国统治时，就肯定了郡县制带给封建帝国的积极作用。柳宗元认为，始皇帝在统一六国后，在全国推行郡县制是个明智之举。秦国的灭亡不在于郡县制，在于暴政。就是说，秦国的失败不在于他的组织形式，而在于他的苛政。这是一种新的观点，没有全盘否定始皇帝，他赞同始皇帝的郡县制。柳宗元不仅认为始皇帝推行郡县制是完全正确的决定，而且他还认为始皇帝没有将土地分给子孙而是作为郡县统一由中央管理是一种无私的做法。这个评价可以说已经相当高了。大公无私，无论放在哪朝哪代都是值得肯

【第八篇】始 皇 之 死

定和褒奖的。柳宗元说，天下为公是从始皇帝开始的。但是，天下真的为公了么？始皇帝所推行的郡县制是没有让自己的儿子继承土地，而是让地主阶级掌握了土地的所有权。对于秦以前的朝代来说却是历史的一大进步，但是这个进步不能说明天下为公。土地依然集中到少数人手里，老百姓只不过是种地的雇农。真正拥有土地的并不是天下百姓，天下还没有为公。那么，柳宗元为什么这么拥立郡县制呢？一方面是因为柳宗元的认识要比其他人高些，另一方面也是因为中唐时期的现实需要。中唐时期，藩镇割据出现并渐渐显示出它的弊端。藩镇割据给国家造成了很大的困扰，同时也给百姓生活带来了不幸，安史之乱就是最好的证明。柳宗元看到了藩镇割据所引发的内乱和纷争，所以他试图寻求解决的办法。这个时候，郡县制就映入了他的眼帘。他主张郡县制，想以此来消除藩镇割据的现象。这样的想法足足比始皇帝晚了两千年，但好歹是有人认识到了始皇帝的可取之处，这是令人欣喜的。

以上我们看到了古今人们是如何评议始皇帝的。始皇帝的一生充满传奇和争议，对于他的评议还将持续下去。这就是历史的吸引力，这就是历史人物的幸和不幸。幸是历史记得你，不幸是死后不得安宁。但是死后的事谁又知道呢？是也，非也，往事成烟。

附 录 一

秦始皇大事纪年

秦昭王四十八年（公元前 259）　一岁　嬴政出生于赵国都城邯郸。是年，秦将王龁攻取赵国武安，秦将司马梗攻取赵国太原。

秦昭王四十九年（公元前 258）　二岁　秦将王龁代王陵继续进攻赵都邯郸。

秦昭王五十年（公元前 257）　三岁　魏信陵君魏无忌、楚春申君黄歇分别率兵救赵，秦将郑安平降赵，秦军大败于河东。

秦昭王五十一年（公元前256） 四岁 秦灭西周，周赧王卒。秦攻取韩国阳城、负黍。

秦昭王五十二年（公元前255） 五岁 秦相范雎死。

秦昭王五十三年（公元前254） 六岁 秦攻取魏河东吴城。魏进攻秦在东方的陶郡，灭卫国。

秦昭王五十四年（公元前253） 七岁 楚临时徙都到巨阳。

秦昭王五十五年（公元前252） 八岁 此年无大事记载。

秦昭工五十六年（公元前251） 九岁 秦昭王薨。燕派60万大军攻赵，被赵将廉颇打败，赵进围燕国都城。

秦孝文王元年（公元前250） 十岁 孝文王即位三天而病卒，太子楚（即异人）即位，是为秦庄襄王。

秦庄襄王元年（公元前249） 十一岁 秦任吕不韦为相国。秦灭东周君，攻取韩国成皋、荥阳，建立三川郡。

秦庄襄王二年（公元前248） 十二岁 秦取魏、赵的高都等37城、李斯为舍人。

秦庄襄王三年（公元前247） 十三岁 秦庄襄王死，嬴政即秦国王位。魏信陵君魏无忌率赵、魏、韩、楚、燕五国联军败秦将蒙骜于外。

秦王政元年（公元前246） 十四岁 秦攻占上党郡全部，派蒙骜平定晋阳，重建太郡，开郑国渠。

秦王政二年（公元前245）　十五岁　秦攻取魏国的卷。

秦王政三年（公元前244）　十六岁　秦将蒙骜攻取韩13城。

秦王政四年（公元前243）　十七岁　秦国发生蝗虫灾害，百姓纳
　　　　　　　　　　　　　　　　　粟千石拜爵一级。

秦王政五年（公元前242）　十八岁　秦将蒙骜攻取魏酸枣等20
　　　　　　　　　　　　　　　　　城，建立东郡。

秦王政六年（公元前241）　十九岁　秦攻取魏国朝歌。秦迁卫君
　　　　　　　　　　　　　　　　　角于野王，以为秦国的附
　　　　　　　　　　　　　　　　　庸。赵将庞煖率韩、赵、
　　　　　　　　　　　　　　　　　魏、楚、燕五国联军攻秦，
　　　　　　　　　　　　　　　　　进至蕞地。

秦王政七年（公元前240）　二十岁　秦攻取赵国的龙、孤、庆
　　　　　　　　　　　　　　　　　都。秦攻取魏国的汲。秦
　　　　　　　　　　　　　　　　　将蒙骜死。

秦王政八年（公元前239）　二十一岁　秦封嫪毐为长信侯。

秦王政九年（公元前238）　二十二岁　秦王政于蕲年宫加冠亲
　　　　　　　　　　　　　　　　　政，平定嫪毐叛乱。秦
　　　　　　　　　　　　　　　　　将杨瑞和攻取魏国的首
　　　　　　　　　　　　　　　　　垣、蒲、衍氏。

秦王政十年（公元前237）　二十三岁　秦免除吕不韦的相国职
　　　　　　　　　　　　　　　　　务。

秦王政十一年（公元前236）　二十四岁　王翦、杨瑞和等人攻
　　　　　　　　　　　　　　　　　赵，取阏与等9城。

秦王政十二年（公元前235）　二十五岁　秦发四郡兵助魏攻楚。
　　　　　　　　　　　　　　　　　吕不韦死。

秦始皇

附录一

秦王政十三年（公元前234）	二十六岁	秦攻取赵国的平阳、武城，杀赵将扈辄，斩首10万。
秦王政十四年（公元前233）	二十七岁	赵将李牧大败秦军。韩非入秦，旋即受谗被迫自杀。
秦王政十五年（公元前232）	二十八岁	秦军分二路大举攻赵，再次被赵将李牧所败。
秦王政十六年（公元前231）	二十九岁	韩向秦献南阳地，秦派内史腾为南阳假守。魏向秦献丽邑。
秦王政十七年（公元前230）	三十岁	秦内史腾攻韩，俘韩王韩安，韩亡。秦设颍川郡。华阳太后卒。民大饥。
秦王政十八年（公元前229）	三十一岁	秦将王翦、杨瑞和率大军攻赵都邯郸，李牧率赵军抵拒。秦用离间计陷害李牧，赵起用赵葱、颜聚代李牧为将。
秦王政十九年（公元前228）	三十二岁	秦军大破赵军，俘虏赵王迁。
秦王政二十年（公元前227）	三十三岁	燕太子丹派荆轲刺秦王，未能成功。秦将王翦、辛胜攻燕、代，在易水西岸击败燕、代联军。

秦王政二十一年（公元前226）　　三十四岁　　秦军攻克燕国都城蓟，燕王喜迁至辽东。秦将王贲伐楚，取十余城。

秦王政二十二年（公元前225）　　三十五岁　　秦将王贲水灌魏都大梁城，魏王假降，魏亡。秦设右北平郡、渔阳郡、辽西郡。秦将李信、蒙武攻楚，被楚将项燕打败。

秦王政二十三年（公元前224）　　三十六岁　　秦将王翦、蒙武率60万大军大破楚军，楚将项燕兵败被迫自杀。秦设上谷郡，广阳郡。

秦王政二十四年（公元前223）　　三十七岁　　秦军攻入楚都寿春城，俘虏楚王负刍，楚亡。秦设置楚郡。

秦王政二十五年（公元前222）　　三十八岁　　秦将王贲攻取艳辽东、俘虏燕王喜，燕亡。秦将王贲攻取代，俘虏代王嘉，赵亡。秦平定楚国江南地区，设置会稽郡。

秦王政二十六年（公元前221）　三十九岁　秦将王贲攻齐，俘虏齐王建，齐亡。秦至此完成统一山东六国大业。秦王政上皇帝称号，号"始皇帝"。改正朔，易服色，以水为德。除谥法。分天下36郡。更名民曰黔首。收天下兵器，聚集咸阳，销铸12金人及钟璩。统一度量衡石丈尺。车同轨，书同文。徙天下富豪12万户于咸阳。

秦王政二十七年（公元前220）　四十岁　巡陇西、北地二郡，出鸡头山。治驰道。赐民爵一级。

秦王政二十八年（公元前219）　四十一岁　修灵渠。造阿房宫，为太极庙。出巡东南县，泰山封禅；等芝罘，刻石。旋之琅邪台，刻石颂德；派徐福发童男女数千人入海求仙人，过彭城，之衡山，乘舟至湘山祠，自南郡由武关归咸阳。

秦王政二十九年（公元前218）　四十二岁　出巡东游，在博浪沙险

遇刺客，铁锤误中副车，令天下大索十日。登芝罘，刻石。旋之琅邪，经上党回咸阳。

秦王政三十年（公元前217）　四十三岁　此年无大事记载。

秦王政三十一年（公元前216）　四十四岁　使黔首自实田。于咸阳与武士四人微行，在兰池遇盗，下令关中大索20日。

秦王政三十二年（公元前215）　四十五岁　秦始皇出巡北部边地之碣石，刻石于碣石门。使燕人卢生求羡门、高誓，使韩终、侯公、石生求仙人不死之药。坏城郭，决通堤防。派将军蒙恬发兵30万北击匈奴，掠取河南地。

秦王政三十三年（公元前214）　四十六岁　发逋亡、商人、婿等50万人徙戍五岭。

秦王政三十四年（公元前213）　四十七岁　谪治狱不直者筑长城及南方越地。下《焚书令》。

秦王政三十五年（公元前212）　四十八岁　修直道。坑杀儒生460人于咸阳。公子嬴扶苏因进谏触怒始皇帝，使令他离开京师到上郡任蒙恬所统率的大军的监军。

秦王政三十六年（公元前211）　四十九岁

东郡有陨石落地，黔首刻石曰："始皇帝而天下分。"朝廷使者从关东回咸阳，夜间华阴平舒道，有人持璧遮拦使者，说："今祖龙死。"迁民3万户于北河、榆中，拜爵级。

秦王政三十七年（公元前210）　五十岁

第五次出巡。由咸阳出发，左丞相李斯随从。行至云梦，望祀虞舜。登庐山，浮江下，观籍河，渡海渚，过丹阳，至钱塘，临浙江。上会稽，祭大禹，望于南海，刻石颂德。憩于阼湖，游会稽，渡江乘。并海北上，至琅邪。有琅邪北至荣城山，又至芝罘，射杀一巨鱼。归途中，至平原津患病。七月丙寅日，秦始皇病死于沙丘平台。

附 录 二

秦世系情况

约前900年东周孝王封嬴非子于秦邑（今甘肃省清水县东北）始建秦国

秦非子

秦公伯

秦仲

秦庄公前821年—778年在位44年

秦襄公前777年—前766年在位12年

秦文公前765年—前716年在位50年

秦静公

秦宁公前 715 年—前 704 年在位 12 年

秦出子前 703 年—前 698 年在位 6 年

秦武公前 697 年—前 678 年在位 20 年

秦德公前 677 年—前 676 年在位 2 年

秦宣公前 675 年—前 664 年在位 12 年

秦成公前 663 年—前 660 年在位 4 年

秦穆公前 659 年—前 621 年在位 39 年

秦康公前 620 年—前 609 年在位 12 年

秦共公前 608 年—前 604 年在位 5 年

秦桓公前 603 年—前 577 年在位 27 年

秦景公前 576 年—前 537 年在位 40 年

秦哀公前 536—前 501 年在位 36 年

秦夷公

秦惠公前 500 年—前 491 年在位 10 年（春秋）

秦悼公前 490 年—前 477 年在位 14 年

秦厉共公前 476 年—前 443 年在位 34 年

秦躁公前 442 年—前 429 年在位 14 年

秦怀公前 428 年—前 425 年在位 4 年

秦灵公前 424 年—前 415 年在位 10 年

秦简公前 414 年—前 400 年在位 15 年

秦惠公前 399 年—前 387 年在位 13 年（战国）

秦出公前 386 年—前 385 年在位 2 年

秦献公前 384 年—前 362 年在位 23 年

秦孝公前 361 年—前 338 年在位 24 年

秦惠文王前 337 年—前 311 年在位 27 年

秦武王 前 310 年—前 307 年在位 4 年

秦昭襄王 前 306 年—前 251 年在位 56 年

秦孝文王 前 250 年—前 250 年在位 1 年

秦庄襄王 前 249 年—前 247 年在位 3 年

秦始皇帝 前 246 年—前 222 年

前 221 年嬴政统一全国，国号仍用秦，自称始皇帝

秦朝

秦始皇帝 前 221 年—前 210 年

秦二世皇帝 前 209 年—前 206 年

秦末王子婴 前 206 年

始皇时期的文臣武将

前期

吕不韦为相，封十万户，号曰文信侯。招致宾客游士，欲以并天下。李斯为舍人。蒙骜、王齮、麃公等为将军。王年少，初即位，委国事大臣。

后期

列侯武城侯王离、列侯通武侯王贲、伦侯建成侯赵亥、伦侯昌武侯成、伦侯武信侯冯毋择、丞相隗林、丞相王绾、卿李斯、卿王戊、五大夫赵婴、五大夫杨樛从等人。

秦始皇灭六国图解

所灭国家	时间	主要方法及手段
韩国	公元前230年	秦对韩采取扶植亲秦势力以逐步肢解的策略。
赵国	公元前228年	王翦用离间计,使赵王除掉李牧,进而攻破邯郸,赵国灭亡。
魏国	公元前225年	引黄河、鸿沟之水,淹没大梁城,魏国灭亡。
燕国	公元前222年	王翦三灭燕国,太子丹死,燕王喜被俘,燕国灭亡。
楚国	公元前222年	公元前223年王翦以逸待劳、乘虚而入,杀死项燕,俘虏了楚王负刍。公元222年在楚地设置会稽郡。
齐国	公元前221年	贿赂齐国权臣,收买内应,导致齐国不作防范,秦国不费吹灰之力灭掉齐国。

秦国四十一郡

陇西,昭襄王28年置今甘肃省南部临洮县一带

北地,昭襄王时置甘肃省东部庆阳县一带

上郡,故魏置,惠文王 10 年袭陕西省北部

汉中,故楚置,惠文王 13 年袭陕西省南部

云中,故赵置,始皇 13 年袭内蒙古自治区归绥县以南一带

蜀郡,故蜀国,惠文王 14 年置四川省西部

巴郡,故巴国,惠文王 14 年置四川省东部

邯郸,始皇 19 年取赵置河北省西南部邯郸县一带

钜鹿,始皇 25 年灭赵置河北省南部邢台县一带

广阳,始皇 21 年取燕置河北省北部北京市一带

渔阳,故燕置,始皇 21 年袭河北、热河交界地一带

上谷,故燕置,始皇 21 年袭河北省西北部一带

右北平,故燕置,始皇 25 年袭河北省东北部一带

辽西,故燕置,始皇 25 年袭辽宁热河二省交界地一带

辽东,故燕置,始皇 25 年袭辽东半岛安东省南部一带

河东,昭襄王 21 年置山西省西南部

太原,庄襄王 4 年置山西省中部

上党,故韩置,庄襄王 4 年袭山西省东南长治县一带

雁门,故赵置,始皇 19 年袭山西省北部大同县一带

代郡,故赵置,始皇 25 年袭山西、河北省交界一带

三川,庄襄王元年置河南省西,洛阳县一带

颖川,始皇 17 年置河南省中部禹县一带

南阳,昭襄王 35 年置河南省西南部南阳县一带

南郡,昭襄王 29 年取楚置湖北省境内

黔中,故楚置,昭襄王 30 年袭湖南省西部沅陵县一带

长沙,始皇 24 年灭楚置湖南省东部长沙县一带

楚郡,始皇 24 年灭楚置山东、江苏交界一带

九江,始皇 24 年置安徽、江西部分地区

泗水,始皇 24 年置江苏西北、山东一带

薛郡,始皇 24 年置山东省西南部济宁县一带

砀郡,始皇 22 年置河南东江苏安徽交界一带

会稽,始皇 25 年置江苏南及浙江省境

齐郡,始皇 26 年灭齐置山东北部

琅邪,始皇 26 年灭齐置山东东部胶州湾一带

东郡,始皇 5 年置山东、河南、河北交界

闽中,始皇 25 年置福建省境

九原,始皇 33 年置河南、绥远省境

南海,始皇 33 年置广东南海一带

桂林,始皇 33 年置广西桂林地区

象郡,始皇 33 年置广西、越南一带

东海,始皇 34 年置江苏、山东省境内。

秦朝的军队

秦朝的军队分三个部分,即京师兵、郡县兵、边防兵。

京师兵,由于任务不同,分三个系统:郎中令管辖的侍卫官,包括贝(钱财)选、荫任、军功特拜而产生的传中、中郎等,有俸禄,主要负责殿内值勤、随从皇帝;卫尉管辖的皇宫警卫兵,由郡县轮番服役的正卒充当,称卫士,主要职责是守卫宫门;中尉管辖的京都成卫兵,成员是轮番服役的内史地区正卒,主要职责是保卫都城的安全。遇特殊情况,京师另设屯兵。

郡县兵，指在当地轮流服一年兵役的正卒。由郡尉县尉管辖。平时训练，并兼管地方安全，战时奉调出征、因所处地理环境的不同，又分为材官（步兵）、骑士（骑兵）、楼船士（水军）三类。大体北方、西北方多骑士，山丘陵地带多材官，江淮及沿海多楼船士。有的郡既有材官，又有骑士。

边防兵，指边郡骑士、材官、边郡屯兵和边塞皮卒。

边郡骑士或材官，是本地服兵役的正卒。

屯兵是集中驻扎的机动作战部队，由朝廷派遣的将军统率，如蒙恬曾长期领兵屯于上郡。

戍卒包括轮番服役的各郡正卒和嫡发的官吏、商人及农民。除分散担任警戒、候望任务外，还构筑维修军事工程。

按兵种区分秦军分为步兵（含弩兵）、车兵、骑兵和水兵种。

步兵称材官，有轻装与重装之分，前者无甲，持弓、弩远射兵器；后者上体着甲，持戈、矛、戟之类长兵器。着甲持弓、弩者称驾兵，是步兵的主力。

车兵仍然装备单辕双轮四马木质车，每车3人，皆着盔甲，御者居中，甲士2人分立两侧，持戈矛类长兵器。

骑兵称骑上，着短甲，执弓箭，所乘之马有鞍，无鞍蹬。

水军称楼船士，具有一定规模。

秦始皇陵兵马俑坑的布阵表明，步兵数量较多，是主要兵种，车兵仍是重要作战力量，骑兵尚处于从属地位。作战中，车、骑、步、驾大休混编列阵，配合而行。

秦代法律的主要罪名

1. 盗窃罪。秦律对盗窃罪处罚很重,特别是对"群盗"行为给予严厉的惩罚,五人就构成了群盗,即使合伙盗窃所得仅仅为一钱,也要被砍去左脚,强制其服劳役。

2. 贼杀伤罪。贼就是危害人身安全的行为,秦律规定了许多贼杀人、贼伤人的制裁条令,对于这类行为给予严厉惩处。

3. 诽谤罪。对于评论皇帝过失的言论就构成诽谤罪,秦律对诽谤行为往往做出弃市等处罚。

4. 不敬皇帝罪。就是指侵犯皇帝最高统治权威的犯罪,甚至于怠慢皇帝下达的诏书的行为也要给予重罚。

5. 以古非今罪。以古代的学说非难当今政策的言论就构成了以古非今罪,对于犯以古非今犯罪的,要处以族刑。

6. 妄言罪。是指煽动颠覆国家政权的犯罪,对于这类犯罪,要处以族诛。

附 录 三

秦国小典故

1. 和氏璧的由来

和氏璧,古代美玉的名称。往往代指美玉等稀世珍宝。

春秋时期,有个楚国人和氏(或作卞和)得到一块玉璞,把它献给了楚厉王。厉王让玉匠观看,玉匠说是一块石头。厉王认为和氏欺骗他,就剁去了和氏的左脚。厉王死后,武王即位,和氏又捧着璞进献。武王使玉匠鉴定,玉匠又认为是石头,武王又剁去了和氏的右脚。武王死后,文王即位,和氏抱着璞,在荆山之下大哭,哭了三天三夜,眼泪哭尽了,眼里开始流血。文王听说后,派人把他叫来,问道:"天下被剁去脚的人多了,为什么你这么伤心?"和氏回答:"我不是为被剁去双脚伤心,我伤心的是明明是宝玉,却被认为是石头;明明是诚实忠诚的人,却被认为是骗子。"文王派玉匠凿去璞的表面,于是露出了里面的宝玉。为了纪念和氏,把它命名为和氏之璧。

2. 秦晋之好

秦穆公为了能和中原地区友好往来,便与当时实力强大的晋国联姻,向晋献公求婚,晋献公就把大女儿嫁给了他。后来,晋献公年迈昏庸,要立小儿子为国君继承人,结果杀死了当时的太子申生。他的另外的两个儿子夷吾和重耳见势不妙,只好分别逃往梁国和翟国避难。

之后,夷吾得到姐夫秦穆公的帮助,做了晋国国君。不久,夷吾就与秦国失和,发兵攻打秦国,最后遭惨败,不得不叫儿子公子圉到秦国做人质,这才将两国的关系修好。秦穆公为了联络公子圉,把自己的女儿怀嬴嫁给了他。

但是,公子圉听说自己的父亲生病了,他害怕国君的位置落到他人手里,便跑回了晋国。秦穆公立即决定要帮助重耳当上晋国国君,把逃到楚国的重耳接过来,还要把女儿怀嬴改嫁给他,第二年,夷吾一死,公子圉就做了晋国君主,跟秦国不相往来,重耳在秦穆公的帮助下,当上了晋国的新国君,成为有名的"春秋五霸"中的晋文公,秦穆公也在重耳死后不久,借机打败已经成为中原霸主的晋国,也成了"春秋五霸"之一。

3. 合纵连横之策

公元前313年,秦国的使臣张仪来到楚国,对楚怀王说:"秦王愿意和大王结成兄弟之国。大王如果能同齐国断交,秦国愿献地六百里,两国永远和好。"楚怀王听了非常高兴,便一口答应下来,并派使者同张仪一起来到秦国,打算接收土地。可是刚入秦国境内,张仪就假装从车上摔下来,称病不出,拒绝会见楚国的使者。

楚怀王见秦王迟迟不肯献地,以为秦王担心楚与齐的断交不够彻底,于是又派人北上大骂齐王。齐王被惹怒了,坚决和楚国绝交,并且与秦国建立了联盟关系。

当楚使再次向张仪索讨献地时,张仪却说:"哪有六百里地献给你们,一定是听错了,只有六里宽啊。"楚怀王发觉上了当,决定发兵攻秦,结果受到秦、齐两国夹攻,楚国大败而归。

之后,在蓝田交战中,楚国又被秦国打败,割给秦国两个城市。从此,楚国就一蹶不振。这就是张仪所采用的连横政策,目的是帮助秦王离间敌国联盟。

4. 嘉峪山的传说

很久以前,从祁连山流下来的雪水交汇成北大河。它穿过河西走廊中段,提供那一带百姓灌溉农田的水。

有一天,一个牧童正在荒原上放羊,迎头碰上一个古怪的老头儿。那个老者身上背着一袋石沙,问那牧童去北大河怎么走,并说:"这北大河原来是我家,后来被一群强盗抢去,我这次要来用石沙堵住北大河。"牧童听了以后非常生气,立刻回道:"别说你用一袋石沙,就算你把北边大山搬来,也别想让北大河改道。"老者一听气炸了,立刻将那袋石沙往左右撒开。突然间,荒原上突起许多丘陵和一座大山,这座大山就是现在的嘉峪山。

原来这怪老头儿是龟精变的。只见他口念咒语,企图推倒嘉峪山来封堵北大河。就在这个时侯,狂风大作,天空电闪雷鸣,玉皇大帝派雷神把老者击死了。在他死的地方,立刻隆起了个形状像乌龟的山包,这就是现在的"龟盖山"。

5. 秦时明月

得源于王昌龄的七绝"秦时明月汉时关"。

秦时明月汉时关,万里长征人未还。

但使龙城飞将在,不教胡马度阴山。

此诗是王昌龄的七绝中,最为人瞩目的一首。许多人说这诗是神品。开头第一句便非同凡响。"秦时明月汉时关"似乎难以为人理解,怎么秦时的明月,"关"却是汉时的呢?但此句,妙就妙在这里,寓意深远就在这里。这一句是说,把守汉时的关口的军人,看到的是和秦时相同的明月,说明时间已经飞逝了。接下来承接上句的是"万里长征人未还",就延伸了第一句的意思。

6. 秦始皇用枣入药

秦始皇游猎大获丰收,当晚睡了一个好觉,做了一夜美梦。第二天一早醒来便高兴兴地返回京都。当时正值中秋,习习秋风送爽,田野小枣飘香。农夫们有的在收获庄稼,有的在捕鱼捉虾;村姑们有的在为田间劳作的家人送茶饭,有的哼着小曲摘枣子;几个顽童光着屁股在小溪中玩耍,不时惊起几只喜鹊向远方飞去。

秦始皇被这美丽的田园景色所吸引,便命轿夫在一棵枣树下面停下来休息。他触景生情,诗兴大发,随即吟颂了一曲词(只是随从没有记录下来)。这时御医端上了一碗"人参鹿茸大补汤",秦始皇喝了一小口,感觉又苦又涩,不由心中火气上窜,举起药碗就要向御医头上泼去。

正在这时,一阵秋风吹过,从树上掉下了一颗红枣,不偏不倚正好掉在了药碗中。秦始皇见状一愣,他想,枣自天降,此乃天意。于是,他转怒为喜,开始用药。这时,他明显感觉药汤的味道大变,喝完药后,觉得一股暖流在胸中涌动,大有返老还童之感。御医看在眼里,记在了心中。自此开始,每每用补药,必定加枣。这个方子也很快在社会上传了开来。

7. 秦始皇爱吃秦镇米皮

长期以来,在关中地区流传着"乾州的锅盔岐山的面,秦镇的皮子绕长安"的俗语。秦镇米皮因产自西安户县秦镇而得名,由当地出产的一种籼米制成,制作工序包括泡米、磨浆和蒸制。

师傅当着顾客的面,用一把几十斤重的大刀把整张的米皮切成细条,拌上特制的辣椒油、醋和盐,加上黄瓜丝和豆芽,"筋、薄、细、软"的秦镇米皮就做好了。

相传,秦始皇在位时,关中大旱,沣河缺水,户县秦镇一带稻子干枯。收割后的大米小而干瘪,无法纳贡。有个叫李十二的人,用这种米碾成米面,蒸出了米皮。秦始皇吃了米皮,很是满意,也就有了现在的著名小吃"秦镇米皮"。

8. 秦皇岛的由来

公元前215年的秋天,秦始皇开始了他的第四次出巡。就在这次出巡中,秦皇岛得名。

当时,秦始皇在文武群臣的护卫下,乘着车辇,浩浩荡荡地从碣石向东北的仙岛进发。大队行进中,始皇迷迷糊糊地回忆起自己年少时候的情形。不自觉中竟也回忆起了自己的老师。这位先生虽说严厉,可令人钦敬难忘。我有今日也有老师的功劳啊!秦始皇不禁感叹。

忽然之间,车停了下来。始皇不知道怎么回事,生气地问手下人。前卫奏说:仙岛离此不远,请万岁乘马。始皇一听心花怒放。于是,换乘上自己心爱的大白马,没过多时便到了岛上。

始皇环视着周围的美景,不仅心旷神怡,豪气昂然,更加思绪万千。待到他低头察看眼前,却忽然下马,撩衣跪拜起来。随从的大臣们见此情景,不觉有些吃惊,也只好跟着参拜。等皇帝站起身来,大臣李斯才问他为何参拜。秦始皇深情地说:"众位卿家,此岛所生荆

条,正是朕幼年在邯郸时老师所用的荆条,朕见荆条,如见恩师,怎能不拜"

后来,人们就把这个岛称为秦皇岛。传说岛上的荆条为秦始皇敬师的精神所感动,皆垂首向下,如叩头答谢状。

9. 定城砖的传说

定城砖是指放置在嘉峪关西瓮城门楼后檐台上的一块砖。

相传,在明正德年间,有一位名叫易开占的修关工匠,精通九九算法,所有建筑,只要经他计算,用工用料十分准确和节省。

监督修关的监事官不信,要他计算嘉峪关用砖数量,易开占经过详细计算后说:"需要九万九千九百九十九块砖。"监事官依言发砖,并说:"如果多出一块或少一块,都要砍掉你的头,罚众工匠劳役三年。"竣工后,只剩下一块砖,放置在西瓮城门楼后檐台上。监事官发觉后大喜,正想借此克扣易开占和众工匠的工钱,哪知易开占不慌不忙的说:"那块砖是神仙所放,是定城砖,如果搬动,城楼便会塌掉。"监事官一听,不敢再追究。

从此,这块砖就一直放在原地,谁也不敢搬动。现在,此砖仍保留在嘉峪关城楼之上。

10. 冰道运石

当初,修建嘉峪关城时,需要成千上万块长2米、宽0.5米、厚0.3米的石条,工匠们在黑山将石条凿好后,却发生了这样的状况:人抬不起,车拉不动,且山高路远,无法运输。大伙儿边凿石条边发愁,眼看隆冬季节就要到了,石条还没有从山里运出一块,若要耽误工期,没有工钱是小,这脑袋可就难保了。大家正在长嘘短叹之际,忽然山顶一声闷雷,从白云中飘下一幅锦绸,众工匠赶紧接住,只见上面若隐若现有几行字,大家看后恍然大悟,决定按其行事。

等到冬季到来之时,众人从山上往关城修了一条路,在路面上泼

水,让其结成一条冰道,然后把石条放在冰道上滑行运输,结果非常顺利的把石条运到了嘉峪关城下,不但没有延误工期,反而节省了不少工期。众工匠为了感谢上苍的护佑,在关城附近修建庙宇,供奉神位,并成为工匠出师后必须参拜的地方。

11. 山羊驮砖

嘉峪关城,城墙高9米,还要在城墙之上修建数十座大小不同的楼阁和众多的垛墙,用砖数量之大是非常惊人的,当时,施工条件很差,没有吊运设备,全靠人工搬运。

修关城所用的砖,都是在40里以外的地方烧制而成的。砖烧好后,用牛车拉到关城之下,再用人工往上背。由于城高,唯一能上下的马道坡度大,上下很困难,尽管派了许多人往城墙上背砖,但背上去的砖却仍然供不应求,工程进展受到了严重影响。

这天,一个放羊的孩子赶着羊到这里玩耍,看到这个情景,灵机一动,解下腰带,两头各捆一块砖,搭在山羊身上,然后,用手拍一下羊背,身子轻巧的山羊,驮着砖一溜小跑就爬上了城墙。人们看了又惊又喜,纷纷仿效,大量的砖头很快就运上了城墙。

12. 击石燕鸣

传说,古时有一对燕子筑巢于嘉峪关柔远门内。一天清早,两只燕子飞出关去,日暮时分,雌燕先飞回来,等到雄燕飞回,关门已闭,不能入关,遂悲鸣触墙而死,为此雌燕悲痛欲绝,不时发出"啾啾"燕鸣声,一直悲鸣到死。死后其灵不散,每到有人以石击墙,就发出"啾啾"燕鸣声,向人倾诉。古时,人们把在嘉峪关内能听到燕鸣声视为吉祥之声,将军出关征战时,夫人就击墙祈祝,后来发展到将士出关前,带着眷属子女,一起到墙角击墙祈祝,之后渐成成风俗。

13. 万年灰与燕京城

我们都知道,万里长城是后来秦始皇派人在连接旧长城的基础上,重新修建起来的。那么,最初的长城是怎么修建起来的呢?早在秦始皇之前的春秋战国时,因为燕国版图狭小、兵马又少、国力不强盛,总是受到外敌的侵扰。燕国国王为了保卫自己的领土,便征用了民夫,在燕国国土边界山顶上筑起高高的城墙,以防外敌入侵。

当时还没有石灰这种东西,修建长城的城墙,石、砖都是用泥抹的。为了尽快修好城墙,早日解除威胁,燕王下令冬天也要继续这个工程。冬天天寒地冻,只好用热水和泥,所以,人们就把大铁锅抬到工地上,用三块石头把锅支起来,不断地加柴把水烧开。这样,烧的时间长了,铁锅锅底越烧越薄竟出了一个大窟窿,结果满锅的水全漏了下来,把锅下的火浇灭了。人们很是懊恼,但也不无惊奇地发现,水洒在支锅的石头上,热石头遇到水就炸开了,炸出许多白粉粉,人们围在一起研究这白色的粉末是什么东西。有些好奇心重、胆子又大的人便把这白粉粉用水搅拌,结果,搅起来比泥还滋润,还有粘性,于是,他就把它抹在石条和砖缝里。

人们本来并没在意,开始只是想玩玩、看看。这样过去了一天,人们再次来到工地的时候却发现,用这白粉粉抹的石条和砖缝,要比用泥抹的结实的多。燕国人受到了启发,从此,便用烧石灰来抹城墙缝了。

秦始皇统一六国后,为了抵御匈奴人的侵犯,便决定将旧有的长城连接起来修建万里长城。在动工前,秦始皇下了一道圣旨,让原来的燕国人包揽了烧石灰的工作。传说,修建万里长城的白灰都是燕国人烧的。长城修到哪里,就在哪里的山坡上烧灰,而且烧的灰质量非常好,被后人称为万年灰,意思是万年不变质。

长城修完以后存活下来的民工都回各自的国家去了。原来的燕国子民因为烧石灰有功,秦始皇便拨下金银,建了个城镇,专为燕国人居住,这城镇就是现在的北京。因此,那时北京叫燕京,燕国人烧灰用过石头的山统称为燕山山脉。

长城始建于春秋战国时期,历时达2000多年,总长度达5千万米以上。我们现在所指的万里长城多指明代修建的长城,它西起中国西部甘肃省的嘉峪关,东到中国东北辽宁省的鸭绿江边,长635万米。

古今中外,大凡到过长城的人都会赞叹它气势恢弘,雄伟壮丽。长城是一座稀世珍宝,也是艺术非凡的文物古迹,它象征着中华民族坚不可摧永存于世的意志和力量,是中华民族的骄傲,也是整个人类的骄傲。

世界遗产委员会评价:约公元前220年,一统天下的秦始皇,将修建于早些时候的一些断续的防御工事连接成一个完整的防御系统,用以抵抗来自北方的侵略。

14. 鱼丸子的由来

传说秦始皇每餐必吃鱼,但这位性情急躁、暴戾的皇帝,十分讨厌鱼刺,好几个厨师都因此而丧生。这一次轮到三楚名厨做菜,他洗好鱼后,想到自己的性命可能不保了,就狠狠地用刀背向鱼砸去。鱼砸烂了,鱼刺露了出来。

这时,太监来请膳,厨师急中生智,顺手将鱼肉往汤里氽成丸子。不料,秦始皇尝了丸子后,十分高兴,给它取了个美妙的名称——"皇统无疆凤珠氽",说它是"凤珠",也就是现在人们所说的鱼丸子。

15. 骊山神泉的传说

骊山华清池的温泉,是我国久享盛名的温泉之一。到陕西游玩的人,都愿意痛痛快快地洗个温泉浴。人常说在这里洗个澡,"冬走十里不冷,夏走十里不热",人们还慷慨地给它取了一个名字"神泉"。

相传秦始皇时期,有一年,骊山地区发生了百年一遇的旱灾,河水干涸,庄稼枯萎,土地龟裂,地里旱得要冒起烟来。村里人个个心情焦躁。

这一天，心情郁闷的农民来到骊山脚下，却惊喜地发现在这里生长着一棵翠绿喜人的草。农民心里奇怪，这是什么草啊？这么旱的天，竟然活得这么精神，想来是有点来头的。于是，便用随身带着的镢头挖了起来。可谁知这棵草的根越挖越深，农夫不服劲，我就不信挖不出你来，接着越加卖力地挖了起来。

这根草叫"吉祥草"，是一株仙草。原本生长在天宫的瑶池旁边，仙女们采药归来的时候，，不小心将它掉落凡间，结果在这里扎根生长起来。就在农民奋力挖草的时候，一个神女刚好追赶到了骊山的山坡上，她看到这个农民这么吃力地挖草，不由得失声笑了起来。农夫听到笑声，抬起头来看，只见一位不认识的美貌女子正在看着他，他一走神的工夫，挖出的坑里便溢满了水，农民根本就没注意，失足掉进了坑中，他在水里不住地挣扎着。神女看见了，急忙解下腰里的彩带，抛给农夫，这才把他救了上来。

农民被救上来之后，连连道谢。但眼前这位姑娘却指着坑里的水说："先不用谢我，你看这清澈的泉水不是刚好可以浇灌田地吗？"农夫一想，可不是！这可是上天的恩赐啊。这位神女便帮着农夫提水浇禾，引水灌田。经过一番辛苦的劳作，不用多时，田地里的庄稼就改变了颜色，重新长出了新的叶子，而且比原来还要茁壮。大家都在等待着丰收的时刻。

可是出人意料的是，这一天，突然大道上尘土飞扬，来了一大队人马。人马把田地里的庄稼全踏光了。农夫们看见这个情景，都伤心不已，暗暗哭泣。

原来这是秦始皇带领的大队人马，浩浩荡荡地到骊山来巡游。神女知道这件事情后非常生气，走到近前拦住车马的去路，要找秦始皇说理。侍卫们一见这女子气宇不凡，又敢于跟皇帝叫板，便觉得这女子定有来头。于是便领着她来到秦始皇的御驾前。

威风凛凛的秦始皇走下辇车，来到神女面前。神女见秦始皇不可一世的样子气不打一处来，质问道："你贵为皇帝，可知民以食为天？今日如此不惜民田，何以称为仁君!？"秦始皇一听女子说出的话都与一般的妇人不同，又一副美若天仙的素雅样貌，不禁有些浑然忘我。连之后神女所说的话也没听进去。

秦始皇见女子手里拿着水罐，没有答她所问的话，反而问神女："民女，你这水罐里可有水么？"神女以为秦始皇口渴了，便道："有!"顺手把水罐递给始皇。谁料想始皇不但没有接水罐，反而一把抓住了神女的手。这下可把神女激怒了，神女一甩手，一掌裹了过去，秦始皇脸上登时起了五指山。秦始皇哪受过这样的待遇，疯狂地喊道："把这个小贱人给我拿下! 拿下!"神女可是不慌不忙地向骊山深处走去。秦始皇派人拦着，结果谁也追不上。累得气喘嘘嘘。

秦始皇觉得有些奇怪，这女子怎么走这么快？还真是厉害啊! 女侠客吧？那么她会不会来刺杀我呢？赶紧派人搜山。结果搜了三天三夜也没神女的影子。

没搜着人倒还好说，秦始皇脸上竟起了一个个毒疮，很是痛苦。毒疮渐渐发炎，甚至出现了溃烂。秦始皇疼痛难忍，又没脸见人，心里甭提有多郁闷了。他这就犯了寻思，是不是脸上的疮与前几天那女子有关。

这天晚上，秦始皇迷迷糊糊地睡着了。梦里出现了一个手捻须髯的老人，这个老人对他说："你前次是不是对一个民女无礼啊？你要向他亲自谢罪，才可以消除毒疮。"秦始皇梦醒后，恨不得马上到女子面前致歉，但到哪里去寻那女子呢？翻遍了骊山也没有找到个影子啊! 那么，就先做些好事来表示自己对民女的忏悔吧! 说不定可以减轻灾祸。

于是，秦始皇开河筑桥，重视农桑，爱护田地。进过一番改过自新

秦始皇

附录三

的行为,秦始皇觉得那个民女可能知道了自己的诚意,愿意见他了!

于是,秦始皇带着礼物来到骊山,这一回他军纪严明,秋毫不犯。到了上次相见的地方,秦始皇下了马,跪在路旁边的大石头上,叩头道:"上天若有神明,请让那民女与我相见!"扣完三个头后,秦始皇一抬头真就见到了之前的民女。他连忙蒙着脸走上前去,深施一礼对女子说:"早前是我太失礼了,现在我特地来赔罪,请姑娘你原谅!"神女一看,秦始皇态度诚恳,便走上前去对他说:"爱护农桑,万民庆幸,知错改之,乃为明君,行此大礼,小民难当。"

秦始皇这才拿开袖子,抬起头来看看神女。神女一看秦始皇的脸,大吃了一惊。她问他这是怎么回事儿?秦始皇羞愧地说:"都是得罪姑娘惹的祸。"神女想了想说:"你可以用山边的泉水洗洗看。"秦始皇听了,虽然觉得不太现实,但也只好死马当活马医了。于是驱车来到泉水边,俯下身去洗起脸来。

刚碰到泉水的时候,秦始皇觉得冰冷刺骨,浑身不住地打寒战,他急忙把手收了回去。神女看到这种情形,便将自己水罐里的水倒向泉水中(就是之前生长仙草的那个水坑)倒了下去。水坑里的水便冒起了热气。

神女让秦始皇在泉中泡个澡,秦始皇急忙跳到温泉里泡了起来。他越泡越舒服,脸上的疮痂也一块块地掉了下去。秦始皇唱起歌来,就在秦始皇的歌声里,在一团水雾中,神女隐隐地升入空中,笑着离开了。

秦始皇这才知道,这个民女是个神女。他赶忙穿好衣服,躬身下拜。后来又搞了一个隆重的祭祀仪式。之后将这眼泉水赐名为"神女泉"。

因为这水治好了秦始皇的毒疮,当地人都认为它能治百病,所以得了病的人都来这里治疗一下,尤其是皮肤病和筋骨病患者来得更为频繁。据说效果很好。